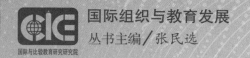

国际组织与教育发展
丛书主编/张民选

U0619299

国际组织人才培养：
海外高校案例研究

Cultivation of International Organization Talents:
Case Studies of Overseas Universities

闫温乐 等/著

上海教育出版社
SHANGHAI EDUCATIONAL
PUBLISHING HOUSE

本书是国家哲学社会科学教育学2018年度一般课题"国际组织高级专业人才培养研究"（课题编号：BDA180032）的研究成果。

本书为国家哲学社会科学教育学 2018 年度一般课题

"国际组织高级专业人才培养研究"成果

总序

　　当联合国(UN)的《千年发展计划》成为人类消除贫困、促进可持续发展的共识和目标,当世界贸易组织(WTO)成为国际贸易活动规则的制定者和冲突的仲裁者,当禽流感、SARS和甲型H1N1流感一次次把世界卫生组织(WHO)推到全球流行疾病防治中枢地位的时候,人们逐渐意识到,随着全球化时代的来临、全球性问题的增多和全球治理需求的出现,国际组织已经悄然走进人类生活,并开始影响人类的政治、经济、社会和文化活动。

　　在教育领域中,国际组织的影响如何? 请看,1997年教科文组织发出"学会求知、学会做事、学会生存、学会共同生活"的倡议,号召人类以全新的教育理念,迈入新的千年;2008年教科文组织和国际教育局(IBE)又通过世界教育大会,呼吁世界各国携手推进"全纳教育",让教育成为每一个人、每一个处于不利地位的人的发展权利和机会。

　　世界银行(World Bank)作为一个促进全球性发展的机构,每年提供20亿美元左右的教育发展赠款与贷款,为发展中国家的教育发展提供资金、技术和专业人员的支持。经济合作与发展组织(OECD)也从2000年起,开展了"国际学生评估项目"(PISA),现已经吸引了超过80个国家和地区参与。经合组织希望以测试结果和比较分析帮助各国形成公平而卓越的教育政策,促进基础教育的优质发展。与此同时,大量的国际非政府组织也作为全球公民社会的成员,提出崭新的教育理念、提供丰富的教育资金、派出众多的专业人员,为发展中国家的教育发展、为扩大不利人群的教育机会作出了贡献。

正因为国际组织对人类教育发展的影响日益显现,国际组织引起了一些国家政府、高校和教育学者,特别是比较教育学者的关注。一些新兴工业国和发展中国家已经为吸引国际教育机构入驻本国而默默努力,澳大利亚、泰国、肯尼亚、巴西和阿根廷的工作卓有成效。还有一些国家,如日本、印度和澳大利亚,正通过各种渠道培养相应人才,想方设法为国际教育组织输送专家和国际公务员,以期扩大影响、获得发展。一批学者,如澳大利亚悉尼大学的菲利普·琼斯(Philip Jones)、昆士兰大学的米瑞姆·亨利(Miriam Henry)、新西兰奥克兰科技大学和英国诺丁汉大学的双聘教授吉姆·本戴尔(Jem Bendell)等人,已经成果丰硕,成为国际教育组织的研究专家。

改革开放以来,我国从一个闭关自守的国家发展成为一个面向世界、博采众长的国家。自1979年建立"中国联合国教科文组织全国委员会"以来,我国政府和教育工作者积极参与了教科文组织的各项教育活动,国际影响逐渐扩大。我国政府和学校接受了来自世界银行和亚洲开发银行等组织提供的数十亿美元的教育贷款、资金和技术援助,在一定程度上缓解了教育发展面临的资金、技术和人才短缺的问题。我们也通过与国际组织的合作交流,了解了世界教育发展趋势,掌握了最新的教育理念与方法,促进了我国教育事业的发展。我国学者还参加了国际大学协会、世界比较教育学会等许多国际非政府教育组织,表达了我国教育学者和工作者的诉求与见解,展示了中国教育改革发展的风貌,也力所能及地为人类的教育发展,承担了应尽之责,作出了重要贡献。

然而,与发达国家、新兴市场国家,甚至与许多发展中国家相比,我国政府和教育工作者参加的国际教育组织还很少,参与国际组织的活动还很有限,我们对国际教育组织的认识还比较肤浅,对国际组织的研究和教学还都处于相当薄弱和零散的状态,缺乏对国际教育组织研究的整体战略和规划。这种状况与一个教育和人力资源大国的地位很不相称,与一个致力于建设和谐世界的发展中大国应该承担的责任也还有相当的距离。

为了改变这种状况,为了先做一些基础性研究和组织介绍工作,我们上海师范大学国际与比较教育中心的同事和朋友决心编辑一套题为"国际组织与教育发展"的丛书。这套丛书将包括两类著作。一类著作是我们国内学者研究国际组织的成果,可以供希望了解国际教育组织的同行、准备研究国际教育组织的青年学者、比较教育专业的研究生以及教育专业的师生阅读。作为本类专著的第一本,本人的同名专著《国际组织与教育发展》希望能抛砖引玉,成为我国新兴的国际教育组织研究领域的一块铺路石。

另一类著作是译著,是我们研究团队翻译的国际组织经典教育著作和报告。在过去的半个多世纪,国际组织正是通过集聚专家、专题研究、出版专著、发表建议和声明,将新的教育理念、方法和知识传遍全世界的。这类译著就像一扇扇窗,能够让我们看到国际教育组织倡导的崭新理念和优秀方法。这类译著可以供各级各类教育行政部门的同志和广大校长教师学习阅读。本套丛书首批翻译了两本专著——《教育规划基础》《知识促进发展:指标评测与全球战略》。

今后我们还将出版多本专著和译著。为了这套丛书的出版,上海教育出版社给予了大力支持与帮助,否则,这套丛书不可能如此顺利出版。上海市教委通过对"重点学科建设"的资助,为我们的研究工作和专著出版提供了不可或缺的财力支持。世界银行和国际教育规划研究所为我们的译著赠送了著作版权。在此,我们深表谢意!

参加这套丛书撰写和翻译工作的既有我的同事朋友,也有一批年轻博士和学生。由于我们学识有限,而国际组织涉及的知识非常广泛,我们在编写、翻译的过程中定会有许多粗疏不妥之处,诚请读者朋友批评指正。

我们真诚希望,这套丛书能够成为我国教育工作者认识国际组织、了解世界教育趋势、学习最新教育理念的新窗口。我们也真诚欢迎志同道合的朋友加入我们的队伍,为我们能运用好国际组织这个世界大平台,为人类的教育发展,奉献我们的才能与智慧。

上海师范大学国际与比较教育研究院院长

张民选

目录

第一章
关于国际组织人才培养

    2020 年是联合国成立 75 周年,2021 年是中华人民共和国恢复在联合国合法席位 50 周年。2020 年 9 月 21 日,习近平总书记在联合国成立 75 周年纪念峰会上的讲话中提出,"中国是第一个在联合国宪章上签字的国家,是联合国创始会员国,也是安理会常任理事国中唯一一个发展中国家。我们将始终做多边主义的践行者,积极参与全球治理体系改革和建设,坚定维护以联合国为核心的国际体系"。

    再往前回顾,习近平总书记在党的十九大报告中明确提出"坚持和平发展道路,推动构建人类命运共同体"的思想。2016 年 9 月,中共中央政治局就二十国集团领导人峰会和全球治理体系变革进行第三十五次集体学习,会上,习近平总书记指出,要为我国参与全球治理提供有力的人才支撑。可以说,国际组织人才和全球治理人才的表述变迁反映出的是我国对参与全球治理的理念和态度的变迁。在我国国际影响力不断提高的新形势下,在全球治理进程中承担大国责任,既是我们追求民族复兴、国家富强的应有之义,也是中国对世界应有的贡献。因此,研究如何面向国际组织培养人才,学习其他国家面向国际组织培养与输送人才的实践经验,不仅有助于改变我国在国际组织中任职偏少的局面,从教育领域的长远目标来看,还将有助于开拓我国国际化人才培养的视野与思路,增强我国国际化人才培养目标的明确性和培养内容的实效性,为我国国际化人才培养带来多层面多维度的有益启示,在一定程度上有助于我国人才培养模式的创新,推动我国高等院校办学质量的进一步提高。

国际组织人才培养这一议题在我国外交战略和人才培养方面都具有重要意义,在多个领域都具有宝贵的实践价值,本书旨在通过文献研究、案例研究和观察法等尝试探索以下问题:国际组织人才到底是什么样的人才? 国际组织的工作人员算不算国际组织人才? 世界上其他国家是如何看待这个问题的,又是如何去实践的? 有哪些经验和问题值得我们思考?

第一节　什么是国际组织人才

关于什么是"国际组织人才",经查证,目前在学界尚无统一的定义。就已有研究来看,国际公务员、国际组织工作人员、国际化人才等,各种提法都有。但通过文献检索和实地调研可以发现,国际组织人才相关概念本身具有内在矛盾性。放眼国际,与国际组织人才最相关的概念是"国际公务员",但很明显,国际公务员的根本属性就是服务于国际组织的工作人员,代表的是所在的国际组织,追求的是会员国的集体利益,不能代表本国利益。按照《联合国宪章》的有关规定,所有的国际组织都明确要求其员工要忠于组织,而不是他们国籍所在的国家。不过这一点,我国在启动国际组织人才培养工作的早期可能并不清晰。在课题组 2018年的一次电话访谈中,来自联合国纽约总部办公室的一位官员表示:"一位实习生在见面会上进行自我介绍时,说自己来这里是代表中国,为了提升中国在国际组织中的话语权,我们对他的这种认知表示惊讶。"分析来看,这位实习生在国内受到的培训或接受的信息,让他对自己来国际组织工作的认知就是"代表国家"。这也提醒我们要对国际组织人才的定义和内涵进行全面、深入的研究和思考,站在全球的角度对我们国际组织人才培养的导向和方针进行审视。

一、　服务国家还是服务全球:国际组织人才相关议题的矛盾性

由于国际文献中缺乏直接与国际组织人才相关的研究,我们先选取最相关

的国际公务员作为关键词来进行查找阅读。经文献检索发现,国际公务员这一职业从诞生之日起,就被要求以成员国的共同利益为导向,以完成全球共同的集体任务为目标,不能偏袒具体的国家或代表某个国家的立场,从而为国际公务员本身赢得成员国的信任。可以说,多边谈判能够进行的前提正是各国对国际组织的信任超过了各国之间的信任,国际公务员必须站在"国际"的立场去看待问题和解决问题。值得注意的是,也正是这种"国际性"的属性为国际公务员的研究带来不利因素。一方面,国际性给国际公务员带来了可信度、公正性和中立性;另一方面,也让"从主权国家出发去公开研究国际公务员"变得"没那么重要",缺乏充分的意义。因此,在国际政治和国际组织相关研究中,国际公务员一直不是重点关注对象,相关研究一直处在边缘地位。1950年以来,以国际公务员为主题的国外文献也仅仅有90多篇,其中大部分是从国际法、人力资源管理、外交中的特权与豁免、职业道德、问责机制等视角出发开展研究。在对国际组织的主流研究中,比较有代表性的研究都是国家如何将责任委托给国际组织,国际组织如何去传达主权国家的意志,主权国家如何限制国际组织的权力、国际组织如何去应对两个对等群体的博弈。在国际政治领域研究国际组织时,无论是采用委托代理(P-A)理论还是建构主义理论,都没有摆脱国家本体论。在这些研究中,国际公务员被认为影响力有限,因为不从属于任何一国,所以缺乏权威性,并且也受到不同国际组织的不同决策机制的束缚。正如马丁(Martin)认为,即使是重要的政府间国际组织负责人,在成员国不执行相关要求时,也"无可奈何"。也有学者认为,在国际组织中工作的国际公务员,被认为是在规范机制运作下执行指令的工具人,还不足以成为一项单独的研究主题。

回到我们国际组织人才的研究议题上,如果国际组织人才指的是进入国际组织尤其是政府间国际组织工作的人员,那么狭义上就等同于国际公务员。由此,我们就不仅要看到国际公务员中立性与代表性的矛盾,也要去探究国际公务员到底能不能在国际事务中发挥作用以及主权国家如何研究国际公务员。一方面,国际公务员被认为是不能代表本国利益的"工具人";另一方面,却又有研究一直在证明,与国内公务员一样,国际公务员能够通过自己的能力利用国际组织现有的机制和平台,对事情的进程、走向甚至结果产生重要影响。如果国际组织能够独立行动并影响国家间的合作,我们需要了解国际组织的内部政治是如何运作的,尤其是要关注那些拥有高素质的、能言善辩的、以使命为导向的员工的国际组织。①

现实中,尽管联合国宪章禁止联合国下属机构的职员参与成员国国内事务,但国际公务员可以在不违背集体利益的基础上,通过多种方式推进工作朝着有利于本国的方向发展。除此之外,他们还可以通过多种方式提高其效率。例如,培养和利用网络(涉及个人),在组织层面与其他国际组织和(特别是)非政府组织建立联系,这些组织可以开展国内宣传活动,支持各种国际倡议。②国际组织中的每一位工作人员都拥有成员国的公民身份,他们是否作为该国的代表行事,或者是否表现出对国际组织的主要忠诚,这是一个问题。③纯黛尔(Trondal)质疑这样一种观点,即借调到欧盟委员会的一国专家仍然高度意识到自己的国家背景,因此代表了国内的"特洛伊木马"。他发现,欧盟委员会的组织特点,比其成员国行政当局更为突出,对借调人员的决策行为影响较大。借调人员的决策行为包括部门行为、认知行为和超国家行为。④纯黛尔等人发现,因为几个国际组织的相似性,所以欧盟、OECD和世贸组织的国际组织高管在行为动机上具有共性。超国家和跨政府行为的出现,国际公务员所在组织的属性、决策机制、招聘程序、国际组织高管与外部机构的关系性质,以及国际公务员的人口统计学特征,都会影响国际公务员作用的发挥。⑤

在文献检索中发现,多个研究都揭示了一种共同的现象:尽管每个国际组织都要求其员工忠于组织本身而不是各自的国家,但在现实中,国际公务员除了具

---

① HAFNER-BURTON E M, STEIN J, GARTZKE E. International Organizations Count[J]. Journal of Conflict Resolution, 2008, 52(2):175—188.

② STONE D. Global public policy, transnational policy communities, and their networks[J]. Policy Studies Journal, 2008, 36(1):19—38.

③ WEISS T G. International bureaucracy: the myth and reality of the international civil service[J]. International Affairs, 1982, 58(2):287—306.

④ TRONDAL J. Governing at the frontier of the European Commission: The case of seconded national officials[J]. West European Politics, 2006, 29(1):147—160.

⑤ TRONDAL J, MARCUSSEN M, VEGGELAND F. Re-discovering international executive institutions [J]. Comparative European Politics, 2005(3):232—258.

有中立性和国际性的属性之外,又来自各个主权国家,天然携带了一国代表性的属性。在忠于国际组织的使命和目标的前提下,国际公务员拥有一定的自由裁量权。在能够兼顾国际组织和自己祖国的利益时,国际公务员作出的决定将对本国利益的体现发挥重要影响作用。既然国际公务员是可以在国际事务中发挥影响作用的,是具有研究价值的,为何在主流研究中仍然没有占太多的比重?或许正如另一些研究指出的那样,不是由于国际公务员是被动执行命令的人才不去研究,而是学界看到了国际公务员越来越大的影响力,却又违背了国际公务员被赋予的"尊重全人类价值观、超越国家主义和个人主义、代表国际组织的利益而不是其他任何国家的利益"等定义,才使得相关研究变得比较矛盾。这如同是一个大家心照不宣的"黑箱",向国际组织派出本国公民担任国际公务员的重要性已经毋庸置疑,也有不少国家和地区在积极努力,只是它的踪迹在研究文献中不容易寻觅。除此之外,相比理论探究,国际公务员的培养是一个更适合进行实践探索的课题。

二、 国际组织人才是具有中国特色的人才概念

从我国政府文件来看,国际组织人才的提法出现时间虽然不算早,但经历了从"任务"到"机制"、再到"目标"的上升过程,重要性逐步递增。2014 年 3 月,我国教育部在《教育部人才工作协调小组 2014 年工作要点》中部署了推动国际组织人才队伍建设的任务,提出要"积极培养和支持优秀人才到联合国教科文组织等相关国际组织任职。利用国家留学基金选拔优秀青年人才到国际组织实习"。在这一时期,培养国际组织人才的定位是工作要点中的任务。2016 年 3 月,中共中央在《关于深化人才发展体制机制改革的意见》中提出,要扩大人才对外交流,完善国际组织人才培养推送机制。这一时期,国际组织人才培养已经上升到了完善机制的层面。2019 年 2 月,中共中央、国务院印发《中国教育现代化 2035》,明确提出,"鼓励教育领域优秀人才到国际组织任职服务……加大国际职员后备人才培养力度"。国际组织人才培养已经成为开创教育对外开放新格局的重要目标之一。这一时期,我国在国家大政方针尤其是对外政策的措辞、表达上出现了积极的话语表述。总体态度明显趋于积极有为,如党的十八大报告明确提出"以更加

积极的姿态参与国际事务"。较之于此前"维护自主性"的主导策略,"寻求影响力"在我国当今秩序观中的分量明显加重。而促进国际组织人才的兴起和发展,正是我国随着国力发展而日益增长的参与全球治理、发挥国际影响力的重要诉求之一。培养国际组织人才,被看作我国积极参与全球治理、推动构建人类命运共同体的重要途径之一,也已经成为提高我国国际话语权和代表性的重要途径之一。

尽管"国际组织人才"与"国际公务员"的关系密切,但从概念的范畴和高度而言,二者不尽相同。国际组织人才的范畴大于国际公务员,既包含了政府间组织的任职者和非政府组织的任职者,也包含了曾经的任职者,还包含了具备进入国际组织可能性的未来的任职者。此外,国际组织人才的概念高于国际公务员,国际公务员仅仅是一种职业类别,而国际组织人才则代表了一种人才类型,一系列人才培养的目标与愿景,乃至一项面向国际国内大局的人才战略。有学者认为,国际组织人才隶属于国际化人才的概念范畴。事实上,国际组织人才比国际化人才更具体、更能体现我国参与全球治理的诉求。从国际组织人才与国际化人才的关系来看,国际化人才的起源,离不开以美国为首的发达国家为了积极开拓海外市场、需要培养大量具有外语技能并通晓国际规则的人才这一本质需求。1988年,美国国际教育交流协会发布报告《为了全球竞争力的教育》(*Educating for Global Competence*),明确指出高等教育的学生需要拥有基本的外语技能和跨文化知识,自此,美国进入高等教育全面国际化时期,将高校的国际化活动、项目、合作关系与资源进行整合并纳入全面国际化发展战略中。我国在 2010 年颁布的《国家中长期教育改革和发展规划纲要(2010—2020 年)》中提出,要"培养大批具有国际视野、通晓国际规则、能够参与国际事务和国际竞争的国际化人才"。2012 年,美国联邦教育部发布报告《国际教育、国际参与与社会成功》(*Succeeding Globally Through International Education and Engagement*),明确提出国际化以教育为优先事务,积极培养美国学生的全球胜任力和文化胜任力。2020 年 6 月,我国发布《教育部等八部门关于加快和扩大新时代教育对外开放的意见》,强调提升我国高等教育人才培养的国际竞争力,加快培养具有全球视野的高层次国际化人才。即使是在以上重要文件中,对国际化人才也缺乏统一的定义，但毫无疑问，国际化人才的所指更加宏大、范畴更广，在具体实践中，需要各级各类教育行政管理部门和教育机构根据实际情况进行解读和贯彻执行，难以用统一标准进行评估和反馈。而从这个角度来看，国际组织人才因其明确的机构指向而更加容易聚焦精准，因其有国际组织人才选拔的标准而更加清晰可操作，能够成为体现和落实国际化人才培养大目标的载体。

除了我国之外，放眼世界各国，都没有出现过"国际组织人才"的表述。仅有日本对面向国际组织输送的职员有类似的专门表述，称之为"邦人"（日语写法同中文，中文的意思是宝贵的人才）。瑞士联邦外交部在其外交政策中则明确提出：要增加国际组织中瑞士公民的任职数量，提高瑞士的代表性，但也并没有出现"国际组织人才"的概念。尽管美国高校部分专业培养过程和就业指导都与国际组织紧密相关，大量人才进入国际组织实习或者工作，但也没有出现过"国际组织人才"的概念。可以说，国际组织人才的概念是在我国得到提出和发展的。

从国际组织人才在我国的产生与发展来看，研究方面最具开创意义和代表性的，要数世界卫生组织原官员宋允孚先生2011年出版的《做国际公务员》一书。该书主要分享了作者本人在国际组织中求职、任职、升职的经验。2012年，上海师范大学张民选教授领衔的团队在决策报告的基础上，进入国际组织人才培养的相关研究，先后获得国家和省部级课题立项，发表和出版了系列论文和专著。2012年至今，以国际公务员或者国际组织人才为主题的课题、论文、专著开始涌现。例如，北京师范大学滕珺教授(2014)对国际组织上千份招聘启事进行词频分析，提炼国际组织人才素质特征。上海师范大学的闫温乐、张民选(2015、2016、2020、2021)，徐梦杰(2018)、郭婧(2018)、宋庆清(2020)以各国国际组织人才培养经验为主，对美国、瑞士、英国、日本等国培养国际组织人才的实践经验进行了系列探讨。

在实践方面，以北京大学、清华大学、中国人民大学为首，国内百余所高校开设国际组织人才培养相关机构、专业、项目和课程。国际组织人才培养工作如火如荼。值得关注的是，2021年中国教育发展战略学会国际胜任力培养专业委员会成立，该专委会主要以推动国际组织人才、全球治理人才的相关研究和实践为主要使命,通过论坛、课题研究、网站建设、社团活动、智库服务等多种形式将我国国内关于国际组织人才培养与选送的资源进行了整合。专委会不仅聚集了国内从事国际组织人才培养和选送工作的高校代表和智库人员,而且吸引了原任和现任国际组织高级职位的官员长期合作,同时也集聚了从事相关研究的专家学者和研究生群体,从智力资源和平台资源上为国际组织人才培养和选送创造了有利局面,推动相关工作呈现出生机勃勃的态势。可以判断,未来国际胜任力培养专委会还将在进一步整合国内资源方面做得更多。

综上,从我国现阶段的外交诉求和人才需求来看,研究国际组织人才培养相关议题显然有其重要意义和必要性。

第二节　如何研究国际组织人才

笔者最早涉及该议题是在 2012 年。当时的研究或许还不能称之为研究,仅仅为了回应决策咨询的需求。在博士后合作导师张民选教授的指导下,笔者查找了几大国际组织的招聘资料,对那一时期的国际组织人才需求进行了初步的梳理和提炼。当时的主要发现是,国际组织比较看重人才的专业知识背景、语言能力和跨文化工作能力、团队合作精神等。2014 年开始,笔者自己参加了世界银行青年专家(简称 YPP)项目的全球选拔,并且从两万八千名竞争者中有幸进入了全球前一千名,至此才真正萌发了研究兴趣,运用观察法和案例研究等方法进行了较为深入的探讨,对世界银行在青年专家招聘过程中体现出的对人才的需求特征进行了提炼,谈了对我国博士生培养的若干启示和借鉴。2015 年开始,笔者在导师张民选教授的指导下,把关注点从国际组织自身的人才招聘转向美国、瑞士等国家高等院校对国际组织人才培养和选拔的具体实践,在 2018 年获批全国教科规划一般课题"国际组织高级专业人才培养研究"立项。课题立项之后,笔者基于前期的研究经验,在 2018 年到 2022 年间,带领课题组和学生团队相继对美国、英国、瑞士、日本等国家的高校在国际组织人才培养和选送方面发表论文、提交决策咨询报告等近 20 篇。但在整理书稿的时候,发现依然存在诸多不足和遗憾。在此将自己的些许探索与各位读者分享。

一、 研究假设与研究问题

在设计研究课题的时候,我们的假设是研究开展的前提。对于"国际组织高级专业人才培养"这一课题而言,我们主要根据前期研究提出了两个假设。

第一,假设国际组织高级专业人才是可以培养的。其实学界对这个假设是有争议的。有观点认为国际组织高级专业人才不需要培养,笔者在对一些国际组织人力资源部门工作人员的访谈中也发现,他们认为,只要该人士是一名专业人士且具有跨国公司或机构需要的特质,就可以匹配国际组织。此外,也有观点认为,国际组织高层职位基本都是政治安排,不需要高校或者其他教育机构培养。但不能否认的是,即使是政治安排,即使是跨国公司的一般性人才需求,我们也应"有人可用"。事实上,笔者和导师的团队在十几年前就观察到某部门面临的"无人可派"的困难局面。通过对国际组织人才招聘的文献研究和参与观察以及对国际组织工作人员的访谈,我们有理由认为,国际组织尤其是重要国际组织的重要职位,对人才素质有较高和较为特殊的要求,应该进行培养且可以培养人才。这需要我们尽早着手、早做谋划。

第二,假设国际组织高级专业人才培养应该得到政府支持。人才的竞争已经是国家之间的竞争,国际组织人才是高级专业人才类型之一。有观点认为,国际组织人才属于国际化人才的范畴,国际组织一般性人才与国家的国际化人才培养成效紧密相连,西方发达国家在国际组织"一般人才"培养方面占据了政治、语言、地理、教育等优势,然而有别于一般人才培养的是,在国际组织"高级专业人才"培养方面,却可以上升到国家战略行为。例如,日本从国家层面实施的国际组织人才培养战略,使得不具备政治、语言和地理优势的日本在不少重要国际组织里面都有公民担任高层职位。瑞士也公开在其外交政策中提出,要保证尽可能多的瑞士公民进入国际组织决策层,从政府到民间形成了较为完备的国际组织人才培养与输送网络。因此,我们假设国际组织高级专业人才培养可以上升为国家战略。

在厘清研究假设之后,本研究进一步确认要研究的核心问题是:高校如何培养国际组织高级专业人才?需要说明的是,本课题的研究重点已经超越了"为什么培养"的阶段,进入"如何培养"的阶段。这里的国际组织高级专业人才已经不再是一般意义上的国际组织翻译人才、行政人才,而是超越了外语学科,进入更广泛的高校专业范畴。研究对象也不是国内的高校,而是美国、英国等发达国家和部分亚洲国家的高校。

为了确保选取的高校案例具有代表性和典型性,课题组主要采取追溯法,首先通过对联合国教科文组织、OECD、世界银行、欧盟等国际组织百余位高级专业职位的人员进行履历搜集,在筛选后对其简历进行编码研究。

通过编码,我们对这些国际组织高级职位的人才成长过程中与"培养"有关的院校因素影响进行提炼,最终筛选出一批在国际组织人才培养方面具有显著成绩的国外高校,通过案例研究,对其人才培养目标、课程设置、课外实践等多个模块进行描述和分析,尝试总结出共性规律与特色经验,以期为我国高校培养国际组织人才、积极参与全球教育治理提供思考和借鉴。

二、 理论视角

在给研究生上课的时候,我和他们探讨:是不是任何问题都需要理论视角?理论视角到底能帮助我们在研究中得到什么? 我们的结论是,如果不需要理论视角,我们看山还是山,仅仅能描述出这座山的形状,最多加上四季景色。但如果从地质勘察的理论视角出发,我们可以去观察这座山的地貌、矿产和其他山有何不同;如果从植被研究的理论视角出发,我们可以去观察这座山的植被有何特点,山上的树木不仅仅是树木,而是一本本鲜活的教科书。因此,我们在做国际组织人才培养研究的时候,也需要理论视角,去研究某国某高校如何培养国际组织人才的做法。我们从理论视角看他们的课程设置,看他们的课外实践设计,才能得到更多收获。

本研究的主要理论视角是全球胜任力(Global Competence)。课题组在前期研究中发现,只有我国和日本在政策文件中将国际组织人才培养作为正式的表述,更多的国家是将其置于培养"全球公民""全球胜任力人才"等大框架之下。国际组织人才和全球治理人才都是具有中国特色的议题,因此,从国际视角去研究全貌,选取适切的理论视角,更有利于做好对"他山之石"的客观认识与合理采用。

然而,"全球胜任力"这一术语目前还没有统一的定义,在本研究中主要是指个人进入国际组织,参与国际事务的能力。这个术语最早出现在美国,与当时美国的外交战略导向密不可分,是时代的产物。1988 年,美国国际教育交流协会(Council on International Educational Exchange,简称 CIEE)在《为全球胜任力而教》(*Educating for Global Competence*)的报告中首次明确提出了"全球胜任力"。在此之后,美国提出了《为全球胜任力而教:美国未来的通行证》(*Educating for Global Competence:American's Passport to the Future*),强调培养学生的全球胜任力。2001 年,美国人民认识到需要对来自其他国家和文化的不同观点进行更加广泛和深入的了解,加强与不同语言、习俗、政治和不同社会价值观的人的有效合作。但是,这仅是强调全球胜任力培养的重要性,并没有对全球胜任力进行明确的概念界定。

"全球胜任力之父"理查德·兰伯特(Richard D. Lambert)指出,一个具有全球胜任力的人是具有当前知识,能够同情他人,保持积极态度,了解不同价值观并具有外语能力的人。[1]Olson 和 Kroeger(2001)对新泽西城市大学的工作人员进行调查,评估国际经验、全球胜任能力和跨文化敏感性之间的关系,得出具有全球胜任能力的人定义:具备足够丰富知识、理解和跨文化交流技能的人,能够在全球相互依存的世界中进行有效互动。[2]匹兹堡大学国际问题研究中心主任威廉·布鲁斯汀(William Brustein)将全球胜任力定义为"注重超越文化和大陆的问题,能够跨越文化和语言界限进行有效沟通的能力",主要包括:在不同国际环境下有效开展工作的能力,了解全球变化的主要潮流和这些变化引起的问题、了解全球组织和商业活动、跨越文化和语言界限进行有效沟通以及个人适应不同文化的能力。[3]威廉·亨特(William D. Hunter)博士(2004)对来自高等教育机构的 133 名国际教育工作者和来自跨国集团的 42 名人力资源总监进行了问卷调查,得出:全

---

① LAMBERT R D. Parsing the concept of global competence[R]. New York: Council on International Educational Exchange, 1996. 12.

② OLSON C L, KROEGER K R. Global competency and intercultural sensitivity[J]. Journal of Studies in International Education, 2001(2):116—137.

③ NAFSA: Association of International Educators. An international educational agenda for the united states: public policy, priorities recommendations[R]. Washington DC: NAFSA, 2003. 7.

球胜任力是指具有开放的心态,同时积极去理解其他人的文化规范与期望,利用已获得的知识与自身之外环境中的人进行交往、交流并有效地开展工作的能力,将全球胜任力具体分为知识、技能和经历和态度三个维度。[①]其中,知识维度包括理解自身的文化规范与期望,理解他人的文化规范与期望,理解什么是"全球化",具备有关当今世界性事件的知识、有关世界历史的知识。技能和经历维度包括具有与其他文化传统中的人合作成功的经验,共同开展学术或职业合作,解决真实问题;有能力评价一个人在社会与商业情境下的跨文化表现;有能力在自身之外的文化中生活;有能力辨识文化差异;有能力跨文化合作;能够有效参与世界上任何地方的商务与社会情境事务。态度维度包括认识自己的世界观不是普适的;愿意走出自己的经历与文化圈,作为"他者"来体验生活;对新鲜事物,即便是在感情上给自己带来巨大冲击的新鲜事物,保持开放的心态;有意愿追求跨文化学习与个人发展;没有偏见地对待文化差异;欣赏多样性。[②]美国全球卓越领导力公司(Global Leadership Excellence)以威廉·亨特对全球胜任力的界定为基础,建立了

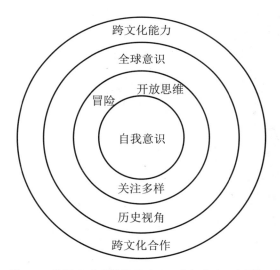

图 1-1　美国全球卓越领导力公司"全球胜任力"模型

---

①　HUNTER W D. Knowledge, skills, attitudes, and experiences necessary to become globally competent [D]. America: Lehigh University, 2004:1, 115.

②　HUNTER W D. Got global competency? [J]. International Educator, 2004(13):6—12.

一个全球胜任力的模型(见图1-1)。该模型由四个圆圈组成,其中,从内往外的第一、二圈代表"全球胜任力"中的个人特质以及态度,称之为内部准备资质;最内圈代表自我意识,是指自我了解以及适应自身的文化;第二圈反映了一个人如何处理与应对他人的各种情况,包括开放思维、关注多样性(保持敏感性或尊重差异性)、勇于冒险(通过新的经历来体验超出自身文化之外情境的观念)。从内往外的第三、四圈强调了通过教育或人生经历所获得知识,称之为外部准备倾向。其中第三圈代表附加技能,即全球意识与历史视角,尤其是需要通过正式教育或继续教育而获得的如历史、地理或世界文化方面的知识,而第四圈代表跨文化合作与跨文化能力。①

除此之外,各国际组织也持续关注全球胜任力。2012年,美国亚洲协会(Asia Society)发表《为全球胜任力而教:使我们的青年一代为参与世界而准备》,指出全球胜任力是保持敏感性和好奇心,理解全球性的问题并为之做出行动的能力与倾向,提出了学生提高全球胜任力的四个步骤:探索自身直接环境之外的世界,认识自身和他人的不同视角,采取有效的方式与多样化的人群进行沟通交流,以适当的方式将想法付诸行动以参与社会。②因此,美国教育部将全球胜任力纳入其核心工作,主要涉及三个领域:国际基准的实施,大学和职业准备标准,知识的发展和理解。③2014年,联合国教科文组织对全球公民提出了新的要求,它认为全球公民是能够跨越个人文化、宗教、宗族等差异,对全球问题和普遍价值观有着深刻的认识,具有批判性、系统性和创造性思维以及同理心、沟通技能、交往能力等,并且具有合作能力和责任心,能够为全球性挑战找到全球性解决方案的积极贡献者(见表1-1)。④

---

①② MANSILLA V, JACKSON A. Educating for global competence: preparing our youth to engage the world[M]. New York: Asia Society, 2012: Xiii 12.

③ US Department of Education. Succeeding globally through international education and engagement [R/OL]. http://www2.ed.gov/about/inits/ed/internationaled/international-strategy-2012-16.pdf. 2019-11-12.

④ UNESCO. Global citizen education[R/OL]. http://www.unesco.org/new/en/santiago/education/global-citizenship-education/. 2019-11-12.

表 1-1　联合国教科文组织全球胜任力框架

维　度	具体因素	含　义
认知维度	知识	理解全球问题和诸如正义、平等、尊严和尊重等价值观(如理解全球化的过程中的相互依赖/互联性,全球性挑战的解决与国家可持续发展作为未来的主要理念)
	技能	移情和解决冲突等社交技能,以及与不同背景、出身、文化和观点的人建立关系和互动的沟通技能和能力(如全球移情、团结感)
	思维	具有批判性、系统性和创造性思维的认知技能,包括采用多角度的方法来识别问题的不同维度、视角和角度(如由多角度方法支持的推理和解决问题的技能)
社会情感维度	态度和价值观	对多重身份的理解,以及超越个人文化、宗教、种族或其他差异的集体身份所支持的态度(如对共同人性的归属感、对多样性的尊重)
行为维度	行动	具有协作和负责任地行动的行为能力,以寻求全球挑战的全球解决方案,并为集体利益而努力(如承诺感、决策技能)

　　2018 年,OECD 发布《PISA 全球胜任力框架》(*The OECD PISA Competence Framework*),将全球胜任力纳入 PISA 测试。报告对全球胜任力重新作了定义:"全球能力是研究地方、全球和文化间问题的能力,是理解和欣赏他人观点和世界观的能力,是与来自不同文化的人进行开放、适当和有效互动的能力,是为集体福祉和可持续发展采取行动的能力。"[①]这一定义概括了全球胜任力的四个目标维度,即研究具有本地、全球和文化意义的问题和情况的能力(如贫困、经济相互依存、移民、不平等、环境风险、冲突、文化差异和刻板印象);理解和欣赏不同观点和世界观的能力;与不同民族、种族、宗教、社会或文化背景或性别的人建立积极互动的能力以及为可持续发展和集体福利采取建设性行动的能力和倾向,如表 1-2 所示。此外,OECD 指出这四个维度有四个不可分割的因素——知识、技能、态度和价值观支撑,如表 1-3 所示。审查一个全球性问题需要有关特定问题的知识,将这种认识转化为更深刻理解的技能,从多个文化角度理解问题的态

---

　　① OECD. Handbook-PISA-2018-Global-Competence [R/OL]. http://www.oecd.org/pisa/Handbook-PISA-2018-Global-Competence.pdf. 2019-11-12.

度和价值观,同时也要考虑相关各方的利益。

表 1-2　PISA 全球胜任力维度

维　度	含　义
维度 1:审查有本地、全球和文化意义的问题	1. 有效地结合世界知识和批判思维,使用高级思维技巧 2. 利用和结合在学校获得的学科知识和思维模式,提出问题、分析数据和论点、解释现象,形成关于本地、全球和文化问题的立场 3. 具有媒介素养,能获取、分析和批判地评价媒体信息并创造新媒体内容
维度 2:理解和欣赏他人的视角和世界观	1. 愿意并有能力从多个角度思考全球问题以及他人的观点和行为 2. 认识自身观点和行为由多种因素决定,他人对世界的看法可能与自己截然不同 3. 能够理解和欣赏消除分歧、创造共同基础的联系和纽带 4. 保留自身文化身份,同时意识到周围人的文化价值和信仰
维度 3:参与开放、适当和有效的跨文化互动	1. 了解跨文化背景的文化规范、互动风格和正式程度,能灵活地调整行为和交际方式以适应需要 2. 欣赏互相尊重的对话,渴望了解对方,努力使边缘人群融入社会 3. "开放"指所有参与者对他人和他人视角的敏感、好奇和参与的意愿;"适当"指尊重双方预期的文化规范;"有效"意味着所有的参与者都能互相理解
维度 4:为集体福祉和可持续发展采取行动	1. 成为社会中积极、负责任的成员,愿意对当地、全球和跨文化问题做出反应 2. 创造机会采取明智、有效的行动 3. 致力于改善所在社区的生活条件,建立一个更加公正、和平、包容和环境可持续发展的世界

表 1-3　PISA 全球胜任力的基石

基　石	含　义
知识——世界和其他文化的知识	全球胜任力的基础是影响本地和全世界的全球性问题知识和跨文化知识,即关于文化之间的相似性、差异性和关系的知识。这些知识帮助人们修正对其他国家和人民的错误信息和刻板印象,对抗不容忍和对世界过度简化

基　石	含　义
技能——理解世界并采取行动的技能	全球胜任力建立在特定的认知、沟通和社会情感"技能"之上。"技能"被定义为实现特定目标而进行复杂的、有条理的思维模式（认知技能）或行为（动作技能）。全球胜任力需要的技能包括：信息推理、跨文化沟通技巧、视角选取、冲突解决和适应能力
态度——开放的态度，尊重来自不同文化背景的人，具有全球思想	全球胜任力体现倾向和态度，并受其驱动。"开放的态度"指对他人和他人视角的敏感、好奇和参与的意愿；"尊重"指所有人的尊严以及其不可剥夺地选择组织、信仰、观点和行为的权利；"全球思想"指认为自己与国际社会有联系并对其成员有责任的世界观
价值——重视人的尊严和多样性	重视人的尊严和重视文化多样性，个人处理其他文化信息，决定如何与他人和世界交往；培养对自身和周围环境的意识，强烈反对排外、无知、暴力、压迫和战争

除了全球胜任力视角之外，本研究在研究不同国家高校案例时，根据实际情况采取了不同的理论视角，比如对英国的高校案例采用领导力培养的分析维度，对瑞士的高校案例则采用整体性治理视角等。

三、 研究难点与局限

课题研究的重点同时也是难点。

第一个研究重点和难点是国际组织现有的高级专业人才毕业院校研究。该部分对现有国际组织中现有高级专业人才的教育背景简历和成长历程等进行数据分析，找出其中高等院校因素在人才成长过程中起到的重要作用或扮演的重要角色。在选择高校案例的方法上，"数量"是重要的考虑因素。例如，在搜集到的50位英国在国际组织中的高级官员简历中，有一部分集中来自伦敦政治经济学院，那么这所学校就成为重点研究的案例之一。除此之外，"相关性"也是重要考虑因素之一。例如，拥有排名靠前的国际发展、国际关系与全球事务管理等相关专业的高校，因这些专业与国际组织天然的契合性，成为重点选择高校。

第二个研究重点和难点是案例高校的国际组织人才培养模式与特色研究。我们认为，要成为一种模式是很难的，同样要具有特色也很难。发达国家高校在人才培养方面模式和特色都有趋同性。但是有了全球胜任力工具，从国际组织这个指向去分析的话,我们也确实能概括出若干模式或者特色。

在研究中可以看到,西方国家的高校并没有专门的"国际组织人才培养"表述(日本高校除外),仅仅是放在其人才培养战略的大目标、大框架、大体系之下。但仔细分析,又确实能发现他们国际组织人才培养的踪迹。例如,他们在利用国际组织资源去培养人才、推送人才、争取国际组织话语权方面表现出色。本课题对筛选出的20所来自美国、英国、日本等国的高校进行案例研究,从这些高校的人才培养目标、课程设置、课程特色等多个方面进行挖掘分析,尝试从同样的维度找出共性特征,为我国高校培养国际组织人才提供一定的经验借鉴。

第三个研究重点和难点是案例高校所在国家国际组织人才培养政策背景研究。政策研究不是我们课题组擅长的领域,我们的资料也有限,但这一部分又是十分重要和必要的。例如,对国际组织人才培养成绩突出的高校所在国家进行分析可以发现,日本培养与选送每一位国际组织高级专业人才都可谓是"有意为之、长远打算、步步为营",而美国在国际组织高级专业人才的培养与选送上,可谓是成绩斐然。对这些不同国家的高校,其各具特色的国际组织高级专业人才培养的成功经验值得进行深入挖掘与研究,但都离不开所在国家的相关政策支持。因此,在案例的思考分析部分,课题组都会尝试将国家背景文化和教育政策等考虑在内。

虽然一切预期好像都很乐观,但在现实研究中有很多局限。其中主要是课题组自身能力和资源的局限。第一,如何找出影响国际组织高级专业人才成长的"可培养"因素。由于大部分资料并不能反映国际组织人员招聘过程中的影响因素,很多都不公开过程。因此,课题组将采取搜集重要国际组织历任高级人才的简历、发言、自传等个人信息,采取数据分析法,对其进行特征分析、差异分析和趋势分析等,找出影响高级专业人才遴选的重要因素,主要是与人才自身"可培养"素质相关的因素。第二,如何找出各国培养国际组织高级专业人才的"可借鉴"经验。由于我国与其他国家的国情不同、与国际组织的关系演变也不同,在吸取和借鉴其他国家培养国际组织高级人才经验时,应对我国在国际组织高级人才培养方面的国情有全面与深刻的研究与了解,从而提升经验的可用性和对策建议的可操作性。第三,怎样切实结合我国现有人才战略和实际国情提出可行性强的建议对策。我国的人才战略是经济社会发展战略的重要组成部分,是关乎人才资源发展的总体谋划、总体思路,因此,应在结合我国现有人才战略的基础上,形成具有全局构想、定位清晰、分工明确的国际组织高级专业人才培养战略。

四、 研究方法与思路

课题组运用的研究方法并不多,但都努力去提升方法和议题的契合与匹配性,争取每一种方法都用在适合的研究部分。

(一) 文献研究法

课题组系统收集和整理与国际组织高级专业人才相关的国内外一手文献和学术文章,力图资料来源多样化,主要包括国内外相关期刊论文、国际组织官方网站文件、新闻媒体报道、国际组织高层讲话及其个人自媒体账号以及国外流行的社交账号等。

(二) 数据分析法

课题组搜集到了 200 位来自美国、英国、日本等国家的、目前在重要国际组织担任高级专业职位人员的简历数据,建立了小型人才数据库。课题组对这些数据进行定量和定性的双重分析,主要有:①数据特征分析,从毕业院校数据中提取出关于这些数据的特征式,这些特征式表达了该数据集的总体特征。②数据偏差分析,对国际组织高级专业人才数据中出现的与参考量有差异的数据进行重点观测和分析,比如重点分析那些不具有世界知名高校教育背景的人员,如何进入国际组织担任高层职务等。

(三) 结构访谈法

本研究力图从国际组织中邀请若干名现任或前任高级管理人员,通过邮件访谈或当面访谈的形式,围绕与研究主题相关的两到三个问题,进行结构式访谈。

(四) 案例研究法

作为实践领域的事务,国际组织高级专业人才的培养具有其独特性和多变性。每个被筛选出来当作重点案例的高校在培养国际组织专业人才方面都可能有其值得挖掘的内容,因此,案例研究法可以更形象地展现这些独特与价值。

研究思路从"如何培养国际组织高级专业人才"这一问题出发,以组织行为学和人力资本论等跨学科知识为理论指导,从现状研究到问题研究,再到对策研究,基本遵循了"是什么—为什么—怎么办"的逻辑框架,综合运用文献分析法、数据分析法等多种研究方法,力图通过研究国际组织高级专业人才来源国家的典型高校案例,分析、挖掘和提炼培养国际组织高级专业人才的模式与经验,对我国如何培养国际组织高级专业人才带来启发。

第三节　国际组织中的"人"如何发挥影响力

从国际公务员的研究来看,其自身在国际组织决策过程中的权威性和影响力受限多且难以量化,往往难以找到有力佐证。国际公务员提供服务的性质繁杂,主导的功能也有强有弱。且不同的国际组织中,人员发挥影响力的程度、渠道都不同。本节我们主要依据对国际公务员的相关研究展开论述。

一、 国际公务员的影响力有多种表现并具有隐藏性

在国际组织工作的人对国际组织的决策和运行都具有明晰或者无形的影响,就像国内政治学者考虑各国高层官员对国内局势的影响一样,国际组织中的官员也同样影响着国际组织的政策和行动。但在具体研究过程中,我们很难确定他们有多大的影响力,或者他们如何施加影响。这需要对每个国际组织进行认真的调查。在已有研究中,对国际公务员进行访谈,请他们解释自己的立场,他们认为自己拥有哪些机会以及他们为组织带来了哪些技能和专业知识。最终揭示,他们的地位赋予了他们潜在的影响力。这种行为访谈的方法提供了一种更好的视角来理解国际组织可以实现什么,以及对于实现国际组织目标的重要性。

以世界贸易组织(简称"世贸组织",World Trade Organization,英文缩写WTO)为例,虽然其前身关贸总协定没有正式的法律地位,但它从成立之初就在雇佣长期工作人员,帮助各国协调行动,推动贸易自由化。一些观点认为,世贸组织秘书处的作用不过是"秘书",服务于"政治主人"即国家代表,因此没有独立行动的能力。"秘书处既没有权力也没有能力就多边贸易体制提出建议或做出决

定"。"这完全属于成员国的权限范围"。①然而,更多的国家承认,他们依赖国际组织的秘书处来了解问题、确定立场、与对应方谈判、调解分歧、与非国家行为者打交道,偶尔还会在公开场合承担责任等。除此之外,秘书处酌情处理的权力也不容忽视。例如,在国际谈判中,秘书处帮助参与国家的代表来确定重要概念,缩小选择范围,制定可以进行谈判的框架草案,在草案中确定问题是如何定义的,确定提案中主要包含什么内容,帮助参与谈判的各方了解各种可能性以及可以凝练的最大共同点等。可以说,在多边谈判中,国家之间的分歧越大,对草案的依赖性也就越强,秘书处工作人员发挥影响力的空间就越大。

研究者也承认,世贸组织秘书处发挥的这种积极影响,还只是停留在对相关者的访谈和对工作流程的经验性认知中。如何去寻找确切的证据表明一项协议的最终达成或失败是由于秘书处工作人员在其中的推动,并没有清晰可循的方法。但关于秘书处工作场景和工作内容的描述已经能给我们带来较多的思考。例如,我们认识到,在国际组织中工作的人除了具有专业知识,还要具有精通草案设计、组织谈判以及协调分歧等能力。而影响力的发挥与这些能力的高低直接相关,同时也和该组织是否具有让这些能力发挥出来的制度息息相关。这也是下一部分准备讨论的,即不同的国际组织中有不同的制度和环境,人员在其中能发挥多大的作用主要受到这些因素的影响。

二、 国际组织人才的影响力受到正式制度和非正式机会的影响

一名世贸组织的工作人员认为,虽然说"世贸组织秘书处推动了世界贸易体系"的观点可能有些言过其实,但世贸组织里的员工确实能够影响国际贸易关系。那么除了工作人员自身的能力之外,是否也与组织给了他行使权力和发挥影响的平台有关?

这里要提到一个关键术语——正式制度,主要是指国际组织成立时的条约所限制的各种正式条款,其中包括如何去划分和规定"人"在组织中的作用,包括

---

① BELLMANN C, GERSTER R. Accountability in the World Trade Organization[J]. Journal of World Trade , 1996(6):31—74.

组织安排、任务、正式程序、预算来源和成员国之间的权力分配。这些因素构成了
"国际组织的工作人员必须将这些广泛的授权转变为可行的原则、程序和在世界
上的行动方式"。例如,在正式谈判遇到问题时,有经验的国际公务员会通过精心
设计非正式协商(如气氛和谐的小规模酒会甚至小型球赛等)来达成协议。正如
有的研究者强调的那样,国际公务员没有强制性的权力,也没有可以实施制裁的
威胁,他们的影响力主要是通过说服、逻辑和坚持来行使的。

再回到对世贸组织研究的案例中,如果"世贸组织秘书处的贡献对多边贸易
谈判的成功至关重要"这一说法属实,那么上述调查结果将有助于理解已经赋予
国际公务员更大自主权的其他国际组织。将同样的结构、能力、合法性和文化这
些维度应用到那些程序限制较少的国际组织,去分析其工作人员,可能更容易识
别其影响。例如,在世界卫生组织,专业知识可能是最重要的影响力发挥途径。而
在世界银行,其官员的任务是确定和制定建议供执行董事会批准,然后监督这些建
议的实施和评价。在这两种情况下,这两个国际组织的工作人员都具有世贸组织
工作人员所不具备的正式制度优势。因此,这两个国际组织中的"人"的影响力可
能会更大。

也正是由于上述原因,随着国际组织的数量增长和覆盖范围的扩大,它们的
组织多样性使得国际公务员对组织影响的评估标准变得更难统一。①布雷顿森林
机构(如世界银行、国际货币基金组织)与世界卫生组织、联合国贸易和发展会议
或世界知识产权组织之间就有很大不同。因为国际公务员是长期服务的、技能熟
练的专业人员,所以他们在这些组织中有影响力,但他们影响国际组织运作和结
果的潜力因国际组织而异。每个案例都需要进行分析,对于在国际组织之外的研
究者或者缺乏对某个国际组织深入了解的研究者而言,进行田野调查和资料收集
都十分困难,也导致了对国际公务员影响力的研究难以大量、深入地开展。

那么抛开国际组织制度,从人才培养的角度,我们再看国际公务员个人的能
力能发挥多大的作用,即国际公务员的"产出"在建立和维持其影响力方面的重要

---

① XU Y C, WELLER P. The governance of world trade: international civil servants and the GATT/
WTO[M]. Edward Elgar Publishing. 2004:35.

性。在最早的研究中,联合国粮食及农业组织的秘书处不仅间接影响世界粮食会议的政策形式,而且实际上"制定"了世界粮食政策。[①]OECD 的产出中,有很大一部分是由一系列主题广泛的数据和报告组成的。这些产出大部分是由秘书处工作人员组成的小组与一个或多个国家代表委员会密切合作完成的。这些委员会受理事会的全面权力支配,决定工作的方向和性质。此外,OECD 几乎没有正式的权力将决定强加给成员国,其权力主要依赖于说服成员国相信其数据、报告、结论和建议的准确性和价值的能力[②]。

正是这种产出的质量、信誉和有用性为 OECD 秘书处赢得了广泛的、良好的声誉。反过来,正是这种声誉使该组织的工作人员在当前和未来的专业产出方面具有了高度的可信性和影响力——这是人们对他们的期望。也正是声誉和产出质量的结合,使秘书处具有了很大程度的独立性和影响力。因此,研究认为,国际公务员要发挥影响力的前提是有高质量的产出,最重要的是对其成员国有价值。

不过这不代表着秘书处专业产出的质量或其产生的影响和尊重,完全是由高素质的秘书处工作人员的努力所造成的。相反,它源于至少三个因素的相互作用:①OECD 创始公约;②OECD 的体制结构,尤其是委员会的角色和工作计划、预算程序,既为秘书处提供了一定程度的独立性,同时又限制了这种独立性;③与大量的外部利益相关者(其他国际组织、公共和私人基金会,以及越来越多地通过扩大全球关系计划的非成员国家或地区)进行有效的交流讨论。例如,其中的预算是任何组织(包括 OECD)实施控制的关键过程。它决定了组织的哪个部分得到了什么,为了什么目的,什么时候以及如何获得所需的资金来进行组织商定的活动。OECD 对预算过程的全面控制由成员国代表组成的理事会负责。因此,理论上,成员国可以控制和限制秘书处的工作,因为成员国控制着预算和相关的工作方案,根据优先拨款的传统原则,对将要进行的工作做出最后决定并为每个工作方案做出具体分配。

正式制度和个人因素都是国际公务员个人影响力发挥的重要因素。除此之

① MERON T. Status and independence of the international civil servant[M]. Brill. 1980:17.

② CARROLL P, KELLOW A. Fifty Years of the OECD and Forty Years of Australian Membership [J]. Australian Journal of Politics & History, 2012(4):512—525.

外,决定国际公务员的影响力发挥的还有非正式因素,比如组织的文化。不同的国际组织有不同的组织文化,都是在长期的工作中形成的一些考虑问题的思路、看待事物的观念、实践中不成文的惯例甚至达到目标的方法等。从组织哲学来看,国际组织已经产生了集体"人格",机构被拟人化。但即使在这种情况下,由于面对的问题大多是情境性的,需要根据当时的情况和专业知识作出决定,因此,国际公务员还是有很大的自由裁量权。另外,尽管国际组织都具有该组织的共同使命和文化,但不同的工作人员或许对共同使命有着自己的解释,在实践中会不自觉地践行着各自的理解,甚至会去主动改变组织文化、创造新的组织文化。而大多数时候,改变和重新塑造组织文化,就能改变行动范围、行动路线并影响结果,甚至都不需要去改变难以推翻的一些组织规则或条例。国际公务员对国际组织和国际事务的影响力由此产生。

三、 国际组织中的"人"如何发挥影响力

每个国际组织都有自己的组织结构,组织结构决定了决策权的分配机制。比如从结构来看,尽管世界银行和国际货币基金组织的理事会被确定为组织的最高权力机构,但协议条款里规定,理事会可以将几乎所有权力下放给由 24 名董事组成的执行董事会,由他们负责日常事务。在世界卫生组织中,32 名专家组成的执行委员会负责该组织的日常运作。在世贸组织中,最终的决策机构可能是每两年举行一次的部长级会议,但持续的权力属于包括所有成员国的总理事会。所以,世界银行和国际货币基金组织的权力分配比世贸组织或世界卫生组织更加集中。这揭示了决定不同国际组织里的国际公务员影响力的正式机制也是不同的。但研究也证明,对于专业型或者技术型的国际组织来说,专业人员的话语权和自由裁量权更大,政治性组织和安全类组织里面更加官僚化,普通专业人员必须听从于官员,等级制比较突出。[①]除了国际组织本身的制度结构之外,国际公务员自身的能力也是决定其影响力的重要因素。具体来说,这里的能力包括了以下几点:①掌握的信息;②从业经验;③专业知识和技术;④领导力。

---

① TAYLOR P, GROOM A J R. International Organizations at Work[M]. London: Pinter, 1988:112.

有趣的是,与我们平时所了解的有些不同,这里把掌握信息的能力放在第一位,因为无论是哪一种国际组织,信息都至关重要。国际公务员很大一部分职责正是收集、分析和传播信息,以便其所在的组织或者组织的成员国采取集体行动。事实上,对于很多国际公务员来说,正是对全球或者区域范围内特定信息的掌握、过滤和使用,使得他们拥有了权威性和话语权,甚至主导地位。有研究指出,"正是在这种对信息的掌控和处理过程中,国际公务员可以提出自己的想法,甚至替代方案,并掌控最终的形成结果,从而进一步发挥影响力"[①]。

第二项能力是从业经验,被认为是国际公务员能力的重要组成部分。足够的从业经验可以帮助识别哪些策略或措施失败过,哪些成功过,可以提前建议、预测或者提出警示。而这本身就是国际公务员发挥影响力的重要途径。

第三项是专业知识和技术。"一个组织的技术专业化程度越高,受到的外界干预和政治不确定性的影响就越小。国际公务员的影响力也就越大。"[②]具备专业知识和技术的国际公务员,具备了专业领域的权威性,如果再有信息和专业从业经验加持,那么在制定知识框架和政策标准、提供咨询建议等方面的地位将很难被动摇。因此,走专业路线的国际公务员往往可以发挥出更大的影响力。

第四项是领导力。这主要指的是处于国际组织领导层的国际公务员。例如,联合国秘书长、世界银行行长、国际劳工组织总干事、世贸组织以及世界卫生组织总干事等这样地位的国际公务员,他们拥有在全球范围内相关事务领域中的重要话语权。国际组织的领导人不用对任何主权国家负责,却有权对任何国家的国际事务提出主张甚至质疑。当然,也有早期研究指出,如果成员国不愿意听从国际组织领导人的"建议",他们什么也做不了。[③]事实上,国际组织领导人的领导力,即个人素养、管理技巧、交际能力和判断、把握机遇的眼光等,都足以使得他们

① HAWKINS D, JACOBY W. Agent permeability, principal delegation and the European court of human rights[J]. The Review of International Organizations, 2008(1):1—28.

② PORTER R B, Pierre SAUVÉ P, SUBRAMANIAN A, et al. The club model of multilateral cooperation and problems of democratic legitimacy[J]. Efficiency, Equity, and Legitimacy: The Multilateral Trading System at the Millennium, 2004:264—307.

③ LANGROD G. The international civil service: its origins, its nature, its evolution[M]. New York: Oceana, 1963:23.

发挥出巨大的影响力,如延长谈判期限从中斡旋,联合重要大国施加政治影响,推进决议等,而不是"什么也做不了"。也因此,成功的、优秀的国际组织领导人能够为国际组织和国际事务提供清晰的方向感、能够保持成员国的凝聚力,最大化实现目标。而这正是处于决策层的国际公务员发挥影响力的重要表现。

除了以上的组织结构和个人能力之外,国际公务员还可以通过寻找捐款、资助项目去施加影响。以 OECD 为例,预算制度也决定着国际公务员影响力的发挥。一旦 OECD 制定了最初的工作计划:第一,制定好的计划往往会持续一段时间;第二,修改现有的计划虽然不是不可能,但也很困难;第三,引进新项目并逐步增加总体预算往往比较容易,因为这不会对现有项目和支持它们的项目构成威胁。就 OECD 秘书处而言,这种情况已经持续了几十年,直到 20 世纪 90 年代后期和 21 世纪初的改革对其产生了一些影响。首先,它倾向于加强理事会及其高级职员对现有工作计划的依赖,这些工作计划已深深嵌入日常事务中。其次,预算的政治周期。每个董事会成员都是重要的和有影响力的,要求保留其现有的项目和资金,在某种程度上,添加新项目是可行的。只要这并不构成威胁,不会减少对现有项目的资助。像许多国际组织一样,OECD 使用自愿捐款的情况很快变得普遍起来。基本上,如果大多数成员对提议的活动没有很大兴趣,支持该提议的成员可以自愿提供捐款,以确保活动继续进行,这成为一种越来越流行的做法。[1]高级工作人员的职位职责也经常提到他们需要寻求成员国的自愿财政捐款,越来越多地使用自愿捐款对秘书处及其影响力产生了不同的影响,而产生的影响在很大程度上取决于寻求创投资金的目的。例如,现有的项目的资金可能会被削减,或者很少数情况下会被终止。因此,国际组织的高级职员会寻找有同情心的成员国来提供风险投资,以弥补减少的资金。如果取得成功,这也揭示了国际组织工作人员有能力影响该组织的工作方案,但又自相矛盾地表明他们有一种倾向,通常更依赖提供捐款资助的少数国家集团。

这样一来,国际组织工作人员和参与自愿捐款的成员国在有关的计划或项

---

① OECD. Fiscal consolidation: targets, plans and measures[J]. OECD Journal on Budgeting. 2011, 11(2):33.

目上,就构成了一个利益集团。同样的情况也出现在秘书处渴望扩大现有的方案或提出新的工作方案,但不确定它可能获得的支持。因此,国际组织高级职员会寻找成员国作为风险投资的潜在来源。如果他们寻找到了投资,可能会促使该计划以后从 OECD 的核心预算中获得第一部分资金,得到理事会所有投票成员的支持。事实上,这似乎正在成为 OECD 预算程序的一种政治规范,因为高级职员意识到了由自愿捐款资助的项目的价值,他们可以在其中证明自己的价值。

一般来说,OECD 的工作计划对自愿捐款的依赖程度越高,对提供该笔资金的成员国的依赖程度就越高;这也意味着,OECD 的战略方向即使没有被完全改变,至少也出现偏差了。随着对这些问题的认识日益加深,理事会向秘书处施加了越来越大的压力,要求改进创投企业的管理。例如,在 2004 年,理事会"强烈要求"在中央一级和理事会一级更好地监测自愿捐款,并在整个组织采用关于自愿捐款的新的一致办法,包括更好地向捐助者报告其使用自愿捐款的情况,更好地跟踪和收集自愿捐款。用 OECD 的说法,"强烈要求"一词是"强烈的措辞",表示对秘书处在这方面的表现相当不满意。①

综上所述,OECD 代表所有成员国的整体偏好。这种偏好通过理事会的决定表达出来,但在实践中,个别成员国资助的工作计划不同程度地偏离战略重点,从而导致整体的战略重点越来越受到损害。例如,作为一项战略改革的优先事项,理事会可能会决定减少委员会工作计划的可用资金。这样一来,就会有一个或多个国家向有关委员会提供风险投资,取代预算过程中"损失"的资金,从而破坏改革的意图。尽管 OECD 后来对预算制度进行了改革,但是秘书处仍有影响该组织方向和工作方案的空间。他们能够以企业家的方式向 OECD 提供关于自愿捐款方的附加条款,以便开展工作,而且,这些条款将会对 OECD 成员国和其他成员国产生影响。

我们还看到,国际公务员的日常工作也会影响国际组织的工作计划。回到 OECD 的案例,其秘书处与圆桌会议之间的关系是怎样的呢?圆桌会议是一般性

---

① OECD. The performance of financial groups in the recent difficult environment[J]. Financial Market Trends. 2004(1):26.

讨论与竞争有关的问题的论坛，而不是立即制订一项政策或一套准则。但它们很重要，因为它们制定着 OECD 和成员国的未来议程。秘书处工作人员在圆桌会议中发挥了影响力，涉及三大类活动：圆桌前活动、圆桌会议和圆桌后活动。最后一种情况通常是要产生一份文件，其中包括执行摘要、背景说明和成员的贡献。OECD 的理事会列出将在圆桌会议上讨论的重要问题清单，但理事会的人员往往讨论得比较笼统和宏观，后期负责拟定详细的问题清单的 OECD 高级官员，则担负着精确问题范畴和内涵的任务。他将在问题清单中加入自己的理解和意图。另外，除了对所要解决的问题的选择和定义所产生的影响之外，理事会还将得到一份详细的"背景说明"，由具有高级专门知识的 OECD 官员或顾问起草。"背景说明"会详细描述该领域，集中关注最近的重大发展，如国家政策的实质性变化、重要的法院判决或新的概念和理论发展。最重要的是，报告还载有对事件和事态发展的分析。"背景说明"的目的是客观地描述，但总是受到秘书处分析人员观点的影响。秘书处在圆桌会议上的作用很小（这一观点根据访谈得到）。他们很少被邀请，很少被要求提出建议或者给出评论。相反，他们的影响主要来自编写文件，他们了解现有文献中所表达的观点、周围同事的观点，他们对会议期间所阐述的问题进行书面答复，说明文件制定者的观点。这些文件的质量越高，就越有可能对成员国产生影响。虽然这并不意味着各成员国一定会改变它们的观点，只是具有这种可能，但是如果它们在某个问题上形成共同或大致相同的立场，就可能成为进一步工作的基础。值得注意的是，执行摘要由出席圆桌会议的正式人员编写，意见是秘书处根据讨论情况、代表提出的意见和根据秘书长授权发表的说明提出的，而不是理事会提出的。执行摘要可能是敏感的，一旦分发，成员国经常要求改变，有时与其他成员国的建议相冲突。秘书处工作人员在采访中表示，解决由此产生的紧张关系很困难，需要智慧和外交手段。正如一位受访者所指出的："我们不会屈服于和默许糟糕的政策。我们只会指出某国有特定的观点。"

成员国的敏感性主要来自文件的公开，其内容可能支持或反对成员国政府的立场、观点和政策。换句话说，他们关心的是该文件在国内和国际上可能产生的积极或消极影响。在国内，成员国担心反对党或团体可能会利用它来攻击政府；在国际上，担心它可能会被用来在谈判中破坏或者是支持他们在 OECD 或其他机构的谈判桌上的立场。从积极的方面来说,出版物,特别是作为 OECD 的出版物,可以对委员会成员国及其国内同僚的努力产生相当大的影响,他们建议现行的国家政策应按照出版物所指出的方向加以修改。尤其是 OECD 作为分析来源的可信度,增加了那些使用其出版物的人的分量。

可以看到,秘书处在 OECD 中的影响是相当微妙的,它不仅严重依赖于该组织正式和非正式制度的能力,而且也依赖于它所产生工作的质量。如果秘书处的产出得不到各成员国的高度重视,它的影响力将会大大减小。在较少依赖具有法律约束力的文书的结论而更多地依赖于自愿采纳政策概念的国际组织中,质量很重要,只有给出更好的想法才更有可能被成员国采纳。OECD 秘书处的作用反映了 OECD 对外部的影响。OECD 对成员国不具有约束力,但很大程度上因为 OECD 高质量的"产品"(委员会行为、政策的概念、统计、分析、同行评审)影响了成员国。

专业产出是国际组织为成员国提供的持久的价值来源和政策依据,甚至包括参与感和归属感,这源于成员国对国际组织产品设计和开发的深度参与。研究发现,知识共同体中专业知识在产生国际协议中具有重要作用,专业知识既帮助 OECD 在成员国之间签订了各种协议,也帮助 OECD 把自身的产出转化为成员国的行动。①

OECD 理事会制度可能会限制秘书处,但它也在参与者之间建立了跨国网络,有助于促使成员国政府采纳受秘书处强烈影响的想法。最重要的是,秘书处与成员国之间的互动在很大程度上是成功的,这是 OECD 工作人员发挥了影响力的原因。

本 章 结 语

如前所述,既然国际公务员的合法性来自其公正性和国际性,为何仍有主权国家在不遗余力地培养和选送本国公民到国际组织中工作?现实中有丰富的案例证明,美国和欧洲各国对国际公务员的重视从未减弱,除了一些"不见光"的霸

---

① HAAS L B. From the President: Getting Involved in the Political Process[J]. The Diabetes Educator, 1989, 15(6):492.

权手段和利益交换等之外,在公开层面,也有不少国家将国际公务员培养和选送置于国家战略中。例如,最有代表性的日本,将"向国际组织派遣人员"作为外交战略中的重要内容之一,实施举国体制,长远谋划,以政府为主导,瞄准重要国际组织重要职位,"量身定做"式培养和选送国际公务员。而瑞士也公开在外交战略中明确提出要增加"瑞士公民在国际组织中的代表性"。单从公务员的角度来看,国际公务员和国内公务员一样,作为组织体系中的关键构成要素——人,发挥着影响整个组织运作的重要作用,会在整个过程中受到个体的专业背景、素质、本国文化等多重影响。国际公务员与国内公务员有许多相同之处,国际公务员也同样是为了满足集体需求而存在的,在他们自己的领域内,他们拥有很多重要的权力,如筛选信息的权力、发起倡议的权力、决定辩论方向的权力以及最重要的制定政策和实施政策的权力。有的研究把国际公务员看作国际组织现有制度流水线上的"工人",其实是低估了他们的影响力。所以,国际公务员绝不仅仅是保证国际集体利益和公共目标实现的"工具人",而且是"具体"制定国际规则者,也是"自由"裁量和"酌情"执行国际规则的重要角色。

正是因为主权国家早就看到了国际公务员在"公正性"和"国际性"背后的巨大影响力,才赋予了国际公务员提高本国话语权和代表性的期望。但比起研究国际公务员的影响力具体是什么,研究国际公务员如何发挥影响力对主权国家更有意义和价值。同时,也需要进一步区分,哪些要素是主权国家在培养和选送国际公务员时需要重点关注的、但不可控的也无法改变的,哪些要素是主权国家层面可控的、已投入努力的。恐怕这才是我们研究的真正着眼点。

第二章
国际组织人才培养：美国高校怎么做

国际组织在全球治理体系中扮演着重要角色,越来越多公开的或隐晦的观点认为,一个国家的国际组织任职状况关乎其话语权与国际影响力。放眼全球,各大国际组织的职员中具有美国教育背景的职员占据相当大的比例,且学历层次一般都是硕士及以上。虽然进入国际组织工作的美国职员的专业背景不尽相同,美国高校也并未提出国际组织人才培养的明确表述,但其国际事务及相关专业因与国际组织的紧密联系而具有较强的代表性和典型意义,其培养的公共事务管理人才所具备的能力与国际组织人才标准具有很高的契合度。培养且推送国际组织人才到国际组织任职是我国当前提高国际影响力、发挥大国力量的重要途径。美国高校培养国际组织人才的路径与方法内嵌在其人才培养模式中,因而,挖掘、分析、总结其先进经验,能够为我国高校培养国际组织人才提供一些参考和思路。

与国际组织人才紧密相关的是国际化人才。美国虽然没有出台专门的国际组织人才政策,但国际化人才培养却一直是美国的重要战略和行动。在全球化的背景下,各国都把高质量的国际化人才作为提升本国国际影响力和国际话语权的重要战略资源,国际化人才培养也成为各国高校新的发展方向。

第一节　美国国际化人才培养历史回顾[①]

2020 年 6 月,《教育部等八部门关于加快和扩大新时代教育对外开放的意见》正式颁发,其中特别强调提升我国高等教育人才培养的国际竞争力,加快培养具有全球视野的高层次国际化人才。当今世界各国都在积极强调国际化人才培养,而审视国际化人才发展的历史可以发现,国际化人才培养始终与世界政治、经济、社会格局的变化和发展的步调一致,其中国际化的动因来自国际远期发展战略、社会近期经济利益、高等教育发展客观规律、国际组织宣扬倡导以及人类社会先天具有的对文化多样性的追求和对新奇世界的探索。[②]对美国国际化人才培养的战略与行动进行梳理与剖析,可以加强对高校国际组织人才培养模式的理解。

一、早期国际化人才培养：学术殖民与跨国流动

早期的国际化人才培养形式与现代大学的创建模式具有很强的关联性。现代大学起源于中世纪大学,学生可以去世界各地进行游历学习,知识渊博且善于教学的智者往往会吸引大量的学生聚集学习和探讨。因此,中世纪大学的老师和学生往往来自世界各地,具有一些国际化的特性。美国在独立之前一直被英国及其他欧洲国家殖民统治。由于肩负传播欧洲文化和宗教的使命,美国早期需要培养大量的传教士。研究认为,哈佛学院作为美国第一所高等院校,其学校的建设、课程的设置等各方面都照搬英国大学牛津和剑桥的学院模式,其最初的办学目的是培养传教士和政府官员,主要课程包括希腊文、拉丁文、伦理学、修辞学、《圣经》、浅显的数学和自然科学等。所以,当时美国的大学具有国际化的特点,但其培养的国际化人才主要是为英国传播文化和宗教信仰的传教士。

除此之外,殖民地国家的人民对殖民者的文化认同也会促进国际化人才的培养。在当时,美国的学者和学生积极前往欧洲国家学术深造(Grand Tour,欧洲

---

① 这部分来自课题组成员郝丹丹的研究成果,已得到授权。
② Hans de Wit. Internationalization of Higher Education in the United States of America and Europe [M]. Chestnut Hill, MA: Greenwood Press, 2002.

游学),留学回国后,这些学者和学生的社会地位将会得到提升。尽管美国创办了哈佛大学等高等院校,但是美国富裕的农场主更倾向于将自己的子女送往欧洲深造。19世纪初期,德国的柏林大学创建,提出"学术自由"和"教学与科研相结合"的新思想,美国的许多学者以赴德国学习、考察为荣。19世纪大约有一万多名美国学者都有在德国大学留学或考察的经历,当时美国学术界中颇具名气的学者几乎都有在德国留学的经历。大批留学回国的学者成为美国高等教育体系中的教学和科研骨干,将德国科学教育思想、课程体系、教学制度等引入美国的大学和学院,与美国社会的实际情况相结合,开发出满足美国当时所需的课程和学科。

因此,很多研究都认为,美国早期的国际化人才培养可以追溯到美国殖民地时期,当时美国的教育思想更多地表现为借鉴和模仿欧洲先进国家的教育模式,具有国际化的特质,为美国培养了大量具有文化素养和科学常识的传教士和政府官员。随着世界各地政治经济文化联系的加强以及通信工具和交通技术的发展,学者和学生的跨国流动也愈加频繁,促进了世界高等教育的发展。

二、 转型发展阶段:文化输入转向文化输出

20世纪初,美国的高等教育飞速发展,国际化人才的培养模式也从输入型转为输出型。美国成立了众多的教育协会和教育基金会,主导高等教育发展的方向和内容,促进美国高等教育国际化的发展。1919年,美国政治家伊莱休·鲁特(Elihu Root)、哥伦比亚大学校长尼古拉斯·巴特勒(Nicholas Butler)和纽约学院教授斯蒂芬·达根(Stephen Duggan)等人提出:"教育的交流有助于推动国与国之间的互相理解,是实现世界和平发展的坚实基础。"[①]经过不懈努力,他们成功创立了一个专门从事国际教育交流活动的非营利性组织——国际教育协会(Institute of International Education,简称IIE),积极促进美国与其他国家之间高等教育的紧密联系,推动美国的学者和学生"走出去",也促进国外的学者和学生"请进来",保证美国国际化教育的双向性与平等性。美国的民间基金会也在资金和项

---

① Institute of International Education. A brief history of higher education [EB/OL]. (2019-08-09) [2024-04-12]. http://www.iie.org/en/Who-We-Are/History.

目上大力支持美国高等教育国际化，基金会提供大量资金，保证美国大学的学生和老师能够在各项资助下有能力前往国外的高校进行学习和访问，同时也保证美国能够吸引其他国家的优秀老师和学生前来交流。此外，基金会招募大量的国际化专业研究人员，分析国际高等教育的发展方向和趋势，将其与美国自身的国情相结合，为美国高等教育提出符合实际情况的国际化发展方向。卡内基基金会(Carnegie Corporation of New York)的研究人员通过一系列的分析研究，积极推动美国的国际教育援助事业，通过美国图书协会(American Library Association，简称 ALA)向大英图书馆(British Library)提供捐助，帮助肯尼亚建立了第一所师范学校。

除此之外，第二次世界大战之后，美国取代欧洲成为世界的中心，大量专家和学者纷纷远赴美国，美国由欧洲文化殖民地转变为国际学术中心，成功位居世界学术中心[①]。与此同时，在 20 世纪初期，美国高校开始了世界区域研究，哥伦比亚大学建立了东亚研究系，其他高校也纷纷开设"俄国研究""东方古典文学"等课程。美国政府逐渐意识到高等教育国际化对于扩大美国的国际影响力具有强大的推动作用，逐渐将教育作为外交的手段之一。在 1908 年，美国提出庚款兴学(Sino-US Boxer Indemnity Remission for Education)，退还部分庚子赔款以用作助学金，鼓励和资助中国的学生前往美国学习知识和技能，毕业后再让他们回到中国去参与改革。据统计，1909 年至 1929 年通过庚款兴学的方式前往美国的中国留学生达 1289 人之多。[②]这次的教育援助活动是一次成功的外交，美国不仅改善了和中国的关系，还为中国培养了一大批具有美国教育思想和理念的专业人才，影响了中国的发展道路。在此之后，美国政府越来越重视对发展中国家的教育援助。

在这一阶段，美国高等教育国际化的转变主要体现在两个方面。一是美国高等教育国际化从学生和学者的"送出去"转向"请回来"，越来越倾向于吸收世界各国的留学生，以传播美国的思想和文化。二是美国高等教育国际化的主体由个

---

① KNIGHT J. Internationalization remodeled: definition, approaches, and rationales[J]. Journal of Studies in International Education, 2004, 8(1):5—31.

② 王树槐.庚子赔款[M].中国台北:近代史研究所,1974:282.

人转向政府、社会组织等。高等教育国际化逐渐出现政策的支持,众多的非政府组织也成为促进高等教育国际化的主力军。

三、 快速发展阶段:文化新殖民

第二次世界大战结束后,美国的军事实力和经济实力空前强大,美国立志于成为世界的领导者,因此,美国与苏联也由战时的同盟国变成了敌对关系。亚非拉国家在二战后开展了一系列的民族解放运动,第三世界国家兴起。美国和苏联为了争夺冷战的胜利,积极拉拢第三世界国家。美国向第三世界国家进行一系列的教育援助,成功向第三世界国家输出美国的意识形态和文化思想。除了教育援助之外,美国联邦政府还发布一系列国际教育法案。1946 年,美国联邦政府直接出资开展了一个全球性的对外教育和文化交流项目——富布莱特项目(Fulbright Act)。① 该项目旨在以教育和文化交流的名义来加强美国和其他国家的联系,促进相互间的理解,其主要内容是美国国务院利用出售战争剩余物资得到的资金,资助美国学生和教师去国外讲学或进行研究,以及资助外国的学生和教师来美国学习、研究和授课。此后,美国先后颁布了《史密斯-蒙特法案》(*Smith-Mundt Act*)、《富布莱特-海斯法案》(*Fulbright-Hays Act*),扩充富布莱特项目并解决资金不足的问题。美国还直接资助某一领域的领袖、专家等有影响力的人物进行国际交流互访,如资助美国的杰出艺术家和运动员出国进行文化交流,扩大美国对外宣传和文化教育交流的范围。富布莱特等项目为美国及世界其他国家都培养了一大批的学者和专家,更是有效地促进了学者和学生的国际交流,增进了美国和其他国家之间的关系,培养了大批国际化人才。除此之外,美国政府成立公共外交咨询委员会(Advisory Commission on Public Diplomacy),专门负责对其他国家进行广播和教育交流活动。1949 年 1 月,杜鲁门推出四点政策方针,第四点提出美国需要向欠发达世界提供技术援助,这是美国系统影响第三世界国家意识形态和社会价值的起点。根据该计划,美国通过了《国际开发法案》(*Act of International Development*)、《国家科学基金会法案》(*The National Science Foundation*

---

① 　胡文涛.美国文化外交及其在中国的运用[M].中国香港:世界知识出版社,2008:186.

Act),对第三世界国家展开大规模的教育援助,帮助第三世界国家建立教育系统,设立学校和研究中心。

1957年,苏联成功发射第一颗人造地球卫星,美国举国震惊,各界人士都抨击美国的教育系统不能为美国培养优秀的人才。为此,1958年美国颁布《国防教育法案》(*National Defense Eduation Act*),该法案的第六条明确指出:建立语言和地区研究中心,"授权专员和高等学校签订合同,在1958年7月1日至1962年6月30日之间,建立任何一门现代外语的教学中心。条件是,专员要确定所训练的这门语言的人才是联邦政府或美国工、商或教育所需要的,且美国尚没有这门语言的适当教学。合同还规定,研究中心除了进行这门外语的教学外,还提供诸如历史学、政治学、语言学、经济学、社会学、地质学和人类学等必要学科的教学,以使学生全面了解使用该语言的地区或国家"①。《国防教育法案》对美国的国际化教育起到了重要的推动作用,促进国际区域研究和外语教学的发展,为美国培养国际化人才提供了直接有效的渠道。除此之外,为了提升美国的国家形象和争取更多国家的拥护支持,1961年,美国颁布《和平队法案》(*Peace Corps Act*),成立和平队。美国对中立的国家和具有亲苏倾向的国家重点输送和平队,援助这些国家和地区的学校和医院,派遣了很多美国教师到当地的学校进行教育援助,提高当地的教育水平,向当地民众宣传美国的价值观。和平队除了向受援助的国家传播美国文化和价值观,还增强了美国对其他国家和地区的了解,有助于美国制定针对第三世界国家的政策。但是不可否认的是,美国通过和平队在第三世界国家的服务,有效促进了第三世界国家的教育发展。1961年,美国设立国际开发署(United States Agency for International Development,简称USAID),专门负责军事和非军事援助。在教育援助方面,国际开发署与美国高校合作,向发展中国家派遣教师,帮助其建设学校、开发课题,大量资助外国留学生前往美国高校进修。1966年,美国首次以国家名义颁布国际教育法规——《国际教育法案》(*The International Education Act of 1966*),该法案授权开展研究生和本科阶段的国际研究,对高等教育机构和相关机构进行拨款,促使高级中心的建立与启动。这些高

---

① 王英杰.美国高等教育的发展与改革[M].北京:人民教育出版社,2002:231.

级中心将成为在国际方面的专业和其他专业进行研究和培训的国际资源中心。①但是,由于越南战争的影响,美国并没有能够为《国际教育法案》拨款,该法案没有得到有效的实施。

冷战时期,国际化人才培养主要可以表现为文化上的新殖民,美国和苏联为了获得冷战的胜利,以文化传播、教育援助等方式拉拢其他国家。一方面,美国和苏联通过留学生输出其意识形态和文化价值;另一方面,美国和苏联通过对其他国家的教育援助,直接输出其文化和价值观念。

四、 深度发展阶段:双边或多边教育合作

20 世纪 80 年代以来,世界各国的关系越来越紧密,全球化时代逐渐到来,经济成为各国发展的重点。国家间的竞争从传统的政治军事层面的对抗,转变为经济、科技和人才等方面综合国力的竞争。美国紧抓发展国内经济的同时,积极开拓海外市场,这就需要培养大量具有外语技能并通晓国际规则的国际化人才。21 世纪的经济全球化和"9·11"事件的影响更让美国意识到国际教育的重要性,培养具有全球意识的国际化人才成为重要前进方向。

美国政府、社会组织、教育机构等都大力支持美国的高等教育国际化,培养美国学生的国际化视野、增强美国学生参与国际事务的能力。1988 年,美国国际教育交流协会(The Council on International Educational Exchange)发布报告《为了全球竞争力的教育》(*Educating for Global Competence*),该报告批判美国高等教育中缺少国际教育,指出高等教育的学生需要拥有基本的外语技能和跨文化知识,报告还提倡高校进行课程内容的国际化。1992 年,美国国会再次修正《高等教育法》,增强美国高等教育国际化的力度。该法案规定教育部联邦资金援助计划中增加对高等教育国际化的援助,学生可以利用联邦援助的资金进行海外进修。2001 年,由于"9·11"事件的影响,美国发布《爱国者法案》(*Uniting and Strengthening America by Providing Appropriate Tools Required to Intercept and Obstruct Terrorism Act*),对来美留学生进行严格限制,大大降低来美留学生数量。

---

① 李爱萍.美国国际教育:历史、理论与政策[M].昆明:云南大学出版社,2005:216.

为此,2003 年美国国际教育者协会发布报告《美国的利益:欢迎国际学生》(*In America's Interest*:*Welcoming International Students*),报告指出美国解除世界对美国误解的最有效的方式是向世界各国展示真实的美国,美国不应该限制来美留学生的数量,而应当大规模招收国际留学生,让他们接受美国的教育、体验美国的生活、感受美国的体制,促使他们形成美国式的理念和价值观,认同美国的文化。[①]2005 年,美国发布《以教育开放程度提高国家竞争力法案》(*American Competitiveness Through International Openness Now Act*),指出美国全国各部门都需要加强高等教育国际化,提升美国对国外留学生的吸引力,传播美国的文化价值和意识形态。因此该报告提出了一系列措施和优惠政策来提高美国对国外高素质人才的吸引力:美国的驻外机构发挥自己的优势,向其所在国家的人民宣传介绍美国的高校和留学政策,鼓励学生和教授前往美国进修。美国的签证政策进行适当调整,方便优秀的国外人才进入美国学习交流。[②]2009 年奥巴马在访问中国时发表《中美联合声明》,承诺美国将为中国留学生提供签证的便利,支持和鼓励中国留学生前往美国学习和生活。[③]2012 年,美国联邦教育部发布《国际教育、国际参与与社会成功》,确定美国高等教育国际化的战略框架,明确美国高等教育国际化的发展方向,战略明确提出国际化以教育为优先事务,积极培养美国学生的全球胜任力和文化胜任力。

除此之外,美国积极实施全面国际化战略,高等教育机构超越地区、国家的限制转变为一种全球化资源,人才的培养目标也转变为培养拥有外语才能,能够解决国际事务的国际化人才。全面国际化战略意味着高校国际化发展在规模和维度上都进行了范式转移,国际化位于优先发展地位,将高校的国际化活动、项

---

①   In American Interest:Welcoming international students [EB/OL]. (2019-08-09) [2024-04-12]. http://www.nafsa.org/uploaded Files/NAFSA_Home/Resource_Library_Assets/Public_Policy/in_america_s_interest.

②   American Competitiveness Through International Openness Now Act of 2005 [EB/OL]. (2005) [2024-04-12]. http://www. nafsa. org/Find _ Resources/Internationlizing _ Higher _ Education/Network _ resources/International_Education_Leadership//American_Cometitiveness_Through_International_Openness_Now_Act_of_2005.

③   Joint Statement by the United States of America and "the Republic of China"[EB/OL]. (2009) [2024-04-12]. http://www.gpo.gov/fdsys/pkg/PPP-2009-book2/pdf.

目、合作关系与资源进行整合并纳入全面国际化发展战略中,使国际化的组织管理与执行、资源调配与统筹治理更好地服务教学、科研和服务功能,促进院校的国际化发展成为更为广泛、更深层次的整合型发展。①美国国际教育者协会指出美国高等教育的国际化不应只停留在人员的交流上,更应该是从理念到制度,从人员到结构的国际化。全面国际化应该渗透进大学的各个方面:培养目标、教学方式、管理模式、课程设置、师资力量、学生构成等,实现各个方面的高等教育国际化。②美国教育理事会国际化与全球事务中心(Center for Internationalization and Global Engagement,简称 CIGE)提出全面国际化发展"CIGE 模式",通过对高等教育相关部门的整体规划,针对大学的特质,建立有针对性的个性化发展策略,增强美国高等教育在世界高等教育中的吸引力和竞争力。

在这一阶段,美国的高等教育国际化走向成熟。虽然"9·11"事件使美国对来美留学生严格限制,但是只经过了很短的一段时间,美国就意识到了高等教育国际化的重要性。美国政府颁布了一系列的法律法规,在政策和法律上推动高等教育国际化,有效吸引外国的优秀人才到美国学习,同时鼓励本国学生到海外学习。除此之外,美国积极实施全面国际化,为高校国际化发展提供新的有效路径。

五、 无序发展阶段:特朗普政府对前期政策的推翻

2017 年 1 月,以特朗普为代表的政府官员蔑视全球化视野,他们宣扬民粹主义和"经济民族主义"。特朗普上任后,就宣布美国退出《跨太平洋伙伴关系协定》(*Trans-Pacific Partnership*,简称 TPP)和《联合国气候变化框架公约》(*United Nations Framework Convention on Climate Change*,简称 UNFCCC),2017 年 10 月,美国宣布决定退出联合国教科文组织并在翌年生效。特朗普政府表现出极强的

---

① 郭强,吴美琴,周颖.全面国家化视阈下香港科技大学国际化发展路径及其启示[J].内蒙古师范大学学报,2017(8):1—6.

② Association of International educators. Comprehensives internationalization:from concept to action. nafsa:association of international educators[EB/OL]. (2019-08-09)[2024-04-12]. http://www.nafsa.org/wcm/Cust/Cuslt/Custom_Cart/Store_Home.

民族主义，认为全球化合作会侵害美国的主权。在 2020 年 5 月 29 日，特朗普在记者会上表示美国将退出世界卫生组织。特朗普政府频频退出国际组织和国际协议，在世界国际关系上造成了很大的混乱。对美国的国际化人才的培养政策方面的分析与思考，需要考虑特朗普的世界观的基本方面，包括拒绝全球化，蔑视推动多元文化以及深深的反智主义（包括不信任科学和科学事实）。①

特朗普上任之际就推翻了"全球公民"的理念，大幅削减国际化交流项目的资金，这严重影响了美国的一些长期的、意义重大的国际交流计划，包括富布莱特学者项目、海外文化教育交流项目。与此同时，2017 年，特朗普政府在《国家安全战略报告》(*National Security Strategy*)中对签证政策增加了更为严格的规定，限制外国人到美国高校学习科学、航空、工程等高科技学科，防止美国的"知识产权被盗取"，针对七个国家发布"禁穆令"，减少留学生留美工作的机会，加大对留学申请者的审查力度，增加赴美签证手续的烦琐程度，②即使已经拥有美国绿卡，被禁入国家的人员同样面临着诸多困难。

在这一阶段，特朗普政府的战略方针对美国的国际学生和移民都构成了巨大的威胁，也在很大程度上减弱了外国学者来美学习和工作的倾向。美国国际化人才的培养也受到一系列不良影响，美国本土的学生"出不去"，他们由于国际交流项目资金的削减难以出国深造；而国际学生"进不来"，由于签证政策的严格化管理，国际学生进入美国高校学习交流并不容易。

尽管从历史发展看，美国国际化人才培养政策经历了不同的阶段，但具体到国际组织人才培养方面，还是有比较稳定的成就和比较多元的培养途径。早在19 世纪，美国各大学就纷纷成立了国际关系、国际事务等专业学院，提升美国的国际话语权和国际影响力，积极响应国际化人才的战略与行动，为国际组织培养并推送了大批高质量人才。例如，普林斯顿大学公共与国际事务学院(Princeton School of Public and International Affairs，简称 SPIA)的硕士研究生培养模式具有一定的代表性，其政治与国际研究专业在 2022 年 QS 世界大学专业排名中位列

---

① 罗伯特·罗兹，梅伟惠.特朗普时代的美国高等教育政策：六大要点[J].全球教育展望,2017,46(8):119—128.

② 蒋玉梅.美国高等教育国际化的发展趋势及中国的应对[J].江苏高教,2020(3):109—119.

第四,其公共事务研究生项目在《美国新闻与世界报道》(简称"美新周刊",*U.S. News & World Report*)美国大学专业排名中位列第九。据统计,48%的SPIA公共事务硕士(Master in Public Affairs,简称MPA)与52%的公共政策硕士(Master in Public Policy,简称MPP)毕业生的职业为国际方向。再如,乔治城大学的爱德蒙·沃尔什外事服务学院(Edmund A. Walsh School of Foreign Service,简称SFS)更是世界领先的专攻国际问题的高等教育学术研究机构。20世纪20年代,SFS就开始针对国际事务和国际问题培养高质量人才,学院以一种创新的、发展的研究生培养模式培养了一大批优秀国际组织人才,促进了国际事务的专业发展。美国哥伦比亚大学国际与公共事务学院(School of International and Public Affairs,简称SIPA)是世界上久负盛名的国际关系学院之一,强调通过实训来培养志在从事国际事务的学生。

综上,美国在国际组织人才培养方面成绩骄人。虽然进入国际组织工作的人员的专业背景不尽相同,但国际事务及相关专业因与国际组织的紧密联系而具有较强的代表性和典型意义。本章接下来的几节会对这些高校案例进行比较详细的分析。

第二节 美国国际组织人才培养高校案例:
约翰·霍普金斯大学

约翰·霍普金斯大学(Johns Hopkins University,简称JHU)在1943年就成立了保罗·尼采高级国际研究院(SAIS),专门负责国际问题的研究,是全球顶尖的国际问题研究智库。自成立以来,SAIS服务于全世界140个国家和地区,向国际组织输送了一大批优秀的人才(见表2-1),全球发展中心(Center for Global Development,简称CGD)主席南希·伯索尔(Nancy Birdsall)女士以及世界银行集团多边投资担保机构业务主任伊迪丝·昆尼黛尔(Edith Quintrel)女士都是SAIS的校友。SAIS连年被《外交政策》(*Foreign Policy*)评为美国最好的国际关系研究院校之一,以其学术优势和实践活动赢得了全世界相关院校的尊重。本节拟以约翰·霍普金斯大学为例,从课程设置、实习实践、师资力量等方面系统论述美国高校国际组织专业人才培养体系,为中国同类高校提供经验借鉴。

表 2-1　SAIS 毕业生在国际组织中的任职情况

年份	就职于国际组织总占比	世界银行	国际货币基金组织	联合国	国际金融公司	欧盟委员会	美洲开发银行	其他
2014	13%	42%	16%	14%	5%	3%	8%	12%
2013	17%	49%	16%	12%	5%	5%	2%	11%
2012	12%	41%	14%	3%	10%	3%	14%	15%
2011	13%	46%	—	12%	6%	3%	12%	21%
2010	10%	58%	4%	—	11%	4%	19%	4%

资料来源:http://www.sais-jhu.edu/career-services♯employment-outcomes-key-figures.

一、 课程设置特征

攻读国际发展专业的硕士研究生需要能够综合运用多个学科的工具和方法,从各个角度批判性地分析国际政治、经济、社会问题。[①]为此,SAIS 对硕士研究生的要求十分严格,必须修完 64 个学分并完成一份项目总结。国际发展专业的硕士课程主要分为基础核心类、专业应用类和工具方法类,三类课程各具特色。

表 2-2　国际发展专业课程安排

课　　　程		课程提供数量(单位:门)	必修课程数量(单位:门)	最低学分要求(单位:分)
基础核心类课程	国际发展课程	10	6	24
	国际经济学课程	9	4	16
	核心课程	4	2	8
专业应用类课程		13	1	4
工具方法类课程	分析方法课程	5	1	4
	外语课程	17	1	4
顶点课程		3	1	4

资料来源:根据学校国际发展专业网站中课程栏目整理所得。

---

① Johns Hopkings School of Advanced International Studies International Development. Learning goals and objectives[EB/OL]. (2019-08-09)[2024-04-12]. http://www.sais-jhu.edu/sites/default/files/International-al%20Development%20Learning%20Objectives.pdf.

本节综合分析了学院所提供的各类课程数量和学生必修课程数量及最低的学分要求(见表2-2),发现其课程设置主要具有3个特征:保证基础核心类课程的权重、开设多种多样的专业应用类课程和注重工具方法类课程。

(一) 将经济和外交类课程作为国际发展专业的基础核心类课程

基础核心知识是培养国际组织人才的重中之重,扎实的基础知识是进一步学习专业知识的基础,如果没有扎实的基础知识,就不能形成专业的知识和能力,更不能有效地处理国际事务和解决国际问题。约翰·霍普金斯大学国际发展专业的研究生要学习三类课程:国际发展课程、国际经济学课程、核心课程。国际发展课程主要是培养研究生的国际专业基础知识,要求学生学习2门以"SA.400.XXX"为前缀的课程,如"SA.400.779"是"自然资源和经济发展","SA.400.752"是"比较公共管理";3门由学生自主选择的专业课程包括"发展经济学课程""财政与发展课程、治理、政治与发展""发展管理""社会创业与商业""社会政策与计划""自我规划"。[1]国际经济学课程是SAIS国际发展专业强调的基础课程。在入学前,硕士研究生需要完成微观经济学相关课程的学习,以保证自己可以达到学习宏观经济学和国际贸易理论的知识水平和能力水平。硕士研究生还需继续学习"国际货币理论"和1门必修的经济学课程。[2]

为了使硕士研究生具有国际关系的一般背景知识,所有国际发展专业的学生还必须至少通过以下4门核心课程中的2门的考核:"二战后美国外交政策""国家政治比较""国际体系的演变""国际关系理论"。[3]

(二) 开设契合世界发展热点的专业应用类课程

国际发展专业开设了13门专业应用类课程,以供硕士研究生学习,使学生能够拥有广泛的选择:"中低收入国家的基础教育:政策与实践""发展战略""数字发

---

①② Johns Hopkings School of Advanced International Studies International Development. Require-ments [EB/OL]. (2019-08-09) [2024-04-12]. https://sais.jhu.edu/academics/master-degrees/master-arts-ma/inter-national-development/requirements-international.

③ Johns Hopkings School of Advanced International Studies International Development. Curriculum[EB/OL]. (2019-08-09) [2024-04-12]. https://sais.jhu.edu/academics/degree-programs/master-degrees/master-arts-ma/curriculum-master-arts-ma.

展:新兴市场中技术的创新使用""金融包容性""性别不平等与发展""国际发展实习""改善发展中国家的服务供给""国际发展研讨会""国际移民发展""全球卫生政策""国际发展的实用研究方法""发展项目评估原则""社会创业:推动发展创新"。①这13门课程涵盖了教育、政治、经济等多方面的内容,确保所有国际发展专业的学生能够找到自己的兴趣点,并且尊重所有学生根据自身阅历和兴趣所提出的要求做选择。这些课程主要是针对当今世界发展中的热点问题所开设的,具有较强的专业性和应用性。以"中低收入国家的基础教育:政策与实践"课程为例,该课程主要就中低收入国家基础教育体系以及全球和国家层面近期针对中低收入国家基础教育的干预措施进行介绍,再针对为所有儿童提供基础教育面临的挑战进行探讨,最后让学生根据之前的学习提出各种提升基础教育质量和扩大基础教育普及率的措施,并一起审查措施的有效性。该课程聚焦发展中国家急需解决的实际问题,在课程设计上保证学生学习的主动性,一步步引导学生自行收集、阅读相关资料,鼓励学生在课堂上提出自己的问题和看法。

(三) 注重工具方法类课程的"学以致用"

大学课程的前提是获取和应用理性现代主义思想的线性过程,以及对科学和理性知识的信仰。②研究生培养过程中应该为学生提供技术工具,使他们能够提交出与其研究方向相一致的最有效的解决方案。③国际发展专业要求学生能够使用科学的工具和方法分析、解决实际问题,因此 SAIS 十分注重工具方法类的课程,要求学生学习1门定量分析方法课程和1门外语课程。攻读国际发展专业的硕士研究生需要学习定量分析方法,以保证能够灵活运用定量和定性工具跨学科解决实际问题。学生必须根据自己的学习情况从经济学的统计方法、计量经济学、应用计量经济学、宏观计量经济学、量化全球经济学中选择1门课程学习以达

---

① Johns Hopkings School of Advanced International Studies International Development. IDEV professional fields: courses [EB/OL]. (2019-08-09) [2024-04-12]. http://www.sais-jhu.edu/sites/default/files/IDEV-Professional-Fields-Courses-8-24-18_0.pdf.

② JOJNSON H, THOMAS A. Individual learning and building organizational capacity for development [J]. Public Administration and Development, 2007(1):27, 39—48.

③ CLARKE P, OSWALD K. Why Reflect Collectively on Capacities for Change? [J]. IDS Bulletin, 2010(41):1—12.

到定量分析要求。①SAIS 还要求国际发展专业的硕士研究生在毕业前通过 1 门外语考试,以证明其外语的精通程度。此外,除了在入学前学生需要参加英语考试来证明其英语水平,在研究生阶段,学生还需要学习额外的英语课程。

二、 实习实践特征

国际组织人才须是高水平、国际化的实践型人才,因此,国际发展专业的硕士研究生除了要学习各门专业课程,还要积极参与各项实习、实践活动。国际发展专业提供了丰富的特色实习实践项目,以帮助硕士研究生获得大量的实习实践机会和渠道。

(一) 注重全球热点问题,契合国际组织关注方向

国际发展专业十分注重全球热点问题,旨在加深学生对当今世界的认识、拓宽学生的视野。为此,国际发展专业特别举办了发展圆桌会议(Development Roundtable),②旨在讨论全球发展热点问题以提出改进的新倡议。发展圆桌会议邀请多位具有影响力的发言者对热点问题进行讨论,为全校师生甚至是政府人员提供解决问题的新思路。学生可以通过吸收发展圆桌会议上发言者分享的知识,对当今世界的热点问题有更加深刻的认识,开阔自己看待问题的视野,学习解决问题的新思路、新方法。

(二) 注重培养解决实际问题的能力,积极提供实践机会

国际发展专业的硕士研究生的主要求职意向是在国际组织或政府部门中任职,为了更好地解决实际事务中的问题,需要有极强的问题解决能力。因此,国际发展专业积极提供实践机会,为国际组织培养大批高质量人才。

为了扩大与政府、私人企业、非政府组织开展直接合作的机会,国际发展专业为表现优异的二年级学生提供了两学期的国际发展组织实习项目。实习旨在

---

① Johns Hopkings School of Advanced International Studies International Development. Curriculum[EB/OL]. (2019-08-09)[2024-04-12]. https://sais. jhu. edu/academics/degree-programs/master-degrees/master-arts-ma/curriculum-master-arts-ma.

② Johns Hopkings School of Advanced International Studies International Development. Decelopment rountable[EB/OL]. (2019-08-09)[2024-04-12]. https://sais. jhu. edu/aca-demics/master-degrees/master-arts-ma/international-development/development-roundtable.

为学生提供与校外客户一起解决问题的平台和机会,促进学生将他们的研究、分析和实践技能应用到与客户直接相关的问题上。①参与实习的学生按研究兴趣组成团队,团队成员每周都需要见面,与教授讨论研究项目所用的方法和进展情况,在寒假期间还需要进行实地调研,才可以向客户报告他们的最终方案。在参与实习的过程中,学生不但有机会把所学的知识转化为实践,还获得了与潜在雇主建立某种有价值联系的平台。除此以外,每年春季,国际发展专业都会要求学生自主主办《展望》(*Perspectives*)杂志,②收录教师、学生、校友所撰写的相关文章。在此过程中,学生可能会面临各式各样的问题,这就要求他们具有极强的责任意识,在合作分工中运用自己的专业知识和各项技能来保证《展望》出刊。

(三) 注重实习项目,积极与国际组织开展合作

实习是学习经验的重要方式,也是未来就业的敲门砖,到国际组织中实习可以使国际发展专业的学生熟悉国际组织的运作、理解国际规则,提高其专业水平。因此,国际发展专业对学生提出了明确的暑假实习要求。国际发展专业鼓励学生在暑假期间到南非、印度等发展中国家进行实习和研究,积极与众多国际组织、非政府组织、智库和政府机构等合作,在世界各地为研究生提供实质性的夏季实习机会。③SAIS 更是出资为一些没有报酬的实习岗位提供津贴和补助,以确保学生可以根据他们的发展方向和兴趣爱好申请海外职位。学生在参与实习项目的过程中不仅丰富了自己的实践经验,加深了对所学知识的掌握,还能够深入了解国际发展的秩序规则和国际组织的运作模式。

三、 师资力量特征

在国际组织中工作不仅需要扎实的专业知识基础,还需要全面的个人能力。具有丰富的国际组织工作经验的师资是培养国际组织人才的重要保障之一。国际

---

① ③　Johns Hopkings School of Advanced International Studies International Development. Experiential learning[EB/OL]. (2019-08-09)[2024-04-12]. https://sais.jhu.edu/student-experience/experiential-learning.

②　Johns Hopkings School of Advanced International Studies International Development. SAIS Respectives[EB/OL]. (2019-08-09)[2024-04-12]. https://sais.jhu.edu/academics/mas-ter-degrees/master-arts-ma/international-develop-ment/sais-perspectives.

表 2-3　SAIS 国际发展专业授课教师背景①

姓　名	任　职	工作经验	教育背景
坦维·纳格普 (Tanvi Nagpal)	SAIS 驻院主任及执行副主任	比尔和梅林达·盖茨基金会顾问,康拉德·N·希尔顿基金会顾问	/
迈克尔·普卢默 (Michael Plummer)	SAIS 欧洲主任、国际经济学教授	美国亚洲经济研究委员会主席、OECD 发展部主席等	密歇根大学经济学博士
黛博拉·布罗伊蒂加姆 (Deborah Brautigam)	国际政治经济学教授、中非研究倡议主任	联合国、世界银行、国际开发银行、美国国际开发署等机构顾问,世界银行访问学者,国际粮食政策研究所(IFPRI)高级研究员	塔夫茨大学弗莱彻法律与外交学院博士
拉法埃拉·德·萨尔托 (Raffaella Del Sarto)	中东研究副教授	欧洲研究理事会(ERC)资助的边境土地研究项目主任、以色列和地中海研究项目研究人员	耶路撒冷希伯来大学国际关系博士
辛纳蒙·多尼斯夫 (Cinnamon Dornsife)	国际发展专业高级顾问、外交政策高级研究员	亚洲开发银行执行主任、日本国际合作银行顾问、亚洲基金会总部高级官员	SAIS 国际经济学硕士
丹尼尔·霍尼格 (Daniel Honig)	国际发展研究副教授	美国财政部长特别助理	哈佛大学肯尼迪学院公共政策博士
温里希·库纳 (Winrich Kühne)	德国研究教授	德国国际和平行动中心创始主任、德国国际和安全事务研究所前副所长、欧洲议员协会顾问、联合国维和经验国际咨询小组成员	慕尼黑大学国际法硕士
布莱恩·利维 (Brian Levy)	国际发展实践研究教授	世界银行秘书处负责人、世界银行非洲区副行长	哈佛大学经济学博士
玛雅·阿吉美拉 (Maya Ajmera)	兼职讲师	全球儿童基金会创始人	桑福德公共政策学院公共政策硕士
艾德蒙·阿曼 (Edmund Amann)	拉丁美洲研究副教授	美洲开发银行顾问、牛津大学圣安东尼学院研究员	曼彻斯特大学经济学博士

① Johns Hopkings School of Advanced International Studies International Development. Faculty [EB/OL]. (2019-08-09)[2024-04-12]. https://sais.jhu.edu/faculty-research/faculty-by-program?field_profile_programs_nid＝228201.

发展专业的人才培养除了依靠专业师资以外，还需要积极聘用国际组织职员以提供大量的工作经验，帮助学生了解国际组织的运作机制。SAIS国际发展专业的授课教师来源十分广泛，既有国际组织的任职人员、外交人员，也有行业翘楚、项目专家，他们大多都拥有丰富的国际组织工作经验。我们综合了授课教师的工作经验和教育背景，随机选取了10名SAIS的授课教师进行了调查分析（见表2-3）。

这些教师自身的工作经验是十分宝贵的隐性知识，在课堂上他们不仅可以传授专业知识，而且可以讲授他们亲身的工作经历。真实的工作经历往往比枯燥的知识点更有趣，这样的课堂也更容易赢得学生的青睐，学生也可以从中找到自己真正感兴趣的研究方向和解决实际问题的方法。

美国高校向国际组织培养和输送了大量的高质量人才，提升了美国在国际舞台上的影响力。约翰·霍普金斯大学SAIS的国际发展专业在课程安排、实习实践、师资力量等方面具有可借鉴性，给我国高校国际发展专业的建设提供了参考。在课程安排方面，国际发展专业将课程分为学习基础知识和专业技能的基础课程和符合学生兴趣的专业课程，合理分配各门课程权重，确保研究生在学习到基础知识的同时能够选择自己感兴趣的研究课程。在实习实践方面，SAIS积极举办各项实践活动，保证学生能够有机会和平台展示自己所学的知识，使学生能够真正获得知识与能力。同时，SAIS还积极与国际组织合作，提供大量实习机会，加强学生对国际组织的了解，提高学生的问题分析和解决能力。在师资力量方面，SAIS在聘请专业教师时倾向于具有丰富的国际组织或知名企业工作经验的教师，从理论和实践两个方面培养学生。

我国高校在国际组织人才培养方面还处于注重基础理论知识的阶段，今后在课程安排、实习实践、师资力量方面可以打破常规，创建符合我国实际情况的国际发展专业学科，不断向国际组织输送高质量人才。

第三节　美国国际组织人才培养高校案例：乔治城大学

乔治城大学（Georgetown University）的爱德蒙·沃尔什外事服务学院（Edmund A. Walsh School of Foreign Service，简称SFS）是世界领先的专攻国际

问题的高等教育学术研究机构。SFS 早在 20 世纪 20 年代就开始针对国际事务和国际问题培养高质量人才,学院以一种创新的、发展的研究生培养模式培养了一大批优质国际组织人才,促进了国际事务的专业发展。本节选取了具有典型特质的外事服务学硕士学位(Master of Science in Foreign Service,简称 MSFS)项目进行研究。MSFS 项目是 SFS 中历史最为悠久、涉及学科范围(包括国际关系、历史学、经济学等关键学科)较为宽泛的国际关系项目,旨在为政府部门、私营机构、国际组织输送人才,使其能够在国际事务中发挥创新领导作用。①迄今,MSFS 项目已经培养了 3000 多名优质学生,他们在美国政府、国际组织、私营企业、民间组织中发挥着重要作用。MSFS 项目自成立以来,已经成为世界上最出类拔萃的国际事务硕士培养项目之一。2012 年《外交政策》刊登的民意调查结果显示,乔治城大学是国际关系领域硕士项目教育水平最高的学府之一。MSFS 项目的研究生培养无论是培养模式还是师资力量都颇具特色,能够为我国的国际组织人才培养提供很多借鉴之处。

一、 课程设置特征分析

目前,国际组织对于国际事务从业者的要求越来越高,希望从业者不仅拥有传统的基础学术知识,而且要有超越传统学术范围的知识和技能。为此,外交学硕士项目设置了多种课程,兼具必修基础知识和针对性较强的专业知识,其课程主要分为必修基础课程、高级选修课程和技能方法类课程。本节综合分析了各类课程的要求和内容,发现其课程设置很有代表性。

(一) 注重必修基础课程的权重,提供跨学科眼界以洞察国际变化

基础核心知识是培养国际组织人才的重中之重,扎实的基础知识是进一步学习专业知识的基础,如果没有扎实的基础知识,就不能形成专业的知识和能力,更不能有效地处理国际事务、解决国际问题。乔治城大学外交学专业的研究生必须学习 2 门国际事务的基础知识课程"国际关系:理论与实践"和"社会关系全球

---

① Georgetown University Walsh School of Foreign Service Master of Science in Foreign Service. Mission [EB/OL]. (2019-08-25)[2024-04-12]. https://msfs.georgetown.edu/about/mission/.

化"，2门国际经济学课程"国际贸易"和"国际金融"，以及"伦理决策"和"有原则的领导"课程，为之后解决工作中的实际问题打下坚实基础。[①]"国际关系：理论与实践"旨在教会研究生一套极有效的国际问题分析方法，在该课程的学习过程中，研究生可以了解国际关系的复杂性和理论方法的价值，从而形成对当代决策者面临的一些问题的个人见解。该课程分为三个部分：首先，教师提供国际关系理论的历史背景，引导学生审视全球层面和国家层面的主流理论观点，鼓励学生与教师共同探讨国际关系的本质和相关理论的实际效用；其次，学生将所学理论应用于民族主义、伦理道德、环境变化、安全问题、南北关系、贸易与发展等一系列重要的全球实际问题上；最后，学生们运用发散思维，讨论未来几种国际关系的不同趋势。[②]"社会关系全球化"课程的目的是促进学生对全球政治、经济、社会、文化关系的演变的理解。这门课程要求研究生审查欧洲民族国家的建立和欧洲国家全球扩张的历史，探究这种扩张对具有不同政治形态和社会传统的公民的影响，以提高研究生对于社会全球化历史背景知识及其产生的影响的认识。[③]

仔细分析这些课程会发现，"国际贸易"和"国际金融"主要提供分析全球经济问题的框架，以便研究生了解各国的贸易政策、当前的贸易问题和世界经济所面临的巨大挑战，分析开放经济的表现，评价宏观经济管理的备选政策等。"伦理决策"是其他一切课程的基础，旨在使学生能够理解和欣赏不同的道德框架以达到在具有挑战性的多维决策中游刃有余的目标。作为国际事务领域的实践者，外事服务学专业的研究生需要具备在当今复杂多样的全球社会中有效领导的能力。"有原则的领导"旨在提高研究生与他人合作的能力以及明确具体目标和战略、实施积极变革的能力。

（二） 注重高级选修课程的多样性，提供多种选择以丰富学生的兴趣取向

MSFS 硕士项目开设了 4 个方向的选修课程，以供研究生根据自己的就业方

---

① Georgetown University Walsh School of Foreign Service Master of Science in Foreign Service. Curriculum[EB/OL]. (2019-08-25)[2024-04-12]. https://msfs.georgetown.edu/aca-demics/curriculum/.

②③ Georgetown University Walsh School of Foreign Service Master of Science in Foreign Service. Core Courses [EB/OL]. (2019-08-25) [2024-04-12]. https://msfs. georgetown. edu/academics/curriculum/core-courses/.

向和兴趣爱好进行选择：全球政治与安全方向(GPS)、国际发展方向(IDEV)、全球商业与金融方向(GBF)以及自行设计课程的方向。[①]每个方向均设有几个分支以供选择，使学生拥有更广泛的自主选择范围，学生需要在每个分支中至少选修1门课程，在主要研究的分支中至少选修3门课程。

全球政治与安全方向旨在让学生能够在日益复杂的全球环境中成为外交事务的实践者和分析师，研究生需要拥有广博的知识以面对各种问题，因此需要学习历史、政治、经济、文化等多个学科的知识。[②]通过全球政治与安全方向课程的学习，学生可以理解引起当代世界各方面变化的"驱动力"，如包括信息技术在内的全球化力量。全球政治和安全方向提供了3个分支以供学生选择：美国与比较外交政策分支主要研究美国的政策议题和执行方法，并比较各国外交政策的制定；安全与冲突管理分支旨在研究有关国际冲突的起因、解决方法，以及在冲突管理中如何适当地使用武力工具和政治工具，其重点议题可能包括黑手党犯罪、国家的内部动乱、多国间的不对称威胁等；全球机构和跨国挑战分支关注国际组织、国际法律和跨国问题，主要探讨多边外交所需的工具和技术。

国际发展方向课程是国际理论知识与实践知识的桥梁，旨在使学生掌握各种理论、框架和概念，在实际操作中测试和应用所掌握的各种知识。为此，国际发展方向课程提供三个分支学科以供学生选择：冲突与人道主义危机应对分支主要研究应对人道主义危机的战略、机制和业务要求，以及在具有挑战性的冲突后如何有效管理发展项目；经济与社会发展分支培养研究生用经济学的知识分析特定区域背景下经济发展的关键性驱动因素；治理与政治发展分支课程探讨治理与经济发展的关系、国家在发展中的作用、民主化的意义等。

全球商业与金融方向课程是为专业金融人士设计的，他们需要学会使用大量业务工具，进行大量的实践，与私营企业、政府机构等合作以参与国际贸易和规范商业政策。选择该方向的研究生至少需要学习6门有关课程，在分支学科中进

---

① ② Georgetown University Walsh School of Foreign Service Master of Science in Foreign Service. Concentrations[EB/OL]. (2019-08-25)[2024-04-12]. https://msfs.georgetown.edu/academics/curriculum/concentrations/.

行选择，其分支学科有金融策略和商业、政府与社会。金融策略分支为学生从事管理和咨询类职业培养相关技能，包括竞争分析、行业和市场分析、风险评估、谈判、营销等；商业、政府与社会分支培养学生处理商业、政府与公民社会之间关系的能力，重点围绕议程分析、公共政策、技术创新等问题进行学习。

自行设计专业课程方向的学生，必须提出一份由6门明确相关课程组成的学习计划。该计划需要经过1名教员建议，获得理学硕士学位课程主任批准。如果一些学生希望在特定地区发展多学科专业，他们可以选择区域重点，了解该区域的经济、政治和社会文化问题。

（三）注重技能方法类课程，提供科学研究方法以提高学生的实际能力

MSFS专业要求学生能够使用科学的工具和方法分析并解决实际问题，因此该硕士项目十分注重技能方法类课程，要求学生必须学习分析统计技能课程和第二外语课程。

分析统计技能课程旨在提高学生的定量分析能力，研究生首先需要学习有关"科学研究设计"的理论和原则，再使用定量方法批判性地评价实证工作，汇报在自己所研究的问题中使用定量分析的情况。[①]通过该课程的学习，学生将培养自己的统计素养和分析研究能力，从而更科学、更有效地进行研究。

乔治城大学同时表明，精通英语和至少1门其他语言是成功从事国际事务的必要条件之一，也是MSFS项目毕业的必要条件。[②]在进行语言课程的学习前，MSFS项目的学生要参加语言分班考试，以考查他们在乔治城大学应该学习何种程度的语言和他们是否可以参加语言能力考试。乔治城大学提供了大量的语言课程以供选择：阿拉伯语、汉语、英语、法语、德语、现代希腊语、希伯来语等。MSFS项目的学生还可以自主选择学习南亚和东南亚语言。[③]

---

① Georgetown University Walsh School of Foreign Service Master of Science in Foreign Service. Core Courses [EB/OL]. （2019-08-25）[2024-04-12]. https://msfs. georgetown. edu/academics/curriculum/core-courses/.

②③ Georgetown University Walsh School of Foreign Service Master of Science in Foreign Service. Language Requirment [EB/OL]. （2019-08-25）[2024-04-12]. https://msfs. george-town. edu/academics/curriculum/language-require-ment/.

二、 实习实践特征分析

国际组织人才必须是高水平、国际化的实践型人才,MSFS 的学生除了要学习各项专业知识课程,还要积极参与实习实践活动。MSFS 项目提供了丰富的特色实习实践项目,以帮助学生获得大量实习实践的机会。

(一) 注重实习课程,积极保证国际实习机会

乔治城大学主张,实习是大学教育的重要组成部分,也是学生在国际舞台上就业的重要准备。实习为学生提供了提升学术水平、获得专业经验和洞察职业前景的机会,可以使学生与他们感兴趣的领域建立联系,对公共机构、私人机构、非营利部门等有更深入的了解。[1]攻读 MSFS 项目的研究生在学习期间必须在一家以国际事务为中心的机构进行一次实习。学生在秋季入学时,就可以进入 SFS 毕业生职业中心(Graduate Career Center)的实习职位信息数据库提交实习申请,MSFS 的工作人员、教员、教授、职业发展人员会提供一对一的实习申请分析。MSFS 同时还设置了丰富的助学金来帮助学生支付无薪实习的生活成本,帮助学生在没有经济负担的前提下发展自己的学术兴趣,选择无薪实习。

(二) 注重培养解决实际问题的能力,积极开展辅助课程活动

人们越来越关注大学在培养国际发展专业人才方面的作用,主要关注点是需要培养什么样的国际发展专业人才,以及在其教育过程中需要培养何种核心能力。[2]MSFS 项目提供多种多样的课外活动,以领导能力、专业技能、专业知识为重点,补充和加强学生在课堂上学到的东西,旨在鼓励学生通过参加不同的研讨会及讲座,探索其研究兴趣。

研讨会是 MSFS 项目的重要组成部分,侧重于讨论对国际关系领域的从业者至关重要的主题。MSFS 项目聘请专门研究相关主题的专家,通过结合当前的情况和相关材料来教授这门实践培训课程。MSFS 开设了多种研讨会,

---

① Georgetown University Walsh School of Foreign Service Master of Science in Foreign Service. Internships [EB/OL]. (2019-08-25)[2024-04-12]. https://msfs.georgetown.edu/aca-demics/curriculum/internships/.

② CLARKE P, OSWALD K. Why reflect collectively on capacities for change? [J]. IDS Bulletin, 2010 (41):1—12.

如 Chevron 通信研讨会,旨在帮助学生锻炼他们的沟通技巧,这对于国际事务中的领导者是必不可少的一项技能;又如针对道德领导、人权运动、民主改革等社会问题开设的民权运动研究会,吸引了一大批对国际冲突问题感兴趣的学生。①

　　除了研讨会,SFS 学院会定期在校内举办小型讲座活动,让学生在课余时间参加。学校及教职员邀请杰出的专业人士和学术专家就具体地区及全球的重要课题发表演讲。讲座包括与专业人士的非正式谈话,为硕士研究生提供了与通晓国际事务的专业人士交流的机会。②

三、 师资力量特征分析

　　MSFS 项目师资队伍拥有众多国际事务领域的权威专家和政府前任高级官员,其中包括美国前国防部长查克·黑格(Chuck Hagel)、前任国务卿马德琳·奥尔布赖特(Madeleine Albright)、美国朝鲜问题六方会谈前任副代表维克多·查(Victor Cha)。此外,MSFS 项目还有一批客座教授,均是来自美国商务部、能源部、世界银行、国际货币基金组织、花旗银行、埃克森石油公司、麦肯锡等各个部门和机构的资深从业人员。本节随机选取了 10 名教师并针对其教育背景和工作经历进行研究分析(见表 2-4)。

　　这 10 名教师除了拥有相关专业的高等教育背景之外,在工作经历方面也十分丰富,在国际组织、跨国企业、政府部门中都有过一定的工作经验。真实的工作经历往往比枯燥的知识点更有趣味,这样的课堂也更容易赢得学生的关注。

　　乔治城大学对于 MSFS 研究生的培养模式和管理模式十分完备,在课程安排、实习实践、师资力量等方面具有先进性和创新性,给我国高校外交专业的建设提供了参考方向。在课程安排方面,将课程分为学习基础知识、基本技能的基础

---

　　① Georgetown University Walsh School of Foreign Service Master of Science in Foreign Service. Cocurricular Activities[EB/OL]. (2019-08-25)[2024-04-12]. https://msfs.george-town.edu/academics/co-curricular-activities/.

　　② Georgetown University Walsh School of Foreign Service Master of Science in Foreign Service. Co-curricular Activities [EB/OL]. (2019-08-25) [2024-04-12]. https://msfs. george-town. edu/academics/co-curricular-activities/.

表 2-4 MSFS 项目师资力量[1]

姓 名	职 位	教育背景	工作经历
卡罗尔·A.本尼迪克特 (Carol A. Benedict)	院长、中国社会文化史教授	斯坦福大学硕士、博士	—
马修·坎佐尼里 (Matthew Canzoneri)	经济学教授	明尼苏达大学博士	美联储理事会、国际货币基金组织、英国银行、西班牙银行顾问
查尔斯·库普坎 (Charles Kupchan)	国际事务教授	哈佛大学东亚研究学士,牛津大学硕士、博士	美国总统特别助理、美国国家安全委员会高级主任
凯瑟琳·R·麦克纳马拉 (Kathleen R. McNamara)	政府与外交事务教授	哥伦比亚大学博士	美国国家公共广播电台(NPR)嘉宾,罗素·塞奇基金会、德国马歇尔基金会、富布莱特基金会访问学者
安娜·玛丽亚·马伊达 (Anna Maria Mayda)	副教授	哈佛大学博士	—
维克多·D·查 (Victor D. Cha)	亚洲研究中心主任	哥伦比亚大学博士	美国国家安全委员会亚洲事务主任
伊丽莎白·克罗斯 (Elizabeth Cross)	副教授	哈佛大学博士	
沙拉特·伽那帕提 (Sharat Ganapati)	副教授	耶鲁大学博士	—
埃里克·T·格蒂格 (Eric T. Gettig)	副教授	乔治城大学博士	古巴哈瓦那环境研究中心安东尼奥·努涅斯·希门尼斯自然与人类基金会附属研究员
詹姆斯·A·米尔沃德 (James A. Millward)	教授	杜克大学博士	中亚研究协会会长

---

[1] Georgetown University Walsh School of Foreign Service Master of Science in Foreign Service. Faculty [EB/OL]. https://msfs.georgetown.edu/people_category/core-faculty/, 2019-08-25.

课程,符合学生兴趣的专业课程,并合理分配各门课程权重,确保学生在学习基础知识的同时能够选择自己感兴趣的研究课程。在实习实践方面,乔治城大学举办各项实践活动(如实习、研讨会、讲座等),以提升学生的学习兴趣和学习效果,促使学生能够真正地获得知识与能力。同时,MSFS 项目积极加强与国际组织的合作,为学生提供在国际组织实习的机会,加强学生在国际组织中对实际问题的了解,以及分析和解决问题的能力。在师资力量方面,MSFS 项目在聘请专业教师时倾向于在国际组织或知名企业具有丰富工作经验的教师,能够在理论和实践两个方面教授学生。我国高校在国际组织人才培养方面还处于注重基础理论知识的灌输型教学,在课程安排、实习实践、师资力量方面可以打破常规,学习乔治城大学外交学硕士项目的培养模式,创建符合我国实际情况的外事学科,为我国向国际组织培养输送高质量人才打基础。

第四节　美国国际组织人才培养高校案例：哥伦比亚大学[①]

美国哥伦比亚大学(Columbia University)国际与公共事务学院(School of International and Public Affairs,简称 SIPA)是世界上久负盛名的国际关系学院之一,强调通过实训来培养志在从事国际事务的学生。学院位于纽约市中心曼哈顿,与联合国总部的位置十分接近,其他一些国际组织总部也设于此处,如联合国儿童基金会、联合国开发计划署总部等。该学院国际事务硕士(Master of International Affairs,简称 MIA)项目近 5 年的就业数据显示,到政府间组织和非政府组织任职的学生占较大比例。值得关注的是,学院在多边组织就业的学生多集中于联合国、世界银行、国际金融公司等重要国际组织。以 2019 年为例,选择在联合国相关机构或部门工作的学生,包括联合国儿童基金会、联合国发展项目等,占公共服务专业学生总数的 46%,这部分学生在联合国相关机构或者部门担任顾问、调研助理、团队领导等职位。除此以外,公共服务专业还有毕业生选择在外国政府工作,担任政府某一部门的部长,或者担任专家、顾问等。研究选择美国哥伦

[①]　这部分来自课题组成员周慧敏和闫温乐的共同研究成果,已得到授权。

比亚大学国际与公共事务学院的 MIA 项目为研究对象,从课程和实践两个维度对其硕士研究生培养过程及特色进行分析探究,力图揭示美国高校国际组织人才培养方面的经验特征。

一、 课程概况与特点

美国哥伦比亚大学国际与公共事务学院每年主要招收硕士研究生,也招收少量博士研究生。MIA 项目课程主要分为通识课程、专业课程、语言课程三个板块。

(一) 通识课程:职业发展课程在第一学年学习

MIA 项目共有 9 门通识课程,其中,经济学、统计学和职业发展课程需在第一学年完成学习。通识课程的目的是确保学生有扎实的专业基础知识以及宽泛的跨学科背景。从学生修完课程所得学分来看,占比最大的是经济类课程,包含经济学、金融学等在内,学习时间为一年,课程比重约占总学分的 36%。其次是概念基础类课程,主要有国际政治和国际关系相关课程,重点包括政府间的外交、军事和其他互动事务,以及全球政治、各国政策、国际发展援助等。此外,还要学习包含统计、财务在内的管理类课程,以及相当一部分的方法类课程。学生可依据自己的研究兴趣或发展方向,选择自己偏好的科目。

值得关注的是,学生第一学年就开始学习职业发展课程,该课程贯穿学生的整个学习生涯。职业发展课程为学生提供职业指导、专业发展培训,培养学生的职业自信。职业发展课程由学校职业发展办公室负责,校方要求哥大相关专业的所有学生必须参加,其中包括国际事务专业的学生。该课程旨在帮助学生在第一学年明确职业生涯目标,从学生在就业市场上能够获得职业机会的角度出发,为学生寻求实习和工作机会制定切实可行的策略。授课教师皆为哥大职业发展中心的教授,课堂要求所有学生穿着职业装,与教授进行"求职者—应聘者"的角色扮演,还有工作坊式的互动。教授们会从自己的职业背景中引用事例,供初入职场的学生参考。相应的,在职业发展类课程中,与职业发展课程配套的还有工作坊和实习,工作坊通常对硕士二年级学生开放。

(二) 专业课程:以国际发展热点议题为设立逻辑

除通识课程以外,学生必须从学院提供的 6 个主题专业课程中选择一个进行学习。这 6 个主题均为国际发展热点议题——经济和政策发展、人权和人道主义政策、国际安全政策、能源和环境、国际金融和经济政策、城市和社会政策。不同主题的侧重点和细节要求不一样,如经济和政策发展专业课程需要学生满足学院的语言要求,而能源和环境专业课程则要求学生在通识课程上达到学院要求的成绩等级。每个主题的专业课程侧重点不同,课程的结构大体相似,在每个主题的专业课程下,设有与该主题密切相关的重点子领域。根据专业课程要求,学生需修满一定学分,根据自己的兴趣进行课程的选择,其中,部分专业课程需要学生选择工作坊或方法类课程。以能源和环境专业课程为例,该专业下设三个重点子领域——全球能源管理与政策、能源资源管理、环境政策与管理,为学生提供了关于全球能源和环境相关的知识,使学生了解能源产生、自然资源、环境风险处理等问题。同时,学校还举办跨文化互动、团队合作、国际范围内的协作等活动,学生通过实践项目、实习和研讨会来制定能源、环境政策和相关管理决策。

(三) 语言课程:以校内外资源协同为推进手段

哥伦比亚大学一直重视语言学习,强调学生在当今日益国际化且联系紧密的世界中,应该深入学习国外语言和文化,为步入社会做好准备。无论是本科生还是研究生,语言学习都是十分必要的。为了鼓励学生进行语言学习,学校提供大量的语言学习课程资源与机会,学生有近 60 种语言学习课程可以选择。学院还设有专门的语言资源中心,学生可不受限制地选择学院开设的任何一门现代语言课程,并且参加语言水平测试,最终需在第四学期之前达到相应的语言要求。

MIA 项目对于学生的语言水平有严格的标准与规定,即在毕业前,学生需要掌握英语和另一门语言,并且这两门语言至少要在听、说、读、写四方面都达到中级水平。由于学生的文化背景差异,学院对语言水平的认定有多种途径。对于母语不是英语的学生,首先需要提供母语学习的相关证明。例如,提供该语言是其高中、大学的主要授课语种的相关证明,或是雅思、托福成绩证明。母语是英语的学生则需要通过学校组织的语言考试,学校设有不同语种的考试供学生选择,常见的包括西班牙语、法语、德语等。

二、 实习概况与特点

国际事务专业学生在毕业前的最后一个学期都需参加"相关的、合格的"实习,学生须与真实客户合作,通过解决实际问题获得经验。所谓"相关的、合格的"实习强调了学生的实习并不只是毕业前的一项流程,所参加的项目一定与学生自身的专业领域相关,必须在相关领域内取得切实的实习成果。国际事务专业学校协会(Association of Professional Schools of International Affairs)执行主任利·莫里斯·斯隆(Leigh Morris Sloane)认为,"实习对专业发展至关重要,相当于是一笔投资,在正式工作前可以帮助个人更好地筹划未来"。[①]

(一) 与国际组织合作打造特色实习项目

顶点工作坊(Capstone Workshop)是硕士生实习的一项主要品牌项目,致力于为客户提供创新的分析和实用的建议。这些客户包括联合国开发计划署、国际救援组织、国际救援委员会、美国国际开发署、世界银行、纽约市长办公室等。具体项目覆盖面广,如2017年与美国国家和平建设支持办公室合作的"美国的青年、和平与安全"项目;又如和纳米比亚政府合作,探索纳米比亚透明度、治理和自然资源的项目;再如学生团队与世界银行合作,运用信息通信技术,参与坦桑尼亚中小学校测绘项目等。这些项目研究成果多数得到客户的认可并采取进一步的实际措施,推进顶点工作坊项目真正发挥效用。

学院通过量化指标保证实习效果,比如,要求整个实习时间为15周,并且是全职实习。在参与实践的过程中,学生团队被要求至少邀请客户参加三次会议,通常每半月双方定期交流一次,跟进项目进展,对项目组提供适当的支持。客户的反馈和二次合作也作为考量的重要指标。鼓励学生团队通过出色的实习表现吸引客户二次合作,并建立长期关系网络。同时,为保证学生在实习中真正得到提升,在顶点工作坊结束时,学生要发表一份可执行报告,并且口头汇报团队的研

---

① ANONYMOUS. Professionals without borders [J]. Foreign Policy, 2009(173):G5, G7—G8.

究结果,陈述如何将成果转化为实际效益。学院鼓励学生认真撰写报告,争取被客户采纳并公开发布。例如,2017 年"约旦境内叙利亚难民的劳动力整合障碍"项目小组研究产生的最终报告,以国际金融公司和劳工组织的名义对外发布。对于学生来说,亲身参与实践并在专业领域增长知识和经验,有助于大幅提升自身对真实问题的解决能力。

(二) 实习指导教师具备国际组织工作背景

为确保实习效果,学生的实习团队和工作坊都是由 4~8 名学生以及专家教师组成,由具有国际组织工作背景的教师为学生提供指导。例如,2017 年"约旦境内叙利亚难民的劳动力整合障碍"项目由丹尼尔·纳优克斯(Daniel Naujoks)教授负责指导。他一直在联合国开发计划署、联合国人口司、联合国儿童基金会和国际劳工组织从事发展、移徙和人口事务方面的工作,还担任了"海外移民组织"的研究协调员。

截至 2019 年 9 月,学院 81 位全职教职人员中,26 位教授具有在国际组织工作的经历,包括曾在国际组织任职或深度参与国际组织项目。其中,不乏联合国副秘书长或助理秘书长级别的官员,如迈克尔·W.多伊尔(Michael W. Doyle)教授是联合国秘书长办公室前战略规划助理秘书长、联合国民主基金会会长,伊丽莎白·A.林登麦伊尔(Elisabeth A. Lindenmayer)曾任联合国秘书处副主任一职等。目前,学院由梅里特·E.贾诺(Merit E. Janow)教授担任院长,她还是亚太经合组织研究中心的联席主任,在哥伦比亚大学任职期间,贾诺教授当选为世界贸易组织上诉机构的七名成员之一,她是第一位在上诉机构任职的女性。[①]

(三) 充分利用与国际组织位置相邻的优势

哥伦比亚大学位于纽约市中心曼哈顿,与联合国总部相邻,联合国儿童基金会、联合国开发计划署总部等也在附近。从学校层面到国际与公共事务学院,再到国际事务专业,都充分利用地理优势推动与国际组织建立密切联系,从学院与各国际组织的合作活动中可见一斑。例如,每年 9 月召开联合国大会时,学院都

---

① JANOW M. A message from Dean Merit E. Janow[EB/OL]. (2018-09-20)[2024-04-12]. https://sipa.columbia.edu/faculty-re-search/faculty-directory/merit-janow.

会组织"世界领导人论坛",邀请多国总统、总理为学生演讲并参与学生问答。同时,学院定期举行与国际组织的多种活动,学生可参观联合国安全理事会、与联合国的工作人员组成高级别工作小组、与联合国大使共进午餐、参加"联合国日"等活动,促进学生对国际组织的了解,从国际组织的视角看待自己专业领域的各种问题。

三、 思考与启示

近年来,我国政府逐渐重视国际组织人才培养,若干高校开始尝试开展各种形式的国际组织人才培养试点项目,然而就业情况并不乐观。哥伦比亚大学国际与公共事务学院的 MIA 的课程与实习都具备一定的特色,并取得了良好的效果,保证了较高的就业率以及毕业生所学专业与就业领域的统一。总体来说,有以下三个方面值得我们思考和借鉴。

(一) 将职业发展融入通识课程,打通培养与就业路径

职业发展课程被学校纳入学生第一学年必须学习的通识课程,并且职业课程以及相关的职业指导、培训服务贯穿学生的整个学习生涯,培养学生的职业胜任力。在学生的整个学习生涯中,学院为学生提供职业咨询、职业培训等服务,使学生能够在国际和公共事务就业市场胜任工作。职业咨询服务对学生进行人格类型量表(MBTI)测试,根据测试的结果,就业辅导部门会根据测试中体现出来的学生特点,有依据地为学生提供职业建议、求职策略,并且帮助学生完善简历和求职信,鼓励学生进行专业交流,不断积累人际交往技能。如果学生有需求,也可以向就业辅导处申请模拟面试。职业培训服务主要是为学生提供与专业相关的工作信息和建议,与学生分享与专业相关的行业信息。每个学期,学生可以参加 3 次这样的职业培训。此外,就业辅导处每一学年都会举办就业小组和工作坊,帮助学生寻找实习或就业的专业发展机会,学生们通过参加这些活动,可以对自己感兴趣的领域有更多的了解,并且有机会与业内人士建立联系。

目前,我国高校职业指导与培养过程基本处于分离状态,各自发力,两者缺乏有机结合,没有将职业发展课程作为通识课程放置于课程框架之内。在职业指

导方面,多数以学校为单位,设立面向全校的学生就业指导中心,针对性不强。以开设国际组织相关专业的 B 大学为例,目前就业网页尚且停留在学院介绍就业政策、发布一些招聘信息等阶段,且就业政策还是 5 年之前的政策,长时间无更新,招聘信息数量也相当少,截至目前仅发布 3 条,分别是华夏国际教育联合会美国州政府项目实习招聘,社科院国际合作局实习招聘信息,以及社会科学文献出版社的招聘信息。学院官网关于学生就业工作的版块只是使学院官网版块更加完整,并不能对学生就业起到实质性指导作用。因此,建议尝试在国际关系或相关学院内部成立职业指导中心,开设职业发展课程,让研究生在第一学年就接触职业发展相关学习,让具备专业知识和丰富经验的教师以课程形式为学生进行就业指导。

(二) 围绕国际发展热点设置专业课程议题

哥伦比亚大学国际与公共事务学院 MIA 项目的专业课程紧密围绕国际发展热点设置。虽然每个主题的侧重点不同,但专业课程的结构大体相似,每个专业课程项目下有与主题相关的重点子领域。根据课程要求,学生需修满一定学分,但可根据自己的兴趣来搭配课程,将专业主题课程子领域内的通识课程、选修课程进行自由组合。部分专业课程需要学生再另外选修几门工作坊或方法类课程。

我国目前设有国际关系专业的高校中,多数学校的课程与国际关系事务实际需求脱节,课程偏理论且时效性不强。例如,B 大学 2017 年国际关系专业硕士研究生培养方案中设置了三个研究方向,分别是当代国际关系、美欧日发达国家关系、大国关系及中国与周边国家关系。共设有 18 门课程,必修课有中国概况、政治学理论研究、社会科学方法论研究、国际关系理论比较研究、当代外交研究 5 门课程,必修课程侧重于基础事实、理论和方法论的讲授。选修课涉及不同的专题,包含中国周边安全环境研究、国际战略研究、东北亚问题研究、中美关系研究、日本问题研究等区域问题研究,以及西方政治思想研究、国际关系原著选读、冷战后国际关系的理论与实践等。虽然课程覆盖面广,但理论课的架构不够完善清晰,课程之间的逻辑关系不强,同时,方法论课程较少,语言类课程缺失,而且学科所选议题时效性不强。因此,建议结合国际形势热点,设置具有一定研究意义、能对现实状况产生指导作用并具有高度可操作性的议题,组织专兼职高水平教师团队,通过具体议题的研究带动系统课程学习,以弥补课程"偏向理论、时效性不强"的不足。

(三) 借力国际组织,拓展实习项目,提升实习效果

哥伦比亚大学 MIA 项目为学生实习建立了完善合理的机制,有详细规范的指导条款,密切关注国际组织实习项目。学生通过参与校方提供的与国际组织合作的调研项目,在相关领域专家指导下,取得实际成果,获得与之合作的国际组织的认可。这样可以提升学生解决实际问题的能力,为学生将来从事相关领域的工作奠定扎实基础。值得注意的是,学校要求学生进行"相关的、合格的"实习,并向职业服务办公室提交完整的书面文件。此外,为推动实习项目的开展,学院为学生提供了多种实习资源以及职业指导,设有实习基金,用以补助无薪或低薪的实习项目,助力学生职业生涯发展。应鼓励我国高校以国际组织相关专业为试点,充分开发国际组织资源,借力国际组织,有计划、有组织选送相关专业的学生进入国际组织实习,并聘请国际组织工作人员或具有相关工作经历人士担任导师,让学生从一开始就以研究者的身份与专业人士在真实情境中合作,可以极大地提升实习效果。

本 章 结 语

美国高校培养国际组织人才的路径与方法内嵌在其本身的人才培养模式中,为国际组织培养和推送了一大批优秀的、具有全球胜任力的高质量人才。研究聚焦与其密切相关的美国国际事务学院及其相关专业,具体包括约翰·霍普金斯大学、乔治城大学、哥伦比亚大学等高校的国际组织人才培养模式。同时,对部分高校的研究采用了相关理论视角进行多维度分析,其中,采用冰山理论对普林斯顿大学公共与国际事务学院展开分析,采用国际胜任力视角对乔治城大学、哥伦比亚大学等多所高校的相关国际事务专业展开分析。

研究发现,美国高校在课程设置、实习实践以及师资力量等方面具有一些独

到之处。美国高校国际组织人才培养模式主要可以总结为以下特征：一是基础核心课程、高级选修课程以及技能方法类课程有机结合，培养学生的国际化认知；二是良好的国际化校园氛围，锻炼学生的国际化思维；三是具有多样背景的师资团队，助力人才国际化发展；四是丰富的国际组织实习实践，强化学生的国际化行动力。这些国际组织人才培养的方法与路径，其本质是提升人才的专业能力、可迁移能力，更为重要的是塑造多样、公平及包容的价值观。

在培养国际化认知方面，美国高校重视学生对全球问题的内化理解，要求他们能够利用多学科的工具和方法，多角度批判性地分析国际问题，形成国际化认知。美国多所高校的国际组织人才培养模式都在课程体系方面体现出完善的国际化程度，重视基础核心课程、高级选修课程以及技能方法类课程的有机结合。一方面，重视通过基础核心课程来传授学生国际化知识，培养学生对国际事务和国际问题的基本理解。例如，塔夫茨大学更倾向于提供面向所有法律和外交学专业学生的课程，帮助他们获得处理国际事务所需要的法律、政策和经济三方面的基础知识；乔治·华盛顿大学注重为学生提供大量的相关课程以供学生选择，使学生能够精通国际事务的某一领域，帮助学生获得该领域充足的知识，促进学生对该研究领域形成深刻而全面的认知；哥伦比亚大学国际事务专业结合了两者所长，既强调处理国际事务所需的一般性知识，又注重学生的专业化发展，为学生引入了 6 个不同的研究领域的有关知识。国际关系相关专业的学生在基础核心类课程的学习中，都能够获得国际事务的相关知识，理解全球问题，能够建立正义、平等、尊严和尊重。另一方面，美国高校注重应用方法类课程，提升学生的国际化技能，主要是语言技能和分析技能两个方面。这体现在高校都对学生语言技能的学习提出了极其严格的要求，要求学生需要熟练掌握至少一门外语，并能够与该语言的母语者进行有效的沟通，阅读相关的文件资料。此外，还对此提供了相关课程以及大量的学习资源，如哥伦比亚大学为学生开发、提供了一套语言程序和语言资源中心。与此同时，在分析技能方面，尤其严格要求学生对分析技能课程的学习，要求学生能够使用科学的工具和方法分析和解决国际问题和国际事务。例如，乔治·华盛顿大学要求学生在经济学、管理学、研究方法、政策分析类别中各选择一门分析方法类课程进行学习，耶鲁大学的学生需要学习完一门分析方法类课程才能够进行其他课程的学习,哈佛大学则要求学生分两学年学完统计学和计量经济学的分析方法类课程。通过对应用方法课程的学习,国际关系相关专业的学生能够获得在今后学习和工作中分析和研究课题、处理国际事务、解决国际矛盾所必备的分析技能,有助于他们形成一套成熟的价值观。

在锻炼国际化思维方面,美国高校的校园氛围具有鲜明的国际化特色,有助于培养学生的国际化思维。美国高校的国际化教育理念贯穿于课堂中的学习和课堂外的实践以及更国际化的师资中,在课堂中为学生提供大量思维碰撞、合作交流的机会;在实践中,注重高阶思维内化的过程,帮助学生在丰富的学生活动中获得批判性思维和创造性思维;高校还积极保证师资队伍的国际化,聘用国际化教师和工作人员。一方面,美国高校的课堂环境多元化,为学生提供了大量交流的机会,确保学生的自主交流和观点交换。耶鲁大学的课程规模很小,学生们在课堂中形成亲密的关系,帮助学生成为彼此的资源,促进他们了解全球事务领域的多样性和复杂性;哈佛大学的大部分学生都有相关国际化工作经验,他们在课堂中交流观点,碰撞思维。多元化的课堂极大地促进了学生学习的积极性和自主性,创造大量交流讨论的机会,帮助学生能够批判性地评估自己对于全球问题的立场,并在观点交换时不断挑战和深化自己已有的观点。另一方面,美国高校积极支持学生在学习之余参加学生活动,学生在课堂之外可以加入非常丰富且充满活力的知识和社会团体,学生事务办公室与学生密切合作,支持学生组织的活动,增强学生的思维体验。乔治·华盛顿大学鼓励学生参与模拟峰会,让学生在会议中模拟南非代表团,研究一系列的政策问题和全球经济问题,并辩论全球事务中最具挑战性的问题。耶鲁大学的学生在学校的支持下成立杰克逊女性协会、耶鲁外交服务协会、耶鲁国际事务杂志社、全球事件讨论会、国际和地区研究学生协会等。美国高校为学生提供了大量可参与的活动,学生在参与这些活动、处理活动事务的时候将会面临很多的实际问题和挑战,这就需要发挥他们的沟通技能、批判性思维、创造性思维等,灵活有效地解决实际问题。

在助力人才国际化发展方面,积极聘用具有多样背景的专业人员。美国高校教师不仅具有专业的教育背景,更拥有丰富的国际工作经验,在授课时能够结合自身的工作阅历,激发学生的学习兴趣和学习热情,使学生在生动的课堂中感受国际事务,用实际的工作案例培养其创造性思维和批判性思维。大部分教师除了具有相关专业的高等教育背景,还曾经在国际组织、各国政府、跨国企业中任职,具有丰富的国际化工作经验。在教师的工作经历中,学生也可以找到自己真正感兴趣的研究方向和一些解决实际问题的方法,加深对全球问题的理解,培养全球胜任力。

在强化国际化行动力方面,美国高校重视学生在国际化实习实践中的能力培养,积极与国际组织、跨国公司、各国政府等建立良好合作关系,为学生搭建了丰富的国际化实习实践平台。学生在真正有意义的国际化行动中,不断提升自己的决策技能、分析技能等,与学校外部的机构、组织共同解决全球问题,为全人类谋福祉。这也对学生未来的职业选择提供了指向性的帮助,学生在行动中感受到国际使命,帮助他们成为真正有责任心的国际化人才。美国高校基本明确了对学生参与国际化实习实践的要求,塔夫茨大学、乔治·华盛顿大学、哥伦比亚大学以及哈佛大学的学生都需要完成一项"顶石"课程,这是他们国际化人才培养项目的核心要求。学生们需要在专家指导老师的指导下,依据自己的兴趣取向和专业特长自由组成学生实习团队,与学校外部的客户共同完成一个实质性的、面向政策的项目。学生在国际化实践中感受协作和负责任的行动,和小组成员、指导教师以及客户共同寻求面向全球挑战的全球解决方案,为集体利益而努力。耶鲁大学的学生在学校充足的资金支持下可以前往世界各地参加会议和进行实地研究。学生共同协作将学到的实践知识和分析能力应用到实际问题中去解决问题。

第三章
国际组织人才培养：英国高校怎么做[①]

  英国向国际组织培养并输送了大批优秀人才。以联合国秘书处为例，截至2018年12月31日，联合国秘书处共有来自187个成员国的职员37505人，其中英国籍职员共839名，而中国籍职员仅有546名。[②]由此可见，英国高校培养出的毕业生不仅拥有全面的国际视野，同时兼具良好的国际沟通能力，[③]切实具备就职于国际组织的素质。因此，分析与探讨英国高校培养国际化人才的方式对我国提升国际化人才建设能力而言具有深远意义。本章选择了21个国际组织的50位来自英国的国际组织高管作为样本，对他们的简历进行分析，其中包括姓名、所属国际组织和毕业院校等情况。从毕业院校看，这些高管大部分来自英国G5高校联盟和罗素集团，属于英国顶尖大学毕业生。G5高校联盟，也被称作G5"超级精英"大学，在泰晤士高等教育世界大学排名2004年的一篇研究报告中第一次被提出。该报告指出，G5高校联盟成立的最初目的是在政府大力削减教育经费的

---

① 这部分来自上海师范大学国际与比较教育研究院博士生张运吉、硕士研究生施若蕾、陈诗豪和闫温乐的共同研究成果，已得到授权。

② UN General Assembly Secretary-General. Composition of the Secretariat: staff demographics(Report of the Secretary-General)[A/74/82][R/OL]. (2019-04-22)[2024-04-12]. https://digitallibrary.un.org/record/3809594?ln=zh_CN.pdf:10, 59, 74.

③ 郭婧.英国高校国际组织人才培养与输送研究[J].比较教育研究,2019, 41(2):12.

情况下保持高质量的教学和科研水平,同时在运行几个月之后就已经是一个成熟的组织。①其中,来自剑桥大学的有 11 人、牛津大学 4 人、帝国理工大学 1 人、伦敦大学学院 1 人、伦敦政治经济学院 2 人。此外,还有来自埃克塞特大学、诺丁汉大学、利物浦大学、谢菲尔德大学、约克大学和华威大学等罗素集团高校的众多高管。

从学历层次上来看,大部分高管都拥有硕士及以上学历。从学习专业上来看,大部分国际组织高管学习的是经济、管理、法律和国际关系等热门专业,且学习科目和日后所入国际组织关系密切。例如,联合国大会第 57 届会议主席杨·卡万的专业是国际关系,世界银行基础设施事务副总裁马克塔·迪奥普是经济学,世界卫生组织总干事谭德塞是社区卫生哲学、传染病免疫学,国际民航组织秘书长塔耶布·谢里夫是航空运输,世界知识产权组织米内利克·阿莱穆·格塔洪是国际公法。从简历的教育背景可以看出,英国教育经历对他们加入国际组织至关重要,因此,本章将以利物浦大学、剑桥大学、伦敦政治经济学院、牛津大学、苏塞克斯大学和约克大学作为案例,对英国高校国际组织人才的培养现状进行研究。

第一节　聚焦全球视野的"先锋"：利物浦大学与剑桥大学

案例　国际劳工组织总干事　盖伊·赖德

盖伊·赖德(Guy Ryder)于 1956 年出生于英国利物浦,毕业于剑桥大学(University of Cambridge)的社会政治学专业与利物浦大学(The University of Liverpool)拉丁美洲研究专业。赖德有着丰富的国际组织工作经验。1985 年,他从事日内瓦国际商业、文职、专业与技术联盟工业贸易部的秘书工作;1988 年,他加入国际劳工组织并担任工人局局长,自 1999 年起担任总干事办公室主任;2002年,他当选为国际工会联盟第一秘书长;2010 年 9 月,赖德重返日内瓦国际劳工组织。在其任职期间,赖德将劳工组织定位为"坚定的行动者",致力于将原则转

---

① （The) World University Rankings, Super elite in secret bid for cash boost[R/OL]. (2004-02-06)
[2024-04-12]. https://www.timeshighereducation.com/news/super-elite-in-secret-bid-for-cash-boost/186508.
article?storyCode=186508&sectioncode=26.

化为行动,确保劳工组织有能力对各洲人民的工作与生活产生重大影响。此外,他还领导了多个国际劳工组织高级代表团以解决巴林、哥伦比亚、斐济等国与劳工标准相关的一系列问题。2012年5月,赖德当选为国际劳工组织总干事,并于2017年10月连任。[①]

从以上案例来看,赖德曾多次从事国际组织重要部门的秘书工作,而总干事办公室主任与第一秘书长的工作经历为其之后当选国际劳工组织总干事奠定了经验基础。此外,赖德在任职期间非常注重国际组织对人民工作与生活产生的影响,时刻聚焦解决发展中国家与劳工标准相关的问题。而利物浦大学与剑桥大学则为赖德的专业知识储备与实践能力发展提供了明确导向。

一、 课程设置

利物浦大学的拉丁美洲研究中心是英国历史最为悠久、应用也最为广泛的研究中心之一。除拉丁美洲国家之外,该研究中心对全球范围内的国家都有广泛的研究兴趣,尤其看重社会科学、历史和文化的研究。由于拉丁美洲主要是西班牙裔与墨西哥裔,区域内的地理与语言环境错综复杂,因此利物浦大学更侧重从最广泛的意义上来帮助学生理解拉丁美洲。

在课程设置方面,利物浦大学的拉丁美洲研究总共分为7个研究主题,包含拉丁美洲文化、表演、政治与影响等四个方面,旨在让学生能从文化角度走进拉丁美洲,更深层次体会文化背后的研究价值(见表3-1)。同时,在选修研究主题方面,利物浦大学更精确到各个国家所存在的切实问题,包括有巴西里约热内卢公民研究、尊重玻利维亚土著人民发展模式的土著研究,以及身处帮派斗争环境中的萨尔瓦多青年研究。利物浦大学通过设置选修研究主题,将学生的研究范围进一步细化到国家,旨在基于国家真实现状、为改善国家问题而提出可行性研究建议。此外,除了课堂上的研究主题,利物浦大学也会与利物浦国家博物馆、泰特美术馆等文化组织进行紧密合作,共同举办有关拉丁美洲数字艺术、巴西流行文化

---

① International Labour Organization. Biography of Guy Ryder, 10th ILO Director-General[EB/OL]. [2024-04-12]. https://www.ilo.org/global/about-the-ilo/how-the-ilo-works/ilo-director-general/WCMS_205241/lang-en/index.htm.

以及与拉丁美洲电影和文学相关的公共活动,进一步帮助学生了解真实的拉丁美洲文化。而在学术资源支持上,利物浦大学也与曼彻斯特大学和兰开斯特大学进行校际合作,共同建立西北博士培训中心,[①]为学生更深入进行地区语言的研究提供顶尖资源与前沿知识。

表 3-1　利物浦大学拉丁美洲研究中心的研究主题

研究主题	选修研究主题
拉丁美洲影院	萨尔瓦多青年运动与赋权
巴西流行文化与表演	危地马拉的司法变迁
拉丁美洲文学与文化	里约热内卢贫民窟中的公民
拉丁美洲流行文化与记忆	秘鲁自然资源开采与农村抗争行为
拉丁美洲数字文化	巴西性别政治与社会运动
拉丁美洲政治历史;社会运动与身份认同;记忆与人权	玻利维亚土著运动
文学、电影和数字文化中的暴力及创伤	委内瑞拉参与式民主

剑桥大学的人文、社会与政治科学专业(HSPS)则更强调为学生量身定制课程选择。该专业的课程设置既适合具有特定研究主题兴趣的学生,也适合那些寻求多学位的学生。从核心主题来看,剑桥大学的 HSPS 专业包含政治与国际关系、社会人类学和社会学三大主题。政治与国际关系的学习旨在让学生探索国家内部与国家之间的政治问题,会涉及耳熟能详的人权、民主、金融危机以及国际冲突等问题。社会人类学则强调要研究社会和文化的多样性。由于人类生活在世界各地,研究人类的思想以及人与人之间会存在怎样的关系,都有助于学生来理解"人类是什么"的问题。社会学更注重现代社会的本质,通过让学生研究社会制度和权力不平等的主题来体会塑造社会生活的整个过程。

剑桥大学 HSPS 专业的课程一般是通过讲座、指导教师监查和研讨会的方式进行。入学第一年,剑桥学生需完成 4 篇论文,其中 3 篇论文的主题必须与 3 个

---

① University of Liverpool. Latin American Studies PhD[EB/OL]. [2024-04-12]. https://www.liverpool.ac.uk/study/postgraduate-research/degrees/latin-american-studies/.

核心主题有关,另外一篇论文的主题则需来自考古学或是心理学等其他学科。直到入学第二年,学生可以根据第一年的学习情况选择更感兴趣的主题进行深入研究,剑桥大学也由此进一步剖析学生的专业特质,发挥其领域潜能。由此可见,HSPS 专业的课程设置不仅针对每个学生的特点而设计,同时也在挖掘并进一步发挥他们的兴趣与特点,还可以培养学生的分析和批判能力、智力的多功能性、对多元文化的敏感性以及先进的国际视野。而这些能力都在未来学生就业市场上被雇主高度青睐。也有研究显示,剑桥大学 HSPS 专业的应届毕业生大多成为外交部公务员或就职于国家和国际非政府组织。①

二、 学生就职

2020 年是新冠疫情肆虐全球的一年,疫情导致了大批企业转向居家工作,高校学生的实习就业机会大大减少了。对此,利物浦大学着手在夏季创立新"技能提升计划"。在该计划中,利物浦团队与当地中小型企业和慈善组织进行为期六周的紧密合作,为学生开展丰富的项目,包含解决问题或鼓励学生提出新想法的综合研究项目、制定营销策略或是开展筹款活动的实践项目,以及需要学生具备出色沟通技巧与环境适应能力的在线远程项目。由此可见,"技能提升计划"对利物浦大学的学生的就业与实习而言提供了经验与见解,同时在参与计划的过程中,学生的自信心得以提升,更加强了对工作场所的憧憬。例如,该计划通过让学生筹集善款,从而使其对慈善机构的就业产生巨大推动力。②

自新冠疫情以来,由于地理位置的限制,众多实习机会不得不从线下模式转变为线上模式,因此远程实习逐渐走进高校,成为高校学生众多的实习选择之一。为了提升利物浦大学学生在就业市场上的竞争力并着力培养他们的就业必备技能,利物浦大学创设"宝塔项目",为学生建立为期 8 周的全球远程实习计划。在

---

① University of Cambridge. Human, social, and political sciences[EB/OL]. [2024-04-12]. https://www.undergraduate.study.cam.ac.uk/courses/human-social-and-political-sciences.

② University of Liverpool. Skills Enhancement programme[EB/OL]. [2024-04-12]. https://www.liverpool.ac.uk/careers/employer-connections/connectionsinaction/sep/.

这 8 周时间内,学生每周都会有一次实时的虚拟实习活动。这些虚拟实习活动能够帮助学生提高文化理解力以及对各行各业的敏锐洞察力。此外,虚拟实习对学生的数字技能要求较高,这也进一步帮助学生增强了相应的数字技能,培养他们在偏远工作环境中的适应能力。①

三、 文化融合

英国作为全球高等教育的先锋强国,一直都吸引着世界各地的学子前往求学,因此多元文化在英国发生了激烈碰撞。而如何使各民族的学生能够在更和谐的氛围中学习与生活,文化融合问题就成为英国高校的首要难题。利物浦大学认同文化融合在大学生活中的重要性,因此采取了多种措施来促进世界文化交融。例如,利物浦大学设立"全球咖啡馆",旨在为本地与非本地学生搭建交流平台。在全球咖啡馆中,各民族的学生能与英国本土学生一起用餐、游戏与练习英语,同时也提供与其他国际学生会面的机会,通过进一步交谈来深入了解彼此文化(如圣诞节文化与英语文化等)。为了让学生更进一步适应英国的民俗,全球咖啡馆会安排学生入住英国家庭来度过周末时光。此外,在英国,英语被认为是职业与就业的基础条件,这对那些英语非母语的学生而言就存在一定的就业阻碍。对此,利物浦大学为这部分学生创设"英语中心",在英语中心中,全球各地的学生可以在这里练习口语。同时,中心也会定期举办对话会议,探讨的大多为英国风俗习惯、工作申请等提高英语就职技能的话题。利物浦大学管理学院也会为学生开放口语课程以提高他们的英语对话能力。②

剑桥大学也十分认可语言技能在职场竞争中的重要性,对此剑桥大学特设英语资格考试并为剑桥学生提供相应指导以培养学生在职场沟通中的语言技能。此外,剑桥大学也主张,如若学生具备一些就业技能,对其在未来的求职具有不可

---

① University of Liverpool. Opportunity: remote global internships with pagoda projects[EB/OL]. [2024-04-12]. https://news. liverpool. ac. uk/2021/03/26/opportunity-remote-global-internships-with-pagoda-projects.

② University of Liverpool. Student Services[EB/OL]. [2024-04-12]. https://www.liverpool.ac.uk/studentsupport/international/studying/theglobalconnection/.

磨灭的重要意义。因此,剑桥大学为学生开设职业服务与就职培训,主要关注提升学生的关键技能,如开发数字资源的能力等。①

四、 聚焦准新生群体

与其他高校不同,剑桥大学除了关注发展本校学生的能力之外,同时也关注准新生群体甚至更早就开始培养学生的学科兴趣、批判性思维、研究能力与团队协作能力。针对剑桥大学准新生(7 年级或 12 年级的学生),学校每年都会举行为期两天的"剑桥开放日",通过让准新生学生进一步走进大学校园来紧密高校与学生之间的联系。为丰富"剑桥开放日",剑桥大学创设"学科大师班""萨顿信托基金暑期学校"和"牛津—剑桥会议"。学生可以通过参与聚焦特定学科活动的"学科大师班"来提前了解剑桥的学习生活。②"萨顿信托基金暑期学校"则为那些有深入探索学科兴趣的学生搭建了了解高校的桥梁。剑桥大学特设暑期虚拟课程,向学生介绍感兴趣的学习领域及其深度广度,同时学生也可以自主选择参与相应的研究项目、研讨会和讲座等。此外,为丰富学生的真实体验,剑桥大学还会提供为期 3 天的住宿,向准新生展示完整的剑桥生活。在暑期学校中,准新生不仅能进一步了解大学生活,同时也可以获取新的知识与技能,而且这些知识技能也将会在大学生活的最后一年为学生就业打下扎实基础。③"牛津—剑桥会议"则是牛津大学与剑桥大学搭建的研讨网络,准新生可以通过参与该会议与课程学者面对面交流,或和当前的大学本科生实时聊天,了解并走进他们的大学生活。此外,为使准新生能更深入了解剑桥大学的学习情况,除让学生通过各类学校项目与会议自主探索校园生活外,剑桥大学还会特聘教育顾问给准新生进行相应指导。④

① University of Cambridge. Transkills: supporting transition to university[EB/OL]. [2024-04-12]. https://www.transkills.admin.cam.ac.uk/skills-portal.

② University of Cambridge. Subject masterclasses[EB/OL]. [2024-04-12]. https://www.undergraduate.study.cam.ac.uk/events/masterclasses.

③ University of Cambridge. Sutton trust summer schools 2021[EB/OL]. [2024-04-12]. https://www.undergraduate.study.cam.ac.uk/events/summer-schools.

④ University of Cambridge. Oxford & Cambridge student conferences 2021[EB/OL]. [2024-04-12]. https://www.undergraduate.study.cam.ac.uk/events/student-conferences.

　　除聚焦准新生群体之外,剑桥大学亦在帮助学校教育各个阶段的学生发展出色的、可转化的相关技能,包括批判性思维、研究能力与团队协作能力等。为此,剑桥大学改变原有培养模式,创立"剑桥全球视野"计划,通过激励技能创新将学术研究放置于更加实际与真实的环境中,为5~19岁的学生提供了他们在目前学校、未来大学甚至是就职时所需具备的技能。"剑桥全球视野"计划致力于从小学到大学的"无缝衔接式"培养,每个学习阶段的内容都会根据学习者的自身情况与发展量身定制。

　　以"剑桥小学全球视野"与"剑桥初中全球视野"为例,有研究证明,学生越早发展和练习技能,对学习的影响就越大。因此向年龄较小的学生提供"剑桥全球视野"课程将会在更早的年龄就发展跨学科技能,为之后的学习提供必要支持。在"剑桥小学全球视野"中,教师会向学生循序提出六个阶段的"挑战",例如第六阶段的挑战即为"如果我是世界领导者"。该课程就要求学生收集数据、检验数据并确保数据的真实性,讨论"什么是价值观,我们的价值观从何而来?""学校的愿景是否需要更新?"等开放型研讨题。每个挑战约为6小时,在这段时间内学生将会体验一系列活动,进一步促使他们从个人、本地和全球视角来学习技能,而教师也会向学生提供全球性问题或相关主题背景。在小学阶段,学生所需掌握的全球问题较为基础,主要可分为保持健康,维持和平,富人与穷人,水、粮食与农业等24个全球话题。[①]而到了初中阶段,学生在延续上述技能的培养之外,其研讨主题也会更深层次且更具对立性,包含疾病与健康、冲突与和平、贫困与不平等、可持续发展以及人类与其他物种等24个主题。剑桥大学也深度认可"剑桥全球视野"计划对发展未来优秀人才的重要性,认可该项目可以加深学生对问题的认识,使学生成为更好的问题解决者。而且与传统学科有明确对错或是有标准答案不同,全球视野可以帮助学生平衡和比较任何问题的观点,给予学生勇气,为他们打开更广阔世界的大门。[②]

---

　　① University of Cambridge. Cambridge primary global perspectives(0838)[EB/OL]. [2024-04-12]. https://www.cambridgeinternational.org/programmes-and-qualifications/cambridge-primary/curriculum/cambridge-primary-global-perspectives/.

　　② University of Cambridge. Cambridge lower secondary global perspectives(1129)[EB/OL]. [2024-04-12]. https://www.cambridgeinternational.org/programmes-and-qualifications/cambridge-lower-secondary/curriculum/cambridge-lower-secondary-global-perspectives.

表 3-2　"剑桥全球视野"计划培养框架

名　称	阶　段	技能培养
剑桥小学全球视野	5~11 岁学生	课程包含研究、分析、评估、反思、协作与交流，并着重加强与小学学科之间的联系
剑桥初中全球视野	11~14 岁学生	以学习者发展为基础，确保小学阶段技能的延续性培养，适当对学习者提出挑战，要求学生能对真正的全球性问题进行探索与判断
剑桥 IGCSE	14~16 岁学生	跨课程的教学，主要可以培养学习者的批判性思维、分析不同观点的能力以及学生清晰传达各自思想的能力
剑桥国际 AS 和 A Level	16~19 岁学生	要对全球问题进行批判性和分析性的思考，使用不同的研究方法从多个角度来评估论点和问题，学生需要通过自己的努力来探索和判断与自己生活息息相关的全球问题
剑桥 AICE 证书	1~19 岁学生	三大主题：数学与科学、语言、艺术与人文科学

五、 立足全球视野，实施自主行动

除聚焦校园学习生活外，英国高校更鼓励学生能放眼全球，为解决全球问题而贡献自己的一份力量。利物浦大学更多关注绿色发展与可持续问题，聚焦人类生活对环境所产生的影响，因此利物浦学生创设"公会项目"，学生通过自主种植绿色食物、解决校园及当地社区内的食物浪费问题、开发自行车租赁项目来节能减排，致力于减少人类对环境造成的影响。

剑桥大学则延续其"全球视野"计划的框架，设置"全球视野周"活动。在全球视野周中，学生会向全体师生展示其基于全球问题解决而开展的行动与研究。例如，为解决食物浪费问题，阿根廷学生参与剑桥 IGCSE 全球视野课程，通过了解当地人对食物浪费问题的看法与实际行动之间的差距，试图为每个人提供相应的实用技巧来提高对该问题的认识。[1]性别平等问题一直是联合国可持续发展目

---

[1]　University of Cambridge. Tackling food waste[EB/OL]. [2024-04-12]. https://www.cambridge-international. org/programmes-and-qualifications/cambridge-global-perspectives/global-perspectives-week/showcase-of-student-projects/tackling-food-waste/Index.aspx.

标中的既定达成目标,而学生发现广告中时常存在性别定性观念,因此他们通过研究印度、日本和北欧国家的广告趋势,通过身边的简易材料及玩偶向全世界制作并发送一些有意义的广告,希望引起全球人民对性别定性问题的认识与反思。① 环境污染问题一直危害着人类的生存,控制塑料和肥料的污染对保护环境而言具有重要意义。面对香港每年回收约 191 万吨的城市固体废物,而其中仅有 3％ 可以在本地回收的现状,学生通过清理海滩垃圾以解决污染问题,同时也用收集到的一些垃圾来创作和展示艺术品,希望提高民众对环境问题的认识。②

第二节　优秀世界领导者的"推进器"：伦敦政治经济学院

案例　联合国经社理事会第 72 任主席、现任韩国驻纽约联合国大使和常驻代表　吴浚

吴浚(Oh Joon)1955 年出生于韩国首尔,毕业于伦敦政治经济学院(The London School of Economics and Political Science,英文缩写 LSE)的国际与比较政治学专业,在美国斯坦福大学获得了国际政策研究的硕士学位。自 1978 年起,吴浚便加入韩国外交部,担任外交大臣特别顾问。1999 年担任联合国司司长。在此期间,韩国政府两次授予他服务功绩勋章。2003 年至 2005 年,吴浚担任韩国外交部国际组织总干事。自 2005 年起,他担任韩国常驻纽约联合国代表团大使与常驻副代表,于 2006 年当选联合国裁军审议委员会的主席,并参与众多联合国机构的重要会议。2015 年 7 月,吴浚被选为联合国经济及社会理事会(United Nations Economic and Social Council,简称 ECOSOC)主席,任期一年。在此期间他也担任了《残疾人权利公约》缔约国会议的主席。后来,吴浚担任韩国驻纽约联

① University of Cambridge. Gender stereotypes in advertising[EB/OL]. [2024-04-12]. https://www.cambridgeinternational. org/programmes-and-qualifications/cambridge-global-perspectives/global-perspectives-week/showcase-of-student-projects/gender-stereotypes-in-advertising/Index.aspx.

② University of Cambridge. Plastic waste pollution[EB/OL]. [2024-04-12]. https://www.cambridge-international. org/programmes-and-qualifications/cambridge-global-perspectives/global-perspectives-week/showcase-of-student-projects/plastic-waste-pollution/.

合国大使和常驻代表。①

　　从以上案例可以看出，吴浚在就职于国际组织或本国政府时大多担任外交工作，如韩国外交大臣特别顾问、韩国外交部国际组织总干事等职位，而这与吴浚国际与比较政治学的专业背景密不可分。可见伦敦政治经济学院的学习经历为吴浚奠定了坚实的外交知识与沟通技能。

一、课程设置

　　伦敦政治经济学院的学校愿景是帮助学生研究世界，致力于借助该学院在社会科学领域的领先地位，为世界组建新一代的思想领袖团队并倡导科学的价值。LSE 所培养的思想领袖很有可能成为世界重大问题的全球辩论召集人，以此方式来扩大人类在现实世界中的影响力。此外，为确保 LSE 师生能顺利进行研究，学校也会仔细审查当前及未来的合作伙伴关系，从内部和外部两个层面入手进一步促进多种合作，并向师生提供持续充足的研究资金。②

　　而在课程设置上，LSE 国际与比较政治学专业的课程主要划分为民主与民主化、民族主义与民族政治、比较政治经济学、大众政治、比较政治制度和发展中的世界政治等六个主题，通过让学生关注各民族与全球维度，以此来拓宽学生的国际政治视野，为未来培养优秀的全球思想领袖。此外，近年来国际组织可以帮助政府在面临跨国挑战时提供适当解决方案，这标志着国际组织在解决全球事务上日益重要的地位，但它们在世界政治中的真实作用却引起人们很大争议。究竟是主导国行使权力的"掩饰"，还是雄心壮志与实际表现不符的"虚壳"？这都会因国际组织自身的职能、权力与效力不同而产生较大差异。因此，为了让学生能更好地理解国际组织间的差异，以及国际组织对解决跨国问题的实际影响力，LSE开设与国际组织有关的选修课程"国际组织：分散世界中应对全球治理的挑战"来让学生更清晰地了解国际组织的复杂性。在这一门课程中，学生可以学习运

　　①　United Nations Economic and Social Council. 2015：H.E. Mr. Oh Joon(Republic of Korea)[EB/OL]. [2024-04-12]. https://www.un.org/ecosoc/en/content/2015-he-mr-oh-joon-republic-korea.
　　②　The London School of Economics and Political Science. LSE 2030[EB/OL]. [2024-04-12]. https://www.LSE.ac.uk/2030.

用多种分析工具来剖析当今世界上几个较为重要的国际组织,如联合国、世界贸易组织和世界银行等。通过重新了解这些国际组织间的差异以及它们对全球治理问题的有效贡献,能使学生更深刻地理解国际组织在国际社会中的地位与作用。[①]

二、 立足全球问题的丰富活动

LSE 始终致力于造就更加美好的社会。LSE 为学生开展了形式多样的学生活动,且这些活动的主题大多都聚焦全球问题,旨在让学生通过深入参与解决全球问题而培养国际视野。例如,LSE 十分注重可持续发展目标中的(SDG5)的性别平等问题,在新冠疫情期间,LSE 学生通过与麦德林(哥伦比亚城市)地区的妇女合作,使用遥控式参与和录制视频的方式,来探讨疫情对女性日常生活的影响,随后研究团队根据视频所显示出的生活进行介绍、研究与反思,旨在让民众认识到当前社会边缘化妇女的平等问题,加深对城市空间关系的新认识。[②]SDG10 讲述的是社会平等问题,自新冠疫情以来,拉丁美洲的不平等现象再度加剧,甚至已经威胁到了当地最贫困人群的健康与生计。为了缓解这种局面,LSE 创设"打破拉丁美洲不平等格局"项目,呼吁社会成员重建新经济模式以缩小收入不平等群体间的差异,同时致力于探讨真正适合拉丁美洲可持续的、公正的发展模式。此外,LSE 也反思在新冠疫情前后的经验是否可以改进"打破不平等"项目的设计。[③]SDG15 聚焦陆地生态问题,关注保护、恢复和促进可持续利用陆地生态系统。新冠疫情对整个拉丁美洲都产生了深远的社会与经济影响,为了减轻疫情影响并为该地区带来长期福祉,拉丁美洲需要以环境友好型的增长与可再生能

---

① The London School of Economics and Political Science. International Organisations：The Challenges of Global Governance in a Divided World[EB/OL]. [2024-04-12]. https://www.LSC.ac.uk/study-at-LSC/sum-mer-schools/Summer-School/Courses/Secure-International-Relations-Government-and-Society/IR200.

② The London School of Economics and Political Science. Reinventada-participatory filming women's realities during the COVID-19 pandemic in Medellin[EB/OL]. [2024-04-12]. https://www.LSC.ac.uk/lacc/events/Reinventada-participatory-filming-womens-realities-during-the-COVID-19-pandemic-in-Medell%C3%ADn.

③ The London School of Economics and Political Science. Breaking the Inequality Mould in Latin America[EB/OL]. [2024-04-12]. https://www.LSC.ac.uk/Events/LSC-Festival/Post-Covid-World/Events/20210304/latin-america.

源的扩张为基础,以此来实现当地的"绿色复苏"。为协助拉丁美洲国家达成这一目标,LSE学生设立"促进拉丁美洲的绿色复苏"计划,在这一活动中,各小组的成员会通过各自的专业知识,就为实现绿色复苏所需采取的步骤、需克服的困难以及需使用哪些专业工具等内容向绿色工业与能源部门提供相应的专业见解。[①]

三、 学生就职

为了协助更多LSE毕业生顺利进入国际组织就职,在求职过程中具有相对就业优势,LSE特设"国际组织周"活动以培养学生必备的国际素养。LSE会邀请各个国际组织的代表来为学生介绍工作实况、国际组织内部结构以及组织招募方式等相关知识,以此加深学生对国际组织就职的概念框架。学生可以通过与国际组织代表面对面交流的机会以及小组团队讨论等活动进一步培养相应国际素养,同时也能更深入了解最新招聘信息。[②]

能在多元平台上进行有效沟通的能力也是国际化人才必不可少的素质。对此,LSE创设"全球人才计划",旨在让那些有抱负、志在成为全球领导者的学生,通过参与10周的课程整合传统与国际理念,从国际化精英转变为"世界领导者"。在这一课程中,学生将积极培养他们的跨文化技能,同时也有大量学习相关理论与专业知识的机会。LSE也向学生提供了大量政治经济专家主持的讲座。在讲座期间学生能从全球角度参与经济与管理的研究,从而提高学生研究、演讲技巧、创新思维、逻辑思维、团队建设与表达方面的综合能力。[③]

优秀的国际化人才需要具备根据信息进行推理、与不同文化背景的人进行有效沟通、换位思考、解决矛盾和冲突以及适应世界的能力等。由于英国汇聚了

---

① The London School of Economics and Political Science. Stimulating a Green Recovery in Latin America [EB/OL]. [2024-04-12]. https://www.LSC.ac.uk/lacc/events/stimulating-a-green-recovery-in-latin-america.

② The London School of Economics and Political Science. International organisations week(IOW)[EB/OL]. [2024-04-12]. https://info.LSC.ac.uk/current-students/careers/events/iow?from_serp=1.

③ The London School of Economics and Political Science. Global Talents Programme[EB/OL]. [2024-04-12]. https://www.LSC.ac.uk/cibl/language-and-cultural-courses/secure/Global-Talents-Programme?from_serp=1.

众多不同民族、国家与地区的学生,因此语言与沟通的能力对于人才培养来说至关重要。英国高校聚焦培养国际化人才的语言与沟通能力,为学生提供了一系列的平台与实践机会。LSE 深刻认识到语言能力在学生就业竞争中的重要地位,为此 LSE 语言中心为学生开设相关课程,旨在提升学生的语言交流水平,改善学生在日常练习或是学术工作中使用英语困难的现况。此外,学生也可以参与语言中心所举办的学术英语研讨会,通过参与讲习班来纠正发音、语法与词汇,以此提高语言交流水平。而面对一些英语并非母语,而且语言基础较弱的学生,LSE 语言中心还会提供一对一的英语支持服务,特派语言中心的教师单独向学生提供语言咨询,以此来夯实学生未来就业过程中的语言基础。①

四、 志愿服务

有研究认为,志愿服务是为增进邻人、社区和社会福祉的一种非营利、非职业化与不支酬的行为,②而学生通过志愿服务可以将自身知识、技能、时间与财富贡献给社会,是提升学生能力发展、社会责任意识与思想道德素质的有效途径。③与其他英国高校一致,LSE 也十分注重为学生搭建志愿服务的平台。LSE志愿服务中心的建设理念是“让每一个志愿者都成为学校社区的一分子”,目前也已取得了不菲的成绩。例如,LSE 为学生创办了“食物循环项目”,通过与英国当地一家全国性的慈善机构合作,让志愿者将剩余食物与厨房空间相结合,为粮食短缺的人们提供美味菜肴,从而达成帮扶社区的目的,进一步推动了全球共同繁荣。④而在参与项目的过程中,学生不仅可以深入了解社会各阶层的粮食短缺现状,同时也能培养他们的家国情怀,警醒人们实现粮食安全的可持续发展目标。

---

① The London School of Economics and Political Science. Looking for support for your English-language skills? [EB/OL]. [2024-04-12]. https://info.LSC.ac.uk/current-students/LSC-life/events/english-language-skills.

② 卞飞,刘志文.大学生志愿服务行为影响因素及其相关性研究[J].教育学术月刊,2021(1):91—97.

③ 谭秋霖.大学生志愿服务的思想政治教育价值及其提升对策研究[D].长春:东北师范大学,2018:35.

④ The London School of Economics and Political Science. LSC Volunteer Centre Projects[EB/OL]. [2024-04-12]. https://info.LSC.ac.uk/current-students/careers/volunteer-centre/projects.

第三节　指引学生入职国际组织的"启明灯"：牛津大学

案例　联合国基金会首席执行官　伊丽莎白·库森斯

伊丽莎白·库森斯(Elizabeth Cousens)曾在牛津大学(University of Oxford)获得国际关系学博士学位,目前是联合国儿童基金会首席执行官。在加入基金会之前,伊丽莎白曾在联合国驻纽约代表团任职多年。她曾担任美国常驻联合国代表的首席政策顾问,之后担任过美国驻联合国经济及社会理事会(ECOSOC)的大使。伊丽莎白在世界各地生活过,她曾是联合国驻尼泊尔与中东地区大使团的代表。在中东任职期间,她作为人道对话中心的战略主任,促进解决当地的武装冲突;担任国际和平研究所副所长期间,她领导有关全球危机管理以及联合国改革的倡议;作为预防与和平论坛的负责人,她所带领的研究小组持续向联合国提供有关身处冲突或危机局势下国家的专业知识。伊丽莎白持续在全球决策和创新领域工作了20年,一直处于和平进程的最前沿,在联合国建设和平到可持续发展目标的政策创新中作出了巨大贡献。同时,她也帮助建立了伙伴关系来解决大规模的全球挑战。[①]

从伊丽莎白的经历可以看出,她曾多次担任联合国驻各地使团的代表,时刻关注危机局势下国家的安全问题,促进解决各地武装冲突。作为国际组织中全球决策与创新领域的专家,伊丽莎白一直奔赴在推进和平进程的最前沿,为国家之间建立良好关系贡献自己的专业知识与决策能力。牛津大学的国际关系专业通过开设顶尖专业课程与提供切身实践经验为国际化人才推进和平与减缓全球挑战提供了必要基础。

一、课程设置

牛津大学一直将学生视作学术社区的成员,为他们提供先进的研究基础与

---

① United Nations Foundation. Elizabeth Cousens[EB/OL]. [2024-04-12]. https://unfoundation.org/who-we-are/our-people/elizabeth-cousens/.

个性化教学。在牛津大学里,学生有很多参与跨学科研究并与其他学科的同学接触的机会,同时由于举办国际讲坛,学生也有机会与国际领军人物接触并参与相关的学术研讨。

牛津大学的政治与国际关系学部(Department of Politics & International Relations,简称 DPIR)是国际上享有盛誉的教学与卓越研究中心,其下设的国际关系专业作为该院系的首要专业,学生享有政治领域与国际研究领域最前沿的专业知识与项目活动。但同时,学生也需接受最高标准的批判性分析和研究方法的训练。[①]国际关系专业为学生设置了研究设计与研究方法、高级国际关系理论、形势分析、因果推论与政治理论推论等 6 个科目。同时,学生也需定期参与院系举办的国际关系研讨会。此外,在攻读博士期间,除校内课堂的正常上课外,博士生还需经历大量原始研究,涉及档案调查、田野调查、深度访谈与收集数据等工作,大量的实践工作能进一步夯实学生结合理论与实践的能力。[②]而在硕士阶段,除主修"建立现代国际社会""东亚国际关系""美国外交政策"等具体课程外,学生还有更多从事海外实地考察的机会。例如,学生可以与当地决策者和政治精英进行实地访谈,也可以对某地区进行调查和收集数据,并进行定量分析。目前国际关系专业也有学生对居住在安哥拉、阿根廷、斯里兰卡等 18 个国家的人种进行田野调查以充实自己的实践研究经验。[③]

二、 求职信息

培养更多具有国际视野、具备相应国际工作技能的高水平人才将代表着一国在国际上的议事能力、决策能力与"软实力",而培养国际化人才也是改善全球问题的有效途径。为使更多学生能进入国际组织从事国际化工作,牛津大学为学生提供详细的国际组织就职流程与信息。例如,牛津大学官网上为学生提供了各

---

① University of Oxford. Politics and international relations[EB/OL]. [2024-04-12]. https://www.ox.ac.uk/admissions/graduate/courses/social-sciences/politics-and-international-relations.

② University of Oxford. DPhil in International Relations[EB/OL]. [2024-04-12]. https://www.ox.ac.uk/admissions/graduate/courses/dphil-international-relations.

③ University of Oxford. MPhil in International Relations[EB/OL]. [2024-04-12]. https://www.ox.ac.uk/admissions/graduate/courses/mphil-international-relations.

个国际组织的详细介绍与招聘信息,国际组织优秀人才需配备怎样的英语语言能力,加入不同的国际组织需要通过什么考试以及该考试的具体标准是什么。牛津大学也为那些想要从事国际组织翻译与口译工作的学生提供相应的标准与要求。此外,入职国际组织、成为国际化人才需要学生具备一定的技能与经验,包括学生在大学生活中有相应的实践技能、特定领域知识以及参与世界性活动的经验,具备相应的技能与经验可以表明学生能在多民族多文化的环境中更灵活有效地工作。同时,牛津大学也会将学生的课程专业与相应的国际组织职位相匹配,确保学生能在职业发展相适应的领域内深入学习,以提高专业水平。例如,发展经济学背景的学生可以为入职国际货币基金组织或是世界银行做好充足准备。①

三、 语言提升

流利的语言沟通能力是国际化人才迈向国际组织处理国际事务的基本质素。因此,牛津大学注重提升学生的英语语言能力,为学生提供相应的英语语言课程。在这一课程中,学生可以通过三周的时间显著提升英语听说能力,能在不同的情境下回应各类话题。同时,该课程也注重提供让学生参与小组讨论、提供演示并优化英语发音的机会。而在课外,牛津大学也协助学生了解各类能够提升英语的方法。②

除课堂理论学习外,牛津大学也通过开设"英语暑期学校"来让学生更深入地体会英语语言文化从而提升其语言能力。英语暑期学校通过丰富多彩且浸润英国历史的活动(如参观莎士比亚出生地、在牛津城堡看戏剧以及探索牛津大学博物馆等活动)来让学生更深入地了解英国历史,在课程中充分体会与他人协作的过程。同时,该课程也注重学生之间的互助,英语水平较高的学生会帮助英语水平较低的学生提升其语言掌握能力。③

---

① University of Oxford. International Organisations[EB/OL]. [2024-04-12]. https://www.careers.ox. ac.uk/international-organisations#collapse1523066.

② University of Oxford. Oxford University Language Center[EB/OL]. (2017-06-01)[2024-04-12]. https://weblearn.ox.ac.uk/access/content/group/modlang/general/weekly_roundup/TT%202017/17-06-01/ 3.11%20Academic%20Visitor%20_%20Post-doctoral%20Researcher%20Course%20Poster.pdf.

③ University of Oxford. English Language Summer School 2015[EB/OL]. [2024-04-12]. https:// www.campion.ox.ac.uk/news/english-language-summer-school-2015.

案例　乐施会全球影响评估顾问　乔纳森·莱恩

乔纳森·莱恩(Jonathan Lain)在乐施会(Oxfam)担任全球影响评估顾问,负责对组织的复原力建设项目进行影响评估,使用准实验方法将从这些评估中学到的知识反馈到乐施会的发展工作中。在乐施会期间,乔纳森·莱恩在许多不同的环境中建立了影响评估机制,前往玻利维亚、埃塞俄比亚、肯尼亚、尼泊尔等地实施住户调查,还在抽样、统计分析和测量弹性等复杂主题上为组织提供技术支持。在乐施会工作之前,乔纳森·莱恩在牛津大学完成了经济学博士学位。在研究生学习期间,乔纳森·莱恩曾担任世界银行顾问和非洲经济研究中心(Center for the Study of African Economies,简称 CSAE)的研究助理,在加纳阿克拉进行多项劳动力调查。发展经济学硕士课程是乔纳森·莱恩目前工作的绝佳起点,乔纳森·莱恩指出,几乎每天都在应用在定量方法课程中学到的原理。[①]

牛津大学国际发展系(Oxford Department of International Development,简称ODID)最初被称为伊丽莎白女王故居,从事英联邦事务研究的人士可以到访,在接触交流的同时进行思想碰撞。它与英联邦研究所和牛津大学农业经济研究所合并,成立了国际发展中心,是社会研究学院的一个部门。它也是国际公认的发展研究和教学的顶级中心之一。从以上案例看,乔纳森·莱恩在国际发展系学到的理念、知识和技能都为其之后的职业发展作了良好的铺垫。

四、 培养理念

发展研究聚焦于"发展中国家",或在历史上被称为"第三世界国家"。其倾向多尺度,多层次,多学科地解决社会、经济及发展问题。[②]在过去十几年中,高等院校和研究机构纷纷开设与发展研究相关的课程,在最新公布的 QS 世界大学专业排名中,牛津大学国际发展系中的"发展研究"专业在世界大学专业排名中位列第

---

① University of Oxford[EB/OL]. [2024-04-12]. https://www.qeh.ox.ac.uk/alumni/jonathan%C2%A0lain.

② 郑瑞珺.以国际发展研究建构国际组织人才培养课程模式[J].湖北第二师范学院学报,2018, 35(11):108—111.

二。发展研究着眼于长远问题,重点研究发展的问题和过程。学科的工作致力于挑战假设,利用多个学科和跨国比较,产生有助于带来变革的新思维。世界格局的多元化是国际发展的必然结果,而多极化格局逐步形成了世界各种力量相互依赖、相互制约、相互制衡的关系,也有利于发展中国家抓住机遇,发展自己。国际组织作为政治世界的参与者,积极维护公正合理的国际政治经济新秩序,推动国际发展。为此,我们需要加强国际发展专业人才的培养,扩大其人才储备。

(一) 培养具有全球视野的高层次科研人才

培养拥有全球视野的人才是世界一流大学的共识,将自己置于全球化的平台上培养学生也是牛津大学一贯的追求。牛津大学国际发展系的研究生教学围绕发展中国家和新兴经济体以及它们与世界其他地区的关系展开。ODID 利用全球合作伙伴网络,专注于学术研究和研究培训。在 2008 年研究评估活动和 2014 年研究卓越框架的英国政府国家研究卓越评估中,ODID 都被评为全国顶尖的发展研究部门,并且其大部分研究都处于国际优秀和世界领先地位。ODID 由从事教学和研究的约 25 名学术人员以及四个研究组的 50 名研究人员组成。研究内容聚焦于发展中的关键问题,涉及发展经济学、全球背景下的移民和难民、人类发展、贫困和青少年以及政治和国际层面的发展。对发展的研究需要对国家和主导机构采用批判性方法,分析权力是如何在多个层面上创造和竞争的,牛津大学对该课题的研究处于世界领先的地位。[1]学生参与国际发展关键问题相关的课题,不受援助机构议程的限制,可以从批判性角度自由探讨新老问题。

该系的大部分教学都以小班授课的形式展开,鼓励学生积极参与,促进相互学习。教学的风格也各不相同,包括讲座、研讨会和学生演讲。高质量的研究生培训,使学生拥有世界意识,它不仅是一种认识活动,也是一种思维方式。学生能够从世界格局的高度和人类历史的深度来思考问题,成为具有国际视野、通晓国

---

① University of Oxford. International-oxford[EB/OL]. (2018-09-20)[2024-04-12]. https://www.ox. ac.uk/about/international-oxford/oxfords-international-profile/research-global-issues.

际规则、能够参与国际事务与国际竞争的创新人才。在一次次参与课题的实践过程中，学生能够把握全球化背景下当今世界的发展动向，了解社会、政治和经济发展和变化进程。

（二） 平台建设打破壁垒，文化交融多元交流

跨文化意识可以理解为：不同文化背景的人们在相互交流时，不仅能对异国文化有敏感度，而且能自觉调整自己对异国文化的理解和适应。[①]对特定的发展中国家和地区的研究是对四个研究主题进行实证调查的基础。其研究领域涉及东亚和太平洋地区国际化对发展中国家技术能力提升的作用；南亚地区的性别和社会政策、印度和南非的性别暴力和城市转型、马哈拉施特拉邦土地的国家与社会关系等；欧洲与中亚地区的人道主义搜救干预、英国的穆斯林和非穆斯林等；中东和北非的叙利亚难民危机、人道主义政策和实践中的性别等；拉丁美洲和加勒比地区的土著主权、拉丁美洲后新自由主义的途径等，撒哈拉以南非洲的后殖民背景下的公民宪法、无国界医生组织和人道主义谈判等问题。[②]

硕士学习的整个过程是教师和学生之间的互动学习。国际发展系为学生提供了认识来自不同研究领域的学生的和研究员的机会。每次讲座和研讨会学生都会和世界顶尖的思想家和最有才华的学者接触。不仅如此，学生还可以创建自己的学习或讨论小组，与其他学科的学生交流合作，结识新的朋友。在这个过程中，学生不是被动的信息接收者，而是主动的信息构建者。团队合作和持续学习是国际组织所公认的核心胜任力。

此外，国际发展系还会根据教育需求进行跨学科研究生合作培养，包括采用联合聘任教师的形式实现跨学科师资整合，整合资源开设联合课程，合作举办学术会议和研讨会，进行跨学科交流，开展问题导向的跨学科研究。[③]这些为非正式学习和沟通交流提供了额外的渠道。

---

① 王宇航.高校国际商务专业人才跨文化能力培养探析[J].国际商务(对外经济贸易大学学报)，2015(4)：153—160.

② University of Oxford. International-oxford[EB/OL]. [2024-04-12]. https://www.ox.ac.uk/about/international-oxford/oxfords-international-profile/research-global-issues.

③ 陈翠荣,杜美玲.英国牛津大学跨学科培养研究生的理念、路径及趋势分析[J].黑龙江高教研究，2021，39(2)：75—81.

（三） 平等、多样性和学术自由的价值观

发展研究利用其独特优势——学科和区域专业知识的非凡范围和深度,以及与全球发展中国家网络的联系,对发展的基本结构和总体流程进行学术上严谨的研究。在国际发展系中,不论从法律上还是从精神上都积极地、坚定不移地致力于维护平等和多样性。因为全球学生和员工群体的多样性是国际发展系最大的资产之一,所以该部门拥护并重视每个学生和成员的贡献。同时,包容性也是追求国际发展知识的重要基础。在实现卓越教育和最高学术标准的过程中,发展研究的核心价值观是机会平等和不歧视每一个个体,并希望系里的所有成员在所有活动和研究中都能坚持这一点。①国际组织内的工作人员来自世界各地,他们有不同的文化背景、宗教信仰和生活习惯,因此,尊重差异并能够包容多样这一点对于今后在国际组织有效开展工作尤为重要。

知识自由是学术研究的生命线。在国际发展系追求和传播知识的过程中,提倡开放和批判性的探究和思想交流,并要求能够维护言论和表达自由,呼吁在相互尊重、宽容的氛围中进行辩论和讨论,确保每一位成员都能在自由和舒适的环境中进行学术交流。

五、 课程交叉

国际组织工作具有高度的多边外交特点,广泛涉及全世界人民社会生活的多个核心领域。由此,国际发展人才的知识结构多偏重与之相关的政治、经济、法律等社会科学学科。能够掌握一门以上的外语,能够利用某种工具或途径进行跨国交流与服务,并且在某一专业、层次、领域内具有一定的专门知识或能力,基本通晓国际行业规则的人成为人才市场的核心取向。②在此背景下,各学科交叉融合,应该是此类人才培养的关注点。突破语言学科或国际关系学科单一学科边界,将语言、教学、和管理合成一体,构建复合型国际组织人才课程模式。发展研

---

① University of Oxford. International-oxford[EB/OL]. [2024-04-12]. https://www.qeh.ox.ac.uk/content/about-us.

② 黄莺,吕宏芬,傅昌銮.高校国际化专业人才培养模式研究综述[J].宁波大学学报(教育科学版),2012,34(2):78—82.

究专业课程的设置正是体现了这一特点,通过构建不同学科的交叉学习模式,多样化的课程体系使学生在提升跨学科知识能力、跨学科研究能力的同时,也成为具备团队协作、沟通交流、演讲技巧等各种可迁移技能的复合型人才。[①]

(一) 从叠加走向整合:多学科交叉促进知识融合

依托跨学科专业开展跨学科人才培养,是大学进行跨学科研究生教育的有效路径。为期两年的发展研究硕士课程为学生提供了严格而又有批判性的发展概论,将发展作为全球发展中国家的一个管理和非管理的变化过程。发展研究是跨学科和多学科性质的专业,涉及社会学、地理学、人类学、经济学和政治学等领域。学生将深入学习社会科学学科、一系列研究方法以及与发展相关的理论和问题。它涵盖了发展的思想史、学科内的范式转变和内部冲突以及研究与发展政策和实践的当代相关性。鼓励学生在学习的过程中对发展研究提出独创且具有批判性的看法。[②]

课程包括五个要素:核心课程、基础课程、研究方法、论文研习班和两个选修课程。第一年,学生将进行核心课程、基础课程和研究方法的学习。在第二年的学习中,学生也可以选择国际发展系内的其他课程或牛津大学的其他系的课程。基础课程包括经济学、历史学、政治学和社会人类学。学生必须学习他们学术经验最少的基础课程,以契合不同学生的个体差异性,拓宽学生知识面。

1. 现代经济分析法应用于国际议题

经济学课程是为那些没有攻读经济学学士学位的学生开设的必修课程。课程目标是让学生了解到经济学作为一门学科,它对其他社会学科有影响,并能够用经济学的关键概念去解释在发展中国家反复出现的一些模式。不是以抽象的方式研究各种概念,而是将重点放在它们在发展中国家的应用和政策辩论上。经济发展也是国际发展关注的关键问题,将其与国际组织主要议题融入课程。在此过程中,学生还将探索这门学科如何与其他社会科学相联系。学生在了解如微观和宏观层面的机会成本、资本的力量以及市场的运作和失败等关键概念的同时,

---

① 刘海涛.高等学校跨学科专业设置:逻辑、困境与对策[J].江苏高教,2018(2):6—11.

② University of Oxford. International-oxford[EB/OL]. [2024-04-12]. https://www.ox.ac.uk/admissions/graduate/courses/msc-global-governance-and-diplomacy.

还要学会如何利用经济逻辑来帮助理解国家内部和国家之间的不同选择。学生在掌握了经济发展有关的分析等关键技能，特别是评估其他政策方法所需的技能后，可以了解发展中国家的宏观经济政策和短期宏观经济稳定，甚至进一步探索经济发展背后的政治体制和文化因素。不论是培养学生决策判断能力还是增强经济竞争力，该门课程都为学生提供了工具和方法。

2. 历史视角和人类学思维方式

对于以前学过经济学的学生，则需进行社会人类学、历史和政治学的学习。其中，历史和政治学旨在让学生了解历史和政治学科中重要的方法论和分析方法及相关争论。课程并不是单纯按照时间顺序全面地介绍发展中国家的历史或其部分历史。相反，它是有主题的，有选择地使用来自不同区域的具体案例去探究发展中国家的形成和发展、殖民主义和阶级、性别关系、政治身份的形成等。在学习的过程中，学生可以建立起时空架构，从历史的角度解析发展中国家的政治体制形成。课程还强调要将历史和政治作为与发展中社会研究相关的学科的方法论和分析方法。发展中国家的社会、政治和经济变革是贯穿整个课程的重要主题。社会人类学则通过向学生介绍当代人类学的一些基本概念和核心方法工具，展示如何用人类学思维方式研究社会变革，以一种自上而下的视角，培养学生用整体的方法从根本上看问题。将研究者置于特定的环境中重新建立联系和思考，不断地提高自身综合能力，使其综合实力得到提高，为学生在处理公共政策问题和项目发展战略方面具备了良好的条件。

（二） 多角度思维训练培养学生的批判创新能力

发展研究的核心课程分为两个部分，涵盖前两个学期，每周开课一次，包括社会、政治和发展理论以及发展中的关键主题。课程的主要目标是提出国际发展背景下社会科学研究的认识论和伦理问题。这不是一个"如何做"的课程，它主要关注的是理解社会、经济和政治变革过程中的智力挑战。这些想法和做法涉及基金会课程所涵盖的问题，包括殖民主义、身份和社区、政治结构、市场和非市场交流、决策、安全和不安全、冲突、人格、文化、自然、健康和福祉、定居、自然资源、耕种和可持续性、现代化、规划和抵抗等。发展代表着许多叙述，这些叙述可能并不总是在综合中走到一起，但是，学生将有机会在这一领域中提出创造性的想法，在国际发展背景下进行创新探索，培养创新意识和能力。同时，在课程结束时还有机会和其他学者、其他专业的学生进行跨领域的交叉对话。

作为一个相对较新的领域，发展研究涉及许多学科，而第一学期的课题就体现了这一领域是富有争议的。"发展"是一个历史性的概念，我们将它解释为多种多样的、并不总是相互兼容的方式，发展的语言值得仔细探索。学生需要了解这些思想的起源，它们具有如此强大吸引力的原因，它们的政治用途及其影响。从不同学科的角度和方法来探索它们，通过对思维的训练，培养学生解决问题的能力。课程的安排遵循时间的顺序，以反映出这些理论随着时间的推移而发展。将发展描绘成一种思维建构，就像一套实践一样。学生学习的过程，也是自我探索和思考的过程。

第二学期的课程将转向发展中的关键叙述和辩论，覆盖面并非详尽无遗，但是它依旧体现了该学科极大的优势就是让学生接触到该领域的创新研究，并在可能的情况下引入政策影响和适用性。本学期涉及的重要问题包括：国家与善治、全球卫生、政治、法律和发展中的社会秩序、性别与发展、农业、城市化及其不满情绪等。通过这些广泛主题可以看出，发展代表了许多叙事，而这些叙事可能并不总是汇集在一个综合体中。此外，研究问题所涉及的观点都存在批判者，其中一些观点非常尖锐，但他们仍然自觉或不自觉地在学术界、政府和政治活动家之间、世界银行和非政府组织以及其他地方塑造着对发展的思考。学生以"发展"是什么为起点，通过和教师、同伴以及和自己之间的对话，形成批判性的思维，在思考中积蓄前行的力量。

（三）聚焦特定领域提升学生的专业能力

复合型人才除了知识面广、知识融合度高，能够通晓两个以上专业或学科的理论知识外，还需要具有深层次的专业能力。[①]发展研究专业的学生在二年级的时候可以任意选修其感兴趣的课程，课程选项每年都在变化。选修课程包括来自

---

① 金一平，吴婧姗，陈劲.复合型人才培养模式创新的探索和成功实践——以浙江大学竺可桢学院强化班为例[J].高等工程教育研究,2012(3):132—136＋180.

全球发展中国家的气候问题、性别与发展、贫困与人类发展、发展中国家的技术和工业化、中东和北非的政治经济、全球发展中国家的暴力联系以及非洲的政治、经济和全球健康等。课程聚集当前世界的关键问题,学生学习的过程也是不断架构世界格局的过程。这些课程旨在补充学术课程的理论性,侧重于帮助学生获得在其职业生涯中作为从业者取得成功的实用技能。此外,该课程还是学习和项目研究结合,学生将会完成一个具有挑战性的项目,从而确立自己要研究的专业领域。并且很多课程凭借其多学科导向,可供来自不同学术背景的学生学习,经济学或政治学的先验知识不是学习本课程的先决条件。

学生还会学习档案和文本的使用、民族志和参与观察、口述历史和访谈、图像和视觉方法、使用调查以及与非政府组织等发展机构合作和研究。学习的过程中,还举行了关于研究设计、研究伦理、实地工作安全和风险评估、图书馆资源、软件和计算机化数据库的相关会议。教学不提倡任何一种理论方法或研究方法,而是试图帮助学生理解不同的研究方法如何在不同的背景下实现其目标,而这取决于研究工作的根本目的。学习过程中专注于研究的概念、设计和实施,目的是理解发展中的理论和实践问题。全面的考核方式敦促学生熟练掌握不同的研究方法,具备相关的技能,从而让学生在面临一个全新的问题和挑战时能够积极应对。

六、 课外实践

国际组织要求专业人员除了要熟练掌握语言沟通的能力之外,还需要具备与所从事的工作息息相关的专业知识。国际组织的专业人员要满足学历要求、满足经验要求、具备专业知识和专业能力、提供专业意见,有时还要具备多领域的知识和研究经验。[①]牛津大学发展研究专业硕士生曾表示:"我在牛津接受的教育不仅促进了我的智力发展,增强了我在充满挑战、激烈竞争的环境中工作的信心,而且继续为我打开专业的大门。"

---

① 滕珺,曲梅,朱晓玲,张婷婷.国际组织需要什么样的人?——联合国专门机构专业人才聘用标准研究[J].比较教育研究,2014,36(10):78—84.

(一) 实地研习,丰富实践经验

发展研究专业的学生不仅需要对全球和区域问题有深刻的理解,还需要有在跨文化环境中进行沟通、谈判和领导的能力,他们会在专业领域学习时加强这些技能。通过密集的学术和文化体验,学生将更快地获得学分并增加他们的国际知识和技能。

发展研究专业的论文研习班极具特色,学生通常在第一年通过确定导师、选择主题和撰写研究设计来准备论文研究,第二年的大部分时间都花在撰写和修改论文上。所以,学生会在第一年到第二年间的暑期开始夏季实地考察,为论文的研究积累经验。虽然论文必须是在发展研究的广泛领域,但是其主题并不需要和学位课程直接相关。许多人将此认为发展研究硕士课程中最有价值的方面之一,学生有机会在真实的世界环境中调查和测试课堂上迸发的灵感和想法。从埃塞俄比亚的天气相关风险到中国的儿童移民,从巴基斯坦伊斯兰共和国意识形态到印度尼西亚罗兴亚难民的案例研究,涉及 30 多个国家的多样化研究主题。①发展研究领域的研究发生在世界上的许多地方和各种经济、文化、法律和政治环境中,学生需要积极参与到这样的情境里。

学生们在第二学期的研讨会上将展示他们的暑期研究结果以及论文的初步论点和结论。在之后一系列的课程中,学生会继续作简短的陈述,然后由专业其他学生和工作人员进行讨论和评论。设立研习班的目的是传播学生研究的结果,促进思想交流,提供反馈和建设性的批评,并为学生提供机会来训练他们的演讲技巧。对学生来说,亲身参与实践,在现实的环境中验证了知识、理解了知识、掌握了知识、丰富了知识,同时在研究中还能发现技术难题,在实践中寻找科研课题,并在工作中搭建科研平台。同时,在与导师、同学分享交流的过程中,增强了沟通能力以及国际交流与合作的能力。

(二) 构建网络,充分利用校友资源

发展研究专业的学生在完学业后,主要在国际组织、政府机构、国际非政府

---

①   University of Oxford. International-oxford[EB/OL]. [2024-04-12]. https://www.qeh.ox.ac.uk/fieldwork-around-the-world.

组织和社会企业等组织或机构工作,或在世界各地的大学和研究机构担任学者。而已经毕业的校友会再次回到发展研究系中,组织讲座、研讨会或者开展活动,聚焦于当前世界的热点话题,分享他们的研究成果和经验,帮助在校学生更好地了解国际社会的发展。一方面校友志愿者以讲座的形式帮助学生进行职业探索,另一方面学校还邀请出色校友共享他们的职业资源。

此外,国际发展系还建有牛津发展网络联系小组,所有国际发展系的学生、校友、过去和现在的工作人员都可以加入。国际发展系还提供了基于专业的联系小组,更有利于校友资源的整合。这些组织会策划一些社会活动,发布一些校园新闻或是为母校筹集资金。它们帮助已经毕业了的校友和他们的母校以及以前的同学保持一种长久的联系。不仅如此,这些组织还会努力帮助新毕业的学生,帮助他们和母校之间建立私人的或是商业的关系。

由此可见,国际发展系为在校生提供了强大的社会资源,学生甚至可以和不同专业的学生、已在国际组织任职的校友建立紧密的联系。同时鼓励学生参加国际会议、论坛等志愿服务,提早了解国际组织、国际事务、国际规则,为日后到国际组织实习任职打下牢固基础。

第四节　学生自发解决全球问题的"摇篮":约克大学

案例　世界银行高级副行长马哈茂德·穆希丁

截至 2020 年 1 月,马哈茂德·穆希丁(Mahmoud Mohieldin)一直承担世界银行集团 2030 年发展议程相关工作,也是联合国关系与伙伴关系的高级副总裁。在加入世界银行之前,穆希丁在埃及政府中担任过许多高级职务,例如他在 2004 年至 2010 年间担任过埃及投资部部长;曾在多个董事会任职,其中就包含埃及中央银行;他也曾是埃及"增长与发展"委员会的成员,在任职期间被选为世界经济论坛的青年领袖。在学术领域,穆希丁曾在埃及国家与地区研究中心和智囊团中担任领导职务;双语流利的他用英语与阿拉伯语在国际金融、经济学与发展等领域发表众多文章和出版物。穆希丁在约克大学(University of York)获得社会政策分析理学硕士学位,在华威大学(University of Warwick)获得经济学博士学位。①

从以上案例可以看出，身为世界银行高级副行长的穆希丁在国际组织间的工作履历丰富，多次承担过高级职位，如埃及投资部部长、"增长与发展"委员会成员等。由于社会政策分析的专业背景，穆希丁在学术天地中也能"一展拳脚"，多次在经济学与发展等领域发表文章和出版物。穆希丁毕业于约克大学的社会政策分析专业，约克大学在培养国际化人才方面也有自己的独到之处。

一、课程设置

约克大学的经济学与社会政策专业能使学生大范围接触和社会政策领域中相关的政策分析，同时专业的课程设置也能让学生及时掌握公共部门管理和财务管理的最新技术与内容。如果学生在本科期间已经获得经济学学位，那么这门课程就能够让学生在更为专业的领域（例如卫生经济学、社会政策分析或是公共财政等方面）积累更多更深入的专业知识；对于那些在公共部门、英国医疗卫生系统或是国际组织中有工作经历的学生，这门课程也能够帮助他们提升相应领域的技能。由于选修课与必修课"二者合一"的教学模式，对那些具有政治学、社会学、数学或自然科学学科背景的学生而言，约克大学经济学与社会政策专业能让他们发展自己在经济学或是社会政策方面的能力。

从更具体的课程设置来看，约克大学兼顾学生的经济学与政策学知识，通过开设微观经济学、计量经济学、公共政策分析等课程来巩固学生的基础知识。而在选修课中，约克大学大多设置了更高级的课程，如高级宏观经济学与应用微观经济学 2 等。同时，在选修课上，约克大学也引入了项目化学习模式，通过让学生参与研讨会、研究工作组以及"特设班"来培养他们问题解决与实践信息技术的能力。此外，在师资分配上，约克大学为每一位学生配备了一名指导教师，负责监测学生的整个学习进程，在很大程度上确保了学生的学习质量。②

---

① The World Bank. Who We Are? Mahamoud Mohieldin [EB/OL]. [2024-04-12]. https://www.worldbank.org/en/about/people/m/mahmoud-mohieldin♯a.

② University of York. MSc Economics and Public Policy[EB/OL]. [2024-04-12]. https://www.york.ac.uk/study/postgraduate-taught/courses/msc-economics-public-policy/♯course-content.

表 3-3　约克大学经济学与社会政策硕士课程设置

经济学与社会政策(硕士学位)	
必修课	选修课
应用微观经济学/高级微观经济学	高级宏观经济学
公共政策分析	应用微观经济学 2
计量经济学/统计学/计量研究方法/应用微观计量经济学	应用微观计量经济学
公共财政	机制设计与分析
公共部门经济学	卫生政策评价
	健康与发展
	高级宏观经济学 2:国际金融与贸易

二、 学校理念

从学校理念上来说,首先,约克大学注重培养学生解决全球问题的能力。对于一些全球共同应对且会给人类健康、环境以及社会带来紧迫挑战的问题,约克大学的研究人员与世界各地的社群进行合作,让全球问题有所缓解。从南太平洋岛屿到一些主要城市,约克的学者长时间与当地政府和人民合作,以取得可持续、有影响力的成果。①

其次,约克大学非常注重与世界其他大学的联系。作为世界大学网络(World University Network,简称 WRWU)中的一员,约克大学会与非洲、亚洲、大洋洲、欧洲、拉丁美洲和北美洲的大学进行长期合作,通过师生交换学习和开设暑期学校等措施来为学生和教师提供获得国际经验的机会,以此来增强学校的国际研究与教学能力。同时,约克大学也与许多联合国机构进行合作,其合作项目为大学教学提供了宝贵资源。在学术交流方面,约克大学也鼓励学术人员、研究人员和研究生访问其他大学与机构,因此特设 15 亿英镑的全球挑战研究基

---

① University of York. Global Challenges Research Fund[EB/OL]. [2024-04-12]. https://www.york.ac.uk/research/in-focus/global-challenges/.

金①来帮助约克人获得丰富的专业知识与世界级的技术支持。②

三、 志愿服务

除雄厚的师资与丰富的国际交流机会外,约克大学也十分关注培养学生的志愿服务经历。为使学生能在志愿服务项目中发展技能与自身优势,并打造良好的毕业履历,同时也能为当地社区带来积极显著的社会影响,约克大学为学生构建了自由实践的平台。约克每年都会有成千上万的学生为学校的志愿服务提供相应支持,如"慈善义工""社区项目"和"YUSU 志愿服务"等。

约克大学每年都会有超过 600 名的志愿者申请 50 余家组织的慈善义工职位,义工的工作包含为当地的收藏馆整理收藏品、对当地社区的学生进行教学支援以及在海滩上捡拾垃圾以保护濒危物种与人类环境。同时,"慈善义工"项目也会根据学生的专业特长与背景特设义工工作,主要分为健康与幸福、社会与正义、艺术与传统以及可持续发展等四大板块,如音乐专业的学生就可以申请将音乐带给孤寡老人,有教育背景的学生就可以申请为残障儿童带来课余活动。③

"社区项目"的创设理念更多偏重积累经验、有所作为与分享技能。每个项目都会着眼于一些本地问题(如环境可持续发展),其中一些社区的合作伙伴(如学校、博物馆与当地慈善机构等)也会为项目的顺利进行提供必要支持。在"社区项目"中,约克大学的学生能与不同年龄、不同学历的人接触,进而培养了他们人际交往能力;此外,学生在融入团队、与团队磨合协作的过程中也大为提升了他们的团队合作能力,这些能力在学生未来寻找工作的过程中必不可少。约克大学学生阿格涅斯卡 · 莫兹津(Agnieszka Mozdzyn)目前就负责当地社区档案馆的工作,她认为参与档案馆资料整理这一社区项目的经历让她抱有充分自信心。④

---

① University of York. Global Challenges Research Fund[EB/OL]. [2024-04-12]. https://www.york. ac.uk/research/in-focus/global-challenges/.

② University of York. Worldwide Universities Network[EB/OL]. [2024-04-12]. https://www.york.ac. uk/global/globalpartnerships/wun/.

③ University of York. Student Volunteering [EB/OL]. [2024-04-12]. https://www.york.ac.uk/ students/work-volunteering-careers/skills/volunteer/.

④ University of York. Community Projects [EB/OL]. [2024-04-12]. https://www.york.ac.uk/ students/work-volunteering-careers/skills/communityprojects/.

与其他高校有所不同,除学校为学生搭建丰富实践平台外,约克大学特设"YUSU 志愿团队",让学生自己创设属于学生群体的志愿组织。目前该志愿团队的工作在学校支持与学生自主努力下取得了不错的成绩。由于英国高校群体较为关注校园及社区食物浪费的问题,约克大学学生创设了"人人皆应吃"(All Should Eat)和"填饱肚子而不是垃圾箱"(Fill Bellies Not Bins)项目。前者的项目志愿者负责与当地食物银行合作,从校园中收集食物并进行推广,再将食物运送至当地的食物银行进行存储,避免造成食物浪费问题,同时志愿者也需负责在校园中推广与当地食物银行及食物浪费相关的信息,以此来引起校内师生对食物浪费问题的关注;[①]后者的志愿者学生会从约克郡当地的超市收集食物,然后在校园中进行重新分配,这样就减少了食物被浪费或是被扔掉的可能性。通过这一举措能够有效让英国公民重新认识食物浪费的问题,并在地方层面上相应减少这些浪费。[②]

除自发解决食物浪费这一环境可持续问题,约克学生也与英国公益组织进行合作。例如约克学生就与英国心脏基金会进行合作,创设了"心脏启动"(HeartStart)倡议,旨在培训公民紧急生命救助的能力。英国心脏基金会会为民众提供 2～3 小时的心脏急救典型课程,而人员的招募与组织均由学生团队来完成。课程内容主要包含如何解救心搏骤停、无意识伤亡、心脏病发作、窒息与出血的处理方案等。在课程结束时,英国心脏基金会为所有学员颁发证书以表明参与者具备处理上述紧急情况的能力。[③]

除"人人皆应吃"和"心脏启动"这样的大型志愿项目外,约克大学的学生也会创设一些"微志愿"的服务项目。如"成为我的眼睛"(Be My Eyes),要求志愿学生为当地社区的盲人或弱视人群提供视讯协助,包含为他们检查视力、区分颜色以及解读说明等;学生也可以通过"痴呆之友"(Dementia Friends)项目进一步走近

① University of York Students' Union. All Should Eat Volunteering[EB/OL]. [2024-04-12]. https://yusu.org/activities/view/allshouldeat.

② University of York Students' Union. Fill Bellies Not Bins Volunteering [EB/OL]. [2024-04-12]. https://yusu.org/activities/view/Fill-Bellies-Not-Bins.

③ University of York Students' Union. HeartStart Volunteering[EB/OL]. [2024-04-12]. https://yusu.org/activities/view/HeartStart.

和接触当地智力残障人群,通过深入了解这部分特殊群体,将自己的知识转化为行动,为他们提供直接帮助。①

本 章 结 语

利物浦大学、剑桥大学、伦敦政治经济学院、牛津大学、苏塞克斯大学和约克大学这六所高校在课程设置、志愿服务、培养技能、课外实践等方面都各具特色,培养了能体察本土、全球和跨文化问题,能理解并欣赏他者的观点和世界观,能参与开放得体以及有效的跨文化互动以及能为集体福祉和可持续发展采取负责任行动的国际化人才。总体来说,有以下几个方面值得我国学习与借鉴。

(一) 立足全球问题,鼓励学生自主解决

我国基础教育阶段的学生在知识技能方面一直走在世界前列,但在跨学科、可迁移的胜任力如问题解决、协作处理问题的能力等方面与先进国家仍有相当距离。②全球问题是当代国际社会所面临的共同的问题,已然超过了国家与地区的界限,关系到人类未来的发展与生存。而解决全球问题的第一步就是要培养学生发现问题的能力。但在我国的高校人才培养过程中,聚焦给学生提供国际交流的实习机会,缺乏让学生通过自主发现问题从而提出方案来解决问题的能力。以上海985和211工程院校A大学为例,目前仅在2007年开展过一届聚焦全球问题的"全球治理创新青年设计大赛";以另一所985和211工程院校B大学为例,目前该学校官网上有关于"全球问题"的新闻信息仅涉及"全球125个科学问题发布倒计时""西藏问题的历史与现实"讲座以及"四分之一的孩子存在睡眠不足"的讲座等内容,且时间跨度过大,最新的一条更新于2020年10月30日,其次则更新于2008年。可见我国高校对学生发现全球问题的能力培养存在一定局限。

反观英国高校,学校十分重视培养学生经由发现问题、提出方案到解决问题

---

① University of York Students' Union. Micro Volunteering[EB/OL]. [2024-04-12]. https://yusu.org/student-life/micro-volunteering.

② 张民选.登高望远 发现问题[J].教育发展研究,2020,40(6):3.

这一实践过程,不少高校主动为学生搭建解决全球问题的平台。以 LSE 为例,由于英国高校普遍关注校园和社区的食物浪费问题,LSE 特设"食物循环项目",让学生通过与英国当地一家全国性的慈善机构合作,将剩余食物与厨房空间相结合,不仅适当解决了粮食短缺问题,同时也达到了帮扶社区的目的。剑桥大学则沿袭"全球视野框架",为世界各地学生举办"全球视野周"活动。阿根廷学生就发现当地社会存在严重的食物浪费问题,而为了解决这些问题,学生会自主了解当地人对该问题的看法与实际行动间的差异,从而提高人们对食物浪费问题的认识。

(二) 促进文化交融,加强文化差异理解

文化差异指的是在行为规范、习俗、惯例等文化传承上的差异程度。如果两国之间的文化差异大,就会使得文化的刚性在面临跨文化适应时的难度更大,从而使得沟通成本与信息成本更高。[①]我国与众多国际组织的文化背景不同,有着东西方文化的较大差异。因此我国高校在人才培养的课程与实践活动中更应注意促进文化交融,培养学生理解各国文化差异的能力。然而我国目前多数高校都忽略了该部分的能力培养。以 A 大学为例,理解文化差异更多发生在教师学术的层面。例如,该学校的国际文化交流学院曾在 2020 年 11 月与 12 月举办过"教师教学学术分享周"的活动,通过讲座报告的形式让教师分享各国的教学经验,并未涉及学生的学习与实践;以 B 大学为例,尽管该学校的官网上有关于文化差异的信息,但更多是通过名师发布讲座、学生参与讲座的方式进行,而且最新的信息更新时间为 2019 年 5 月。此外,尽管该学校开展过中外学生文化交流的活动,但多仅限于学院层面,限制了学生的文化交流范围。例如 A 学院在 2016 年举办过法语戏剧节,B 学院在 2009 年举办中美学生文化交流活动,C 学院在 2015 年联合举办过中西文化交流等活动。此外,虽然已有高校与国际组织合作设立机构,但数量屈指可数。

欧美国家长期以来都是国际学生向往深造的高地,且英国又是全球高等教

---

① 尹华,谢庆."一带一路"倡议、文化差异与中国装备制造企业对外直接投资模式选择[J].当代财经,2020(11):113—123.

育领域的先锋国家,一直都吸引着世界各地的学生前去学习。也因此,作为"民族大熔炉"的英国时常会有多元文化激烈碰撞的现象。为给本土和国际学生共同营造一个和谐的学习氛围,英国高校首要关注各民族文化的融合。以利物浦大学为例,利物浦大学设立"全球咖啡馆",旨在为本地与非本地学生之间搭建交流平台。在全球咖啡馆中,各民族的学生能与英国本土学生一起用餐、游戏与练习英语,并在日常交谈中更深入地了解和接受彼此的文化。为了让学生更能切身体会到英国的民俗风情,"全球咖啡馆"也会安排国际学生入住英国住家度过完整的周末时光。而英国高校也不仅仅拘泥于本国内的教学与学习,比如苏塞克斯大学的师生全球流动项目不仅锻炼了师生跨文化能力,也对培养师生全球视野起到了不小的作用。

(三) 服务准新生,贯穿完整教育阶段

"准新生"作为即将迈入大学校园的主要群体,让其提早感知校园生活面貌与所选专业性质能有效帮助准新生定位自身能力。我国高校面对准新生的举措大多为举行"校园开放日",让高三学生及其家长走进大学校园,通过为他们举办校园生活讲座的方式让准新生对大学生活有初步但朦胧的认识。以 A 大学为例,A 大学的校园开放日主要包含来自教务处或研究生院等部门有关奖学金和辅修学位的讲座,以及来自不同领域的五位首席专家的学术讲座。此外,为让学生和家长充分体会大学校园饮食文化,A 大学会在校园开放日这一天开放部分食堂窗口。由此可见,我国大学的校园开放日主要为准新生群体介绍大学生活的总体样貌,实则缺少让学生深入了解真实校园和学科专业的机会。

但反观英国高校,除了关注本校学生的具体能力发展之外,学校同时也在关注准新生群体的学科兴趣以及批判性思维能力等。以剑桥大学为例,尽管剑桥大学也会向准新生群体开放校园,但校园开放日的侧重点与我国大相径庭。剑桥大学关注学生的学术生活与适应性,因此特设"学科大师班""萨顿信托基金暑期学校"和"牛津—剑桥会议"来使准新生提前了解剑桥的学习生活。同时,准新生能自主选择参与剑桥研究项目、研讨会和学术讲座,也能与当前的大学本科生面对面聊天以充实他们对大学生活的深层理解。为丰富真实校园体验,剑桥大学还会提供为期 3 天的住宿来向准新生完整展示剑桥生活。此外,面对准新生的疑惑与困扰,剑桥大学还会特聘一名教育顾问为准新生进行相应指导。

除聚焦准新生群体之外,剑桥大学扩大培养范围,将目光放置于各个教育阶段的学生群体上。因此,剑桥大学创立"剑桥全球视野"计划,为 5~19 岁的学生提供他们在目前学校、未来大学甚至是就职时所需具备的技能,如批判性思维、学术科研能力、团队协作能力等。"剑桥全球视野"致力于从小学到大学的"无缝衔接式"培养,每个学习阶段的内容也都会根据学习者的本身情况与发展而量身定制。

(四) 筑牢技能,培养学生责任意识

针对全球问题而掌握的技能,是指理解世界的问题并采取行动的能力。这就要求学生在掌握相应知识并初步了解世界的基础上,根据这些知识设想方案来采取行动。我国目前高校对项目实施的关注力度不强,尽管有些许高校尝试通过全球项目来解决人类社会发展的共同问题,但全球项目较少,不能给每个学生参与的机会。以 B 大学为例,该大学在 2019 年启动了"全球挑战计划",成立 13 支国际化项目团队,围绕东南亚、非洲和中东欧等共建"一带一路"国家面临的问题开展实践研究。学生也能参与在这些项目中开展丰富的实践活动,例如"肯尼亚吸引外资法律环境评估及改进建议项目"就有 2 名博士与 5 名硕士参与其中。在奔赴非洲与肯尼亚投资局、世界环境署等合作开展调研工作的过程中,学生需要充分发挥他们的语言技能、沟通技能以及交往技能等,通过发现调研过程中的实际问题为肯尼亚吸引外资提出建议与解决方案,从而减少国家之间的不平等,提升学生达成可持续发展目标的能力与责任意识。但该学校官网上其余的信息均与教职工的教学与发展相关,如教育的"重教书轻育人"问题、世界一流大学校长解决全球问题的论坛等,与培养学生的全球责任意识关联不强。

英国高校非常注重培养学生的技能,并通过运用他们的技能来实现对全球的责任担当。优秀的国际化人才需要拥有根据信息进行推理的能力、逆向思维的能力、创新和批判性思维的能力、与不同文化背景的人进行有效沟通的能力、换位思考的能力、解决矛盾和冲突的能力以及适应世界的能力等。LSE 也深刻认识

到语言能力在学生就业竞争中的优势地位。在面对英语基础薄弱的学生群体时,LSE 也会提供一对一的英语支持服务,通过单独辅导来夯实学生的就业英语基础。牛津大学的"英语暑期学校"也通过让学生参与丰富而浸润英国历史的活动,更深入地体会英语语言文化从而提升其语言能力。

除语言与沟通能力外,由于新冠疫情的肆虐使得学习与工作更偏向虚拟化,办公也逐渐呈现出数字化的趋势。因此,面对现实状况,国际化人才更需掌握一定的数字技能。而剑桥大学与利物浦大学就认同学生在求职过程中应具备一定的数字技能。例如,剑桥大学为学生就业开设就职培训,其中就包含要提升开发数字资源的能力。而利物浦大学为学生创设"宝塔项目",通过为期 8 周的虚拟远程实习计划,进一步对学生的数字技能提出了较高要求,并在计划过程中夯实了学生的数字化基础。

(五) 促进课程融合,发展复合型人才

国际组织人才的培养仅靠单一学科是远远不够的,为实现多样化、可持续和针对性的人才培养目标,就需要加强多学科的交叉培养。在具体课程教学中,国际组织人才教学大部分还停留在多学科往跨学科转换阶段,即从学科之间的"简单叠加"往"部分整合"发展,存在课程内设计上较为零散孤立、缺乏系统性,培养途径上相互脱节、缺乏整合性和师资配置上各自独立、缺乏协同性等问题。①

牛津大学国际发展研究硕士为国际发展从业者提供该领域最前沿的理论、政策和技能,其研究生项目还结合了严格的课程和专业培训,为学生提供了改变世界所需的知识和观点。在课程项目中,学生们获得了关于世界各地和当代重要问题的专业知识——从战争到资源消耗水平的上升,到全球经济的扩张和日益严重的环境挑战。牛津大学发展研究硕士的课程并不仅是简单的叠加,而是多门课程的融合,在发展这个大背景下,发展影响全世界发展的理论、分析和实践,造福于处境不利的人和国家,并支持参与这一努力的国际网络和地方机构。除此之外,牛津大学国际发展系还从全球化的角度提倡尊重多样性,成为有效的国际沟通者。这对国际发展专业人才的培养极具借鉴意义。我国也应该结合时代背景

---

① 方东.高校复合型人才培养的现实困境及其反思[J].高教探索,2008(4):135—136.

和当前国际发展需求,创新国际组织人才培养途径和方式,探索国际组织需要的复合型人才培养模式,整合和利用优质科研和教学资源,培养具有专业知识、较强的交流能力、能展现出灵活的个人特质的国际化人才,有效地融入国际组织的具体工作中。

第四章

国际组织人才培养:日本高校怎么做^①

在全球化时代,向以联合国为代表的国际组织输送具有扎实的专业知识、高昂的奉献热情以及深谙全球治理本质的专业人才,对于国家承担国际责任、增强全球影响力、维护双边关系具有至关重要的作用。第二次世界大战后,日本把积极参与国际事务、向国际组织选送专业人才视为修复多边外交关系以及重返国际政治舞台的重要外交政策。为此,日本不仅在国际组织的会费和捐款方面表现积极,而且通过扩大国际组织人才的选送规模,在更为广泛的人力资源方面作出了国际贡献。

20世纪70年代,随着日本经济的高速发展,为了谋求与自身经济实力相匹配的国际话语权与全球影响力,日本更为重视培养国际组织人才,将该类人才命名为"国际公务员",通过发挥顶尖大学的国际组织人才培养功能,逐步构建起"多方协作"的政策特征。从制度设计来看,在日本的国际组织人才培养与选送体制中,高校是"培养"国际公务员的核心平台,这既是国际组织对公务员存在学历较高硬性要求的现实归因,也是高校回应国家战略发展、发挥自身人才培养功能的内部需要。而政府则在其中扮演统筹协调的角色,主要承担"输送"的职

---

① 这部分来自上海师范大学博士生陈川的研究成果,已得到授权。

能,负责提供政策指引、行动指南与资金保障。其中,具有历史底蕴与学科特色的顶尖高等院校(国立、公立及私立大学)是日本培养国际组织人才的主要力量,在国际组织储备人才的培养与入职前培训中发挥了至关重要的作用。

本章首先从宏观角度简要介绍日本选送国际组织人才的基本流程以及日本高校培养国际组织人才的课程形态;其次通过分析日本籍国际组织高级别官员的专业背景与求学经历,探究日本高校培养国际组织人才的课程与教学体系,聚焦日本高校与政府在国际组织人才培养体系中的协同机制;最后概述日本高校培养国际组织人才的基本特征,希望为我国高校培养国际组织人才提供经验借鉴。

第一节　日本高校培养国际组织人才的基本概况

一、　日本高校"国际公务员"培养职能的建构背景

日本政府高度重视国际组织,将国际组织视作自身参与国际事务、增强国际影响力的重要"跳板"。其中,国际公务员作为日本与国际组织之间的"桥梁",在加强日本与国际组织合作方面发挥重要作用。然而,从外务省的统计数据来看,日本籍国际公务员的数量与日本的政治经济地位并不相称。由于国际公务员的数量依据每个会员国的人口和缴纳的会费计算,2021 至 2022 年,日本承担了联合国 8.564% 的会费,位居会员国第三。而截至 2018 年 12 月,仅有 918 名日本籍国际公务员在世界各地的国际组织相关机构担任专业人员,这不仅远低于主要发达国家同类国际公务员的平均数量,而且也不符合联合国对日本应有国际公务员数量的最低标准(见表 4-1)。因此,庞大的国际组织会费缴纳份额与日本籍国际公务员任职人数之间的落差促使日本政府逐步改变原有以政府内部"调职派遣"为主的国际组织人才选送体系,力图发挥公立大学、私立大学以及高等专门学校的国际组织人才培养职能,通过联合国的"初级专业人员派遣制度"(Junior Profession Officer,简称 JPO)"青年专业人才考试"(Young Professionals Program,简称 YPP)选送国际公务员。由此,高校逐渐成为日本培养国际组织人才的后备资源库。

表 4-1　联合国秘书处各国职员比例与判定情况一览(2016—2018 年)

排序	国别	人数	比例	理想人数区间		判定	会费率
				最低	最高		
1	美　国	357	11.88%	373	504	过低	22%
2	德　国	143	4.76%	112	152	合适	6.3%
3	法　国	141	4.69%	87	118	过高	4.8%
4	英　国	138	4.59%	81	109	过高	4.4%
5	意大利	127	4.23%	69	93	过高	3.7%
6	加拿大	96	3.19%	55	74	过高	2.9%
7	西班牙	82	2.73%	47	64	过高	2.4%
8	中　国	81	2.70%	164	222	过低	7.9%
9	日　本	79	2.63%	167	226	过低	9.6%
10	墨西哥	59	1.96%	32	44	合适	1.4%

资料来源:日本外务省.平成30年度:国際機関職員遣信託基金拠出金(JPO)[EB/OL].(2018-06-12)[2023-07-05]. https://www.mofa.go.jp/mofaj/files/100227878.pdf:5.

2017 年,日本首相官邸发布《未来投资战略 2017·面向超智能社会的改革》,在中短期工程清单中明确提出要"强化国际组织人才的培养与选送"。2020 年,为了进一步增加日本籍国际公务员的数量,日本政府提出"到 2025 年,在联合国相关机构工作的日本籍国际公务员的数量要达到 1000 人"的目标。

为达成上述目标,日本外务省以"国际组织人事中心"为依托,赋予指定高校、科研机构以及非营利性法人团体积极挖掘、培养和资助能够在世界舞台上发挥积极作用的日本籍国际组织人才的职能使命,其三大支柱包括:第一,保障青年日本籍国际公务员数量;第二,提升中高级日本籍国际公务员数量;第三,确保以成为国际公务员为目标的潜在专业人才的数量。鉴于国际公务员的任职要求学历一般在学士以上,大部分国际组织甚至要求硕士及以上学历,这就使得除了少部分由日本政府定向选送的高级别国际组织人才外,日本顶尖高校的研究生院将承担培养国际公务员的主要任务。自此,日本部分顶尖大学陆续开设以培养国际公务员为目标的专设课程,逐渐形成了较为完备的国际组织人才培养体系。

二、 日本高校毕业生成为国际公务员的基本渠道

日本向国际组织选送人才涉及多元利益主体,不同主体在角色定位和职能分工上呈现出不同特征,形成了一套权责分明、科学合理的国际人才输送体制。事实上,除了外务省向国际组织选派少部分高级管理岗位的国际公务员外,高校培养的国际组织人才仍需通过国际组织的通用聘用流程进行申请、考核与录用。因此,日本高校主要通过在培养阶段为学生提供"特别国际公务员课程"以及国际组织实习机会以提升日本申请者的竞争力。从日本高校毕业生进入国际组织任职的现有经验来看,首先,高校学生需要考取本科层次的大学或高等专门学校,学习法律、国际政治、金融、环境或新闻传播等与外交相关的专业并获得相应的毕业证书。其次,高校毕业生在本科毕业后可选择前往海外留学,获得相应的硕士证书后,参与海外国际组织的当地招聘考试或参加联合国秘书处"青年专业人才项目"(YPP),年龄在 32 岁以下的申请人经过文本筛选、笔试和面试,将会被列入联合国公务员后备人才名单。联合国秘书处将根据职位空缺情况(P1 或 P2)从名册上选出符合条件的申请人录取。申请人在相应的国际组织工作两年后,视工作情况和职位需求,有机会被正式录用为国际公务员。

高校毕业生在本科毕业后也可选择升入日本国内大学的研究生院,攻读国际组织要求的特定专业,在获得硕士学位后参加由外务省组织的"初级专业人员派遣制度"(JPO)。JPO 项目是 1961 年由联合国经济与社会理事会根据会员国承担的会费比例建立的青年人才制度。从 1971 年开始,日本外务省开始为来自高校和社会的有志青年提供为期两年的国际组织实习机会。迄今为止,日本已通过 JPO 项目累计向国际组织选送了超过 1700 名国际组织人才。日本外务省"国际组织人事中心"指出,有志前往国际组织工作的青年应攻读发展、人权、教育、卫生、法律、公共关系、环境以及工程等特定专业,在本科和硕士期间积极参与专业实习与社会实践,积累两年的工作经验,在 JPO 项目两年派遣期满后,可在获得联合国相关组织正式职位的竞争中获得较大优势。

综上所述,日本高校培养的国际组织人才主要依靠联合国的 JPO 项目、YPP

项目以及外务省"高级官员派遣项目"三大选送渠道。其中，YPP 项目和"高级官员派遣项目"受限于职位层次和学历要求，一般给予高校毕业生的职位数量较少，且申请门槛较高。因此，JPO 项目是日本高校毕业生前往国际组织实习或任职的主要渠道。

第二节　日本籍国际组织高级别官员的案例考察

一、日本籍国际组织官员概况一览

根据联合国秘书处的统计数据，截至 2018 年 12 月 31 日，联合国秘书处共有来自 187 个成员国的职员 37505 人，其中日本籍普通职员有 850 名，高级官员（D级）有 84 人，与中国 89 人（D 级）相比，总体差距不大（见图 4-1）。这意味着日本以其较小的国家体量向国际组织培养了不少具备较高素质、较强专业技能和领导能力的国际组织人才，未来预计这一人数将持续上升。为了更加深入了解日本高校培养国际组织人才的具体做法，本节将基于对国际组织中日本籍国际公务员高

图 4-1　联合国系统中的日本籍职员数量的年度变化情况

资料来源：日本外务省.平成 30 年度：国際機関職員派遣信託基金拠出金（JPO）[EB/OL].(2018-06-12)[2023-07-05]. https://www.mofa.go.jp/mofaj/files/100227878.pdf:5.

级别官员的案例考察,通过分析其毕业院校、专业背景以及任职生涯来探究日本高校培养国际组织人才的基本样貌,包括承担国际组织人才培养的主要高校、课程设置、教学目标、海外声誉、国际参与、师资力量及培养路径等。

根据日本外务省"国际组织人事中心"网站公布的人事数据资料,具体包括 7 位联合国秘书处的高级别官员、5 位联合国儿童基金会的高级别官员、1 位联合国开发计划署的高级别官员、1 位联合国工业发展署的高级别官员、3 位世界银行的高级别官员、3 位 OECD 的高级别官员、2 位世界卫生组织的高级别官员、1 位联合国人道主义事务协调厅的高级别官员、2 位联合国亚洲及太平洋经济社会委员会的高级别官员、2 位联合国难民署的高级别官员、1 位世界粮食计划署的高级别官员、1 位联合国粮食及农业组织的高级别官员、1 位国际移民组织的高级别官员、1 位国际劳工组织的高级别官员以及 1 位联合国总部的高级别官员。本节选取的日本籍国际公务员高级别官员主要是指在联合国系统中职位等级为 D 级及以上的国际公务员,在其他国际组织中主要是指拥有领导职务并享有高级官员称呼的特定国际公务员,包括联合国秘书处副部长,联合国开发计划署首席技术顾问,联合国工业发展泰国办事处和区域办事处主任、OECD 高级教育专家、联合国儿童基金会女士儿童保护干事、联合国秘书处政治局南亚组组长等。

二、 日本籍国际组织高级官员案例分析

从学历层次来看,日本籍国际公务员高级别官员均拥有硕士及以上学历,包括 2 位博士以及 30 位硕士。这是因为日本国际公务员主要通过外务省 JPO 项目进入国际组织,该项目的基本学历要求为硕士研究生层次,这也在一定程度表明日本高校向国际组织选送的国际公务员学历较高,具有较强的相关专业背景。

从毕业院校来看,日本籍国际组织高级别官员大多毕业于日本"超级国际化大学计划"A 类(顶尖类)以及 B 类高校(国际引领类),属于顶尖高校类别。"超级国际化大学计划"始于 2014 年,是日本促进大学教育全球化、提高大学的国际竞争力以及培养能够在全球舞台上发挥积极作用的人才而创设的顶尖大学项目,全国仅有 30 所高校入选。该计划指定的大学在日本享有良好盛誉,是教学科研实力位居国际先列的"传统名校"。日本籍国际组织高级别官员中,毕业于东京大学

的有 6 人、庆应义塾大学有 7 人、国际基督教大学有 4 人、早稻田大学有 3 人、明治大学 1 人、筑波大学 1 人、上智大学 1 人、一桥大学 1 人、大阪大学 1 人、青山学院大学 1 人、东北大学 1 人,名校毕业率为 84.37％。

　　从专业背景来看,日本籍国际组织高级别官员的专业背景均与其任职岗位相匹配,集中在法律、国际关系、国际政治、经济学和比较教育等专业。例如,世界银行高级经济顾问小城直子所学专业为经济学,联合国儿童基金会东帝汶教育主任深水高穗所学专业为国际比较教育,世界卫生组织卫生发展中心主任岩尾总一郎所学专业为医学,联合国粮食及农业组织食品标准委员会秘书长宫城岛一明所学专业为医学,联合国秘书处维和行动政策主任中满泉所学专业为法学。为进一步了解日本高级国际公务员的毕业院校特征和专业学习情况,本节列举五位具有代表性的日本籍国际组织高级别官员简历,分析其高校学习经历与其国际组织工作之间的关联性。

案例一：联合国秘书处维和行动政策主任　中满泉

　　中满泉于 1963 年出生于日本东京,本科毕业于早稻田大学法学部,硕士毕业于美国乔治城大学,主修国际关系与政治专业。硕士毕业后,她加入了联合国难民事务高级专员办事处(UNHCR),曾任萨拉热窝-莫斯塔尔办事处主任、联合国秘书长高级助理、联合国难民署副高级专员特别助理、联合国改革小组第一干事、国际民主化组织(IDEA)副主任和规划协调局局长等国际组织高级职务。2008年 9 月,她被联合国秘书长潘基文聘为联合国秘书处维持和平行动部政策、评估和培训主任,任职至 2012 年。2012 年至 2014 年 10 月,她任联合国秘书处维持和平行动部亚洲和中东司高级主任(D2,最高级别官员),负责包括阿富汗在内的整个亚洲,包括叙利亚和黎巴嫩在内的中东地区的维和行动。2014 年 9 月 18 日,她被联合国秘书长潘基文和联合国开发计划署(UNDP)署长海伦·克拉克任命为 UNDP 助理署长兼首任危机应对主任(助理秘书长一职)。2018 年 5 月,她被《财富》杂志评为全球 50 位最伟大的领袖之一。

　　中满泉拥有非常丰富的国际组织任职经历。在采访中她提到:"在早稻田大学学习国际法学的经历唤起了我前往国际组织任职的热情,坚定了为全人类事业发展贡献力量的信念。早稻田大学的法学课程和国际组织的实习体验,帮助我养成了勤奋、坚强、为人着想的品格。与此同时,国际法学的专业背景也为我在国际组织中处理国际问题,进行跨文化沟通和参与国际合作提供了坚实的专业知识和技能基础。"

案例二:联合国总部和平与裁军亚洲及太平洋中心议会副部长　荆尾遥

荆尾遥,出生于日本广岛市,毕业于津田塾大学,硕士期间攻读国际关系专业。她曾在纽约联合国总部(裁军处)实习,参与联合国"轻武器行动计划"执行情况审查会议。2007年,她被选为日本外务省建设和平人力资源开发试点项目的首批学生之一,被派往南非的国际民主选举援助研究所(IDEA)学习。此后,她在日本驻荷兰大使馆担任负责《化学武器公约》的专家研究员,于2012年至2014年在联合国亚太和平与裁军区域中心担任政治干事。2015年,她担任广岛县地区政策局和平促进项目组的"和平促进"顾问。2017年,她被任命为联合国裁军事务部大规模杀伤性武器办公室政治官员。2018年开始,她担任和平与裁军亚洲及太平洋中心议会副部长。

从荆尾遥的经历可以看出,她曾多次前往联合国实习,并被选为日本外务省"建设和平人力资源开发试点项目"的首批学生之一,对参与国际事务抱有极大的热情。作为联合国和平与裁军亚洲及太平洋中心议会副部长,她致力于推进全球裁军与核武器的不扩散,始终在国际和平事业的第一线。她在津田塾大学的国际关系专业学习的专业知识、国际沟通技能和和平理念,为她从事裁军与控制大规模杀伤武器扩散上提供了良好的准备。

案例三:联合国亚洲及太平洋经济社会委员会副总干事　持田繁

持田繁毕业于日本一桥大学法学部,硕士就读于美国普林斯顿大学国际关系专业,1975年进入日本外务省工作。1980年,他正式进入联合国秘书处工作,先后任职于联合国秘书处政治和安全理事会司、安全理事会司、研究和信息收集办公室(ORCI)、政治事务部(DPA)和秘书长办公室,主要负责亚洲、中东和东非的冲突问题。1980年,他被任命为联合国亚洲及太平洋经济社会委员会的副秘书长。任职期间,他作为秘书处东非官员参与协调埃塞俄比亚和厄立特里亚的边境冲突,担任秘书长的助理特使。他还曾在联合国高级管理小组任职,并从2010年起担任联合国秘书长特别代表和联合国东帝汶综合特派团副团长,从事东帝汶的和平建设工作。

　　一桥大学法学研究科主要进行法学和国际关系方面的研究和教育。法学研究生院设有法学、国际关系学和商法三个专业。一桥大学在日本社会极具影响力，是备受日本社会赞誉的顶尖院校。持田繁在一桥大学法学部中学到的知识、技能以及实践经历为他进入日本外务省工作提供了良好的专业背景，也为他担任联合国东帝汶综合特派团副团长、从事和平协议草案的研究提供了必要的知识储备。

案例四：OECD 能源市场和安全司司长　贞森惠祐

　　贞森惠祐 1983 年毕业于东京大学，主修国际经济法，毕业后进入日本经济产业省工作。2008 年至 2009 年期间，他作为日本能源厅大臣特别交涉代表前往国际能源署（IEA）任职，从事国际能源安全工作。2012 年 10 月，他被任命为 OECD 能源市场和安全司司长，负责管理 IEA 的能源市场和安全部。IEA 的能源市场和安全部是负责处理"石油安全"核心工作的部门。贞森惠祐负责管理各国的库存状况，在实际发生紧急情况时验证合作是否真正奏效，负责启动和协调机制。

　　东京大学法学院包括法学部与法律政治研究生院，在法律和政治学领域进行全日本最高标准的研究和法律教育，旨在培养高素质的法政人才，用以解决各种社会问题、社会起源和构成社会的思维方式，是日本法律从业者的最高殿堂。贞森惠祐作为 IEA 的高级官员，积极参与国际事务，始终致力于保障全球能源安全，保障全球能源系统的稳定。他在东京大学法学部所学的知识与技能、合作与谈判等能力为他的国际组织任职生涯提供了坚实的专业基础。

案例五：国际劳工组织跨国企业部高级专家　荒井由希子

　　荒井由希子出生在日本东京，本科毕业于庆应义塾大学法律系（法学学士，1996 年），硕士毕业于美国约翰·霍普金斯大学高级国际研究学院（SAIS），曾在墨西哥教育部担任研究员，在美洲发展银行担任研究助理（国际经济学硕士，辅修拉丁美洲地区研究）。1998 年，她加入世界银行拉丁美洲和加勒比部人类发展司教育部门，从事拉丁美洲大规模教育融资项目和研究工作。2001 年，她作为青年专业人员加入国际劳工组织（ILO），被派往日内瓦的国际消除童工计划工作。2002 年，她被调到劳工组织亚洲和太平洋区域办事处曼谷分处担任减贫和童工问题专家。2006年,她被调到日内瓦劳工组织总部的跨国企业部工作。作为国际劳工组织高级专家,荒井由希子负责全球供应链中的劳工问题和企业社会责任,同时也负责领导和监督全球公司在发展中国家开展的活动。

荒井由希子从高中阶段就有任职国际组织的强烈意愿,在考取大学的时候,她特意选择了拥有国际法学课程、师资力量强大以及拥有较多国际组织实习机会的庆应义塾大学法学部。荒井由希子在任职期间十分注重全球供应链中的劳工问题和企业社会责任,也积极呼吁日本政府应该重视国际组织在解决全球争端中发挥的重要作用,鼓励日本学生进入国际组织实习。可见,庆应义塾大学法学部为她的国际知识储备与全球实践能力发展提供了绝佳平台。

第三节 日本高校培养国际组织人才的三种模式

早在2010年,为改变国际组织中日本籍国际公务员数量严重不足的境况,进一步提高日本籍高级国际公务员的比例,"联合国系统原国际公务员日本协会"向文部科学省及外务省提交"增加联合国组织日本干部数量的提案",希望在部分高校设立国际组织人才培养机构或专门课程,赋予日本高校培养国际公务员的职能定位。该提案还希望通过外务省的政策引领,实施"国际组织干部候选人培训计划",包括为指定的高校提供财政拨款、举行海外实践研修以及组建具有国际组织任职经验的人才体系,来提升高校培养国际公务员的教学质量。经过多年的试点与实践,日本高校现有的国际公务员培训项目主要以特别研修课程的形式实施,一般为拥有国际关系课程的知名或特色高校,其基本职能主要包括三点。

其一,发掘并培养有志成为国际公务员的学生。日本顶尖大学与知名或特色大学通过与国际组织、发展中国家或欠发达地区的政府部门以及公益性法人团体的合作交流,在国际关系、政治、法律以及外语学科中开设国际化课程。课程主要面向硕士与博士生,学生可根据自身的兴趣与职业规划,选修国际公务员特色课程,在结业后获得前往国际组织实习的机会。

其二,为国际组织储备人才开设短期研修课程。日本外务省将率先从政府、学术界、商界和社会中广泛招聘对联合国工作富有热情和拥有专业能力的人才,原则上该类人才需要与联合国任职岗位有直接或间接相关的专业背景,具有至少10年的工作经历。日本部分知名高校负责为有志前往国际组织实习或工作的人士提供有关国际公务员的培训课程,授课内容包括国际组织的基本知识,如历史沿革、架构体系、基本职能以及专业外语。此外,研修课程还应包括个人研修内容,包括针对学员的国际组织任职岗位,定向讲授相关的技能与工作知识以及为任职中的日常生活、安全与风险管理、职位晋升提供具体指导。

其三,为国际组织储备人才提供海外交流与实践活动。国际公务员培育计划原则上还将包括利用联合国实习制度、日本外务省的资金补贴以及国际组织的人事合作项目等,依托高校平台积极选送国际组织储备人才前往相应的国际组织实习两年,修习特定的在职培训课程。上述课程不仅面向国际组织人才,而且包括对国际援助感兴趣的学生,是更为一般意义上的国际性课程。

一、 日本顶尖高校的全球化人才通识课程

"内向型青年"(Inward-looking Youth)是日本社会近年来关注的话题。日本文部科学省的调查显示,日本学生的英语水平排名世界第145位,亚洲第27位,海外留学人数也远低于中美印韩,有59%的学生表示不愿留学。为了应对"国际人才危机",2011年5月,日本成立"促进全球人力资源发展委员会",将培养全球化人才上升为国家战略,提出通过顶尖高校开发"全球人力资源",以此扩大国际组织储备人才的规模。

以东京大学、京都大学、一桥大学为代表的日本顶尖大学拥有卓越的人才培养水平以及崇高的社会地位,其教育目标旨在培养全球的领导者。因此,该类大学将国际化育人理念纳入了学校的办学方针之中,采用通识教育的方式培养国际组织人才。换言之,日本顶尖大学不设立专门的国际组织人才培养机构或专业课程,而是从培养目标上强调人才的国际化。通过分析日本籍国际组织高级别官员的毕业院校分布,本节分别以东京大学、京都大学以及一桥大学的"全球领导者培育项目"(Global Leadership Program,简称GLP)为案例,分析日本顶尖高校培养国际组织人才的举措与特色。

（一）东京大学"全球领导者培育项目"

东京大学是一所位于日本东京的国立综合性研究型大学,亦是公认的日本最高学府。东京大学成立于1877年,前身是"东京帝国大学",是日本第一所现代学制综合大学,2004年依法改制国立大学法人,2017年成为首批"指定国立大学法人"。东京大学的办学理念是"自由、独立、尊重人权",在新的办学理念中明确加入了"本校立志于超越国籍界限、谋求全人类福祉""致力于服务社会而不是政府""为创造人类与自然共存的安全环境而努力"等指导思想。东京大学注重学生的自由发展和知识的自由探索,鼓励学生充分发挥自己的才能和创造力,以推动人类的进步和社会的发展。东京大学培养了众多杰出人才,包括20位诺贝尔奖得主、3位菲尔兹奖得主、2位阿贝尔奖得主、1位克拉福德奖获得者等。

2014年,作为"超级国际化大学计划"的重要组成部分,东京大学发起了面向本科生的"全球领导者培育项目"(Global Leadership Program,简称GLP),旨在培养能够在全校范围内代表东京大学的全球领导者。GLP项目开发了"全球创新和领导力教育课程"(Global Education for Innovation and Leadership,简称GLP-GEfIL课程),主要在本科学习的第二学期(三年级及以后)为依据语言能力和学习动机选拔出来的学生(约100名)提供跨学科的特殊教育课程。GLP-GEfIL课程借鉴了美国暑期项目等国际领导力课程经验,致力于推动学生与来自海外一流大学、企业和国际组织的研究人员进行接触和交流,主动掌握全球领导者的实用技能,课程均以英语和其他外语授课。

GLP-GEfIL课程遵循了跨学科的课程设计理念,重点培养学生的综合实践能力。从课程设计来看,GLP-GEfIL课程强调理论与实践的结合,共包括指定课程、通识课程、实践研究与海外项目三大板块。其中,在本科前期课程中(1～2年级),GLP-GEfIL课程设置了"全球教养""课题解决能力""实用外语能力"三大通识课程,要求学生在两年内修得6学分,在掌握国际前沿热点、政策分析、危机管理以及外交学等专业知识的基础上,至少取得IELTS7.0或者TOEFL\IBT 100的外语能力证书。在本科后期课程中(3～4年级),GLP-GEfIL课程聚焦学生的实践能力,依托东京大学丰富的海外合作学校、国际组织、海外协定机构等国际资源,要求学生通过海外实习和国际课题的实践研究提升外语沟通能力、跨学科的协作能力以及培养解决全球化问题的思维,为学生前往海外学习提供资助。其中,学生需要在本科后期课程中修得 4 学分的"实践研究"与"海外实习项目",还有 2 学分的"全球领导力讲座"和"通识讲座"。

此外,鉴于全球形势的不可预测性与极强的变动性,为避免"全球领导者培育项目"与国际政治时事的脱节,让学生了解最新的国际动态,GLP-GEfIL 课程每年度设置不同的"指定科目"。以 2023 年"GLP 指定科目"为例,"全球领导者培育项目"共设置超过 200 门课程,其中既有以比较文化论、国际关系学、社会生态学为代表的基础知识课程,也有包括俄乌冲突在内的主题研讨会,国际性课程资源极为丰富。与此同时,GLP-GEfIL 课程注重与学校外部多元主体的协作,包括定期邀请国际组织高管、政府部门负责人以及知名企业代表举行讲座,主张在实践与沟通中帮助学生养成全球领导者的品格与能力,丰富学生的社会认知以及提升专业技能。目前,"全球领导者培育项目"与三井住友、三菱、索尼在内的 31 家日本知名企业建立了合作关系,依托东京大学的国际合作网络,每年度为学生前往海外交流或国际实习提供资金保障。

(二) 京都大学研究生院"综合生存学馆"

京都大学(Kyoto University,简称京大),是一所本部位于日本京都市左京区的国立研究型综合大学。京都大学前身是日本第二所旧制帝国大学——京都帝国大学(1897 年),是京都学派的发祥地。作为日本最高学府之一,到 2004 年成为国立大学法人时制定的基本理念也始终秉承"自由校风"的精神。京都大学的基本理念是:"在继承并发扬建校以来形成的自由校风的同时,挑战解决多元化的课题,为地球社会的和谐共存做贡献,因此要以自由与和谐为基础"。京都大学的科研实力在全球享有很高的声誉,被誉为日本"科学家的摇篮",共培育出 19 位诺贝尔奖得主、2 位菲尔兹奖得主、1 位图灵奖得主及 5 名日本首相。

为从实践的角度解决现代社会所面临的复杂性、多维性以及全球性问题,2013 年 4 月,京都大学成立了第 18 个研究生院"综合生存学馆"(Graduate School of Advanced Integrated Studies in Human Survivability,简称 GSAIS),致力于培养能够从实践层面推动社会变革的全球性领导人才。GSAIS项目作为面向博士生的专门课程,坚持精英化的办学理念,每年度仅招收20名博士。在课程理念层面,GSAIS项目旨在整合人文科学、自然科学、社会科学、信息科学等各个专业领域的相关知识,超越人文科学和自然科学的界限,形成有关人类生存能力的集体知识,以此培养融通学术研究与社会实践的综合型全球领导人才。作为京都大学培养全球化创新领导人才的关键项目,GSAIS项目在课程与教学中尤为注重学生解决社会问题的能力。因此,基于跨学科的设计理念,GSAIS项目在培养国际组织人才方面创设了独特的育人模式。

第一,培养学生实践能力的"服务训练"科目。在博士一至二年级期间,GSAIS项目通过与社会福利机构与地域性校外机构的合作,每年度为学生组织指定的"服务训练"科目,既包括国内的社会实践活动,也包括海外的研修课程。2022年,东京大学组织了"芦生研究林"研修、海外服务实践、国际工作露营以及自主志愿者计划四项"服务训练"科目,学生依托"地域沟通平台"进行实践性学习,掌握理解不同的文化与习惯的技能,进而培养基于他者视角的全球规范意识和国际性视野,尤其是对具体社会问题的解决能力。例如,在"海外服务实践"科目中,GSAIS项目与老挝政府及国际年轻人支持协会(WISA)共同组织了"老挝孤儿学校支援计划",学生在该项目中需要基于明确且具体的问题,通过理解现象、设定假设、组织访谈与问卷调查,分析老挝孤儿学校现存的问题与挑战,通过与孤儿院教师的对话和研究,提出具体可行的支持方案。

第二,强化学生国际基础知识的学术讲义"八思"。为扩展学生跨学科的知识视野,掌握作为国际领导者所应具备的综合化技能,GSAIS项目开发了融通不同学科领域的"八思"课程。"八思"课程涵盖人文哲学、经济经营、法律政治、外语、理工、医药生命、环境信息以及艺术学科,共开设了40门特色课程,学生需要从中选择与自身专业背景相近的七大学科,通过与指导老师的沟通与研讨掌握国际领导者的基础知识与技能。在提升学生的社会认知与国际问题意识层面,GSAIS项目设置了"产学官协作研讨会",通过邀请国际组织、行政机构、知名企业以及非政府组织的专家担当兼职老师,以主题研讨的形式激发学生的问题意识,形成对社会结构与全球系统的整体性认知。

第三,增强学生问题解决能力的国际实际活动"武者修行"。在博士三至五年级期间,GSAIS 项目认为让学生在国际实践活动中运用已有的理论知识对于培养国际领导人才尤为重要。因此,为了培养学生作为国际领导者的意识和责任感、让学生明确自身在世界中的身份定位,养成基本的国际性素养,GSAIS 项目组织了"武者修行"。"武者修行"的实习地点会根据学生的兴趣寻找合适的国际组织或知名企业,强调学生的自律、自主意识。京都大学国际交流处的指导老师负责与意向组织提前沟通,在实习过程中通过邮件或网上会议与学生进行日常联络,必要时会对学生进行现场指导。此外,"综合生存学馆"会为学生海外实习提供差旅与生活补助。从"武者修行"的案例来看,GSAIS 项目的实习地原则上必须是海外机构,主要以国际组织为主,包括联合国秘书处、经济合作与发展组织、世界银行以及联合国教科文组织等。

第四,提升学生国际素养的国际教育研讨会。在博士四至五年级期间,为帮助学生建构国际职业能力所必备的知识与技能,GSAIS 项目定期邀请国际组织与政府外事部门高级别官员开展国际教育研讨会,为学生提供与相关领域专家探讨国际热点问题的机会,以此开阔学生的国际视野,培养基本的问题建构能力。除此之外,鉴于学生已有的专业与知识背景存在较大差异,在国际领导能力的开发过程中会面临不同的问题与挑战,因此,GSAIS 项目为不同学生量身定制了个性化的课程,即学生在根据自身兴趣选择"八思"课程模块的同时,GSAIS 项目会为学生安排相关领域的指导教师提供针对性辅导,帮助学生规划五年博士期间的学习计划,在国际实习过程中提供学术层面的帮助。

综合而言,京都大学 GSAIS 打造了系统化的国际领导者培养体系,形成了注重"国际实践"的课程特色。一方面,GSAIS 项目强调学生需要掌握跨学科的国际基础知识,设计了覆盖人文社科与自然科学的"八思"课程体系,基于学生专业背景的不同,为学生提供个性化的师资,确保国际领导能力建构的科学性。另一方面,GSAIS 项目注重国际理论与实践的结合,通过"服务训练"科目增强学生的社会认知,尤其是解决跨国议题的问题解决能力。最后,GSAIS 项目尤为注重学生的国际实践,通过京都大学广泛的国际合作网络为学生提供了大量前往国际组织实习的机会与资助,在国际环境中培养能够从实践层面推动社会变革的全球性领导人才。

（三）　一桥大学"全球领导者培育项目"

一桥大学(Hitotsubashi University)是位于日本东京都国立市与千代田区的一所国立大学,其前身为 1875 年由森有礼及福泽谕吉创立的日本最初的商学院"商法讲习所",2019 年获选为日本政府认证的顶尖大学"指定国立大学法人"。一桥大学是历史最悠久的旧三商大,被视为日本菁英商管人才的摇篮,入学难度在日本数一数二,是日本四大国立名校"东京一工"之一。一桥大学遵循"行业领袖"(Captains of Industry)的办学宗旨,致力于促进先进的、跨学科的和国际化的社会科学研究和教育,其使命是创造知识和培养人才,为解决日本和世界的各种问题的社会创新作出贡献。

一桥大学于 2013 年 4 月启动了"全球领导者培育项目"(Global Leadership Program,简称 GLP),旨在培养全球社会的"工业领袖"。该项目最初始于商业和经济学院,现在已扩展到法学院和社会学学院。其中,一桥大学商学院和经济学院 GLP 项目入选日本文部科学省"全球人才培养推进事业"。从 2022 年的实践情况来看,一桥大学 GLP 项目通常在本科学生一年级结束时选拔约 10 至 15 名优秀学生,为他们提供适合各自学院个性的国际化课程。GLP 项目课程旨在培养全球领导者,尤其强调通过与海外大学合作开设的共同课程、短期海外培训课程以及在长期海外学习课程开展主动学习,以此培养学生的问题解决能力并扩展学生的国际视野,如理论构建能力、制定议程能力、创新能力、外语能力、沟通能力、逻辑思维能力和提出政策建议的能力。作为文部科学省"全球人才培养推进事业",GLP 项目是一桥大学国际化战略的关键一环。一桥大学为所有入选 GLP 项目的学生设置了"全球领导者海外留学制度",入选学生不仅拥有大量前往国际组织实习或海外知名高校留学的机会,而且还能申请专项奖学金,享有高水准的学校平台和资金支持。

以一桥大学最知名的商学院为例,为了培养对经济和社会问题有深刻的认识、志向远大、充满热情、能够积极主动地解决现实挑战的全球领导者,2013 年,一桥大学商学部发起了"涩泽学者项目"(Shibusawa Scholar Program,简称 SSP 项目)。一桥大学商学院 SSP 项目面向本科生,一般从第二学年开始,招收第一学年结束时选出的约 15 名学生。在毕业时达到规定要求的学生,除获得普通文凭外,还可获得 SSP 证书,取得前往国际组织实习的政府推荐书。

从培养目标来看,一桥大学商学院 SSP 项目认为,"正直和激情"是全球领导者首要的精神内核,如果学生缺乏远大的抱负、高尚的道德标准和满腔的国际热情,他们将无法为全球经济和社会发展作出贡献。在此基础上,入选 SSP 项目的学生还必须掌握高水平的专业知识,具备跨越边界、建设社区、解决问题这三项技能。其中,SSP 项目中的一些指定专业课程和研讨会仅限入选 SSP 项目的学生参加。

从课程设计来看,为培养全球社会的"工业领袖",一桥大学商学院 SSP 项目包括"英语专业课程和研讨会"以及"长期海外学习"。首先,英语专业课程和研讨会涵盖商学院四大学术领域(管理、市场营销、会计和金融)的 20 多个科目和指定研讨会,使学生能够循序渐进地学习从基础到应用的跨学科知识。这些科目均由具有丰富海外研究和教学经验的教师讲授。其次,SSP 项目原则上要求学生在第三和第四年进行"长期海外学习",这种长期海外学习主要是前往海外知名高校留学或前往国际组织实习。例如,SSP 项目内部包括"全球领导力发展留学项目",该项目将学生送往哈佛大学、牛津大学、剑桥大学和伦敦政治经济学院(LSE)开展为期 1~2 年的留学。

一桥大学商学院 SSP 项目还与世界各地的大学和机构签订了校际学生交流协议,其中包括联合国、经济合作与发展组织、国际劳工组织、斯坦福大学、加州大学、伦敦亚非学院(SOAS)、高等商学院管理学院(法国)、曼海姆大学(德国)、英属哥伦比亚大学(加拿大)。SSP 项目要求学生必须参加交换生项目,而学校也会提供大量奖学金。

二、 日本知名高校"国际公务员"专项计划

日本部分具有独特建校历史与较强学科特色的知名大学是文部科学省"国际公务员培育计划"的中坚力量,依托与众多国际组织的专项合作项目,常常以设立国际组织培养计划、开设国际组织实习项目、举办国际组织人才研修班的形式,

定向培养国际组织人才。例如,日本广岛大学"和平建设人力资源开发中心"在研究生课程中开设了"国际组织人才选修课程",授课内容包括以联合国为代表的国际组织的基本知识,任职所需的专业技能、外语技能、公文写作与个人的职业规划等,为优秀学生提供前往联合国实习的机会。本节以日本广岛大学、上智大学、神户大学为例,探讨日本知名高校以"专项计划"形式培养国际组织人才的课程设计与教学改革。

(一) 广岛大学"国际发展与合作研究生院"

广岛大学(Hiroshima University,简称"广大"),是一所本部位于日本广岛县东广岛市的一流综合研究型国立大学。1949 年,广岛大学合并广岛地区其余 7 所官立大学及一所广岛的市立大学成为日本首批新制大学。广岛大学将寻求和平的精神、创造新知识、培养丰富人性的教育、与当地社区和国际社会共存以及不断自我转变五项原则作为其办学使命,致力于为人类幸福作出贡献。

1994 年 4 月,广岛大学成立了"国际发展与合作研究生院"(International Development and Cooperation,简称 IDEC),其使命是基于广岛大学的五项原则,培养以解决发展中国家社会问题的国际化人才。IDEC 构建了以国际环境合作、国际和平合作、国际教育合作三大支柱为核心的国际组织人才培养体系,吸引了来自世界各地的众多研究人员和学生,为国际组织培养了大批人才。IDEC 下设发展科学系,致力于培养为国际组织工作的国际公务员、政府官员和科学研究人员。发展科学系聚焦经济发展、政治社会、和平共处、环境管理、社会基础设施发展以及生物资源开发等议题。国际组织人才课程被划分为"通识课程"和"特殊课程"。

"通识课程"旨在夯实国际组织人才的专业背景与知识基础,细分为三大核心课程。第一,"发展政策"强调理论与实践的结合,要求学生聚焦有关可持续发展政策的实施方法,解决发展中国家面临的经济发展、贫困缓解和环境保护等政策难题。学生在前期课程中修读与发展经济学相关的核心课程,包括发展宏观经济学、微观经济学和计量经济学。第二,"技术开发"课程旨在培养学生的专业知识与技能,包括针对亚洲发展中国家的防灾知识、城市规划、海洋开发利用、环境监测技术、生态系统保护管理以及生物资源开发等领域。此外,学生还需要学习城市与交通工程、能源科学与技术、风险管理与技术、生物科学与技术、环境健康科学等学科,以全面提升学生的环境意识和国际问题解决能力。第三,"和平共处"课程。IDEC通过与国际组织和当地社区的合作,增强学生的和平意识,激励学生为人类安全与共存寻求解决方案,学生需要学习有关冲突地区的应急管理以及与其他文化合作交流的课程。

"特殊课程"旨在为学生提供海外实习机会,在海外"项目化"实践活动中提升学生发现问题、分析问题以及解决问题等国际领导能力。IDEC开设的"特殊课程"包括综合博士项目"创建平静与和平的共生社会计划"(与文学、艺术和科学、工程和其他院系的研究生院联合)、德克萨斯大学奥斯汀分校"日美双学位(硕士)项目"、文部科学省"建设和平协作与融合项目"以及"设计低碳社会的国际环境领袖发展计划"等。自1994年成立以来,IDEC已经培养了1968名硕士生和388名博士生,截至2019年5月,共有来自37个国家的267名国际学生在IDEC学习。

1. 国际环境领袖特殊教育项目

广岛大学认为,随着全球气候变暖、生物多样性丧失、荒漠化加剧等全球环境问题的凸显,培养环境领域的国际组织人才迫在眉睫。为此,广岛大学IDEC推出"国际环境领袖特殊教育项目",旨在培养具备国际视野的环境领袖。该类人才可以全面识别国家和地区面临的现实挑战,针对性地设计解决方案。在国际组织人才的培养模式上,"国际环境领袖特殊教育项目"要求学生除了强化自身有关国际环境的专业知识和技能外,还需要从各领域的顶尖专家处获取跨学科的知识,通过与国际学生的合作学习,提升跨文化的沟通技巧。课程结业后,学生将获得一份证书,获得前往国际生物保护组织等国际组织实习的机会。

"国际环境领袖特殊教育项目"包含两门课程,分别是"国际环境合作研究与管理"以及"国际环境合作实践研讨"。"国际环境合作研究与管理"课程旨在让学生深入研究与国际环境合作相关的各种问题,以获得解决全球环境问题所需的社会科学知识和自然科学基础知识。"国际环境合作实践研讨"则帮助学生进行跨学科实践,培养学生的项目管理技能,建立解决复杂环境问题的研究设计能力。自2008年启动以来,"国际环境领袖特殊教育项目"已成为广岛大学国际环境合作的核心教育项目,培养了200多名国际环境领袖。

2. 国际公务员发展特别教育计划

世纪之交以来,国际社会对解决全球性问题,如扶贫、全球环境、和平建设以及传染病防治等方面提出了更强烈的要求,意识到从国际视角解决上述挑战的重要性。其中,在参与应对这些挑战的人力资源中,国际组织人才的职责和责任日益凸显。2011年,IDEC为博士第一学期的学生开发了"国际公务员发展特别教育计划"(A Special Education Program for Young Professionals Preparing for Careers in International Organizations,简称YPPCIO)。该计划旨在支持并培训有志成为国际公务员的学生,帮助他们前往国际组织任职。具体而言,该计划希望培养能够在国际合作与发展领域(国际组织)发挥领导作用的国际性人才。

YPPCIO项目最初是在IEDC与美国得克萨斯大学奥斯汀分校"林登-约翰逊"公共政策学院合作开发的多学位(硕士)课程的基础上衍生而来。近年来,为了使更多学生能够获得解决各种国际问题所必需的前沿知识和技能,YPPCIO项目将目标学生的范围扩大到博士,同时加深了与美国得克萨斯大学奥斯汀分校的合作,参与YPPCIO项目的学生不仅可以在国内学习有关国际组织的基础知识,也可以去海外留学,在国际实践活动中提升跨文化沟通能力,这对有志成为国际公务员的学生弥足珍贵。

在课程实践中,参与YPPCIO项目的学生须完成以下四门必修课程。首先是"国际公务员实践研讨会"(第二学期,2学分),该课程指向项目周期管理能力,YPPCIO项目认为这是国际公务员在实践工作中的必需技能。其次是"国际公务员实务研讨会"(第一学期,2学分),旨在通过实践培训课程为学生提供撰写简历、公文写作和撰写项目报告等实用技能和技巧的训练。最后是"全球实习"(2学分)与"实地工作"(2学分)。YPPCIO通过与周边城市和非政府组织的合作,组织学生开展有关公共政策领域的现场教学,以此帮助学生获得解决不同专业领域问题所需的能力,满足国际组织任职的经验要求。此外,作为课外活动,学生还可以参加由联合国特邀讲师主持的专题讨论会和各类职业发展研讨会，提前了解国际组织的真实日常工作。

（二） 上智大学"国际合作人才培养中心"

上智大学(Sophia University,简称上智)，是一所本部位于日本东京的世界级顶尖私立大学。上智大学是日本超级国际化大学计划、日本 G30 和日本国际化 5 大学(G5)成员之一。上智大学在日本最为注重精英化教育，聚焦外语与国际化教育，以大量留学生、归国子女和外籍教师而闻名，其课程采用全程英语教学，拥有浓厚的国际交流学风，积极与海外高校交流。上智大学以培养 21 世纪的领袖型人才为办学目标，以"与人共生、关爱他人"为教育理念，在完善的跨学科教育机制下培养适应国际社会、具有国际性眼光的智慧学子，其毕业生包括前日本首相细川护熙、前法务大臣岩城光英以及前外务大臣玄叶光一郎等多名日本各界精英。

2015 年 7 月，上智大学设立"国际合作人才培养中心"，旨在以"与人共生、关爱他人"为精神内核，培养能够在国际合作领域与国际组织中发挥积极作用的国际领袖型人才。上智大学国际合作人才培养中心不仅支持中心的学生发展，还关注有希望进入大学并前往国际组织任职的高中生的职业发展，通过汇集自身在国际组织、国际合作的相关活动和国际理解教育方面的经验，引进拥有丰富国际合作经验的师资力量来培养国际组织人才。

1."国际公务员培养"特别课程

上智大学国际合作人才培养中心设有"国际组织人才咨询网络"，其中包括学生、教师以及外部的国际组织专家，他们为中心的运作和发展提供指导。国际合作人才培养中心的教师来自不同的机构和组织，包括联合国机构、国际组织以及非政府组织和跨国公司。国际合作人才培养中心致力于通过开创性的全球通识教育和优秀的外语教育，为学生提供扎实而有洞察力的专业教育，从而培养专门的国际组织人才。此外，上智大学国际合作人才培养中心拥有多层次、多方位的国际合作教学功能，与学生的国际化教育深度融合，为学生未来前往国际组织实习或工作提供物质支持。

上智大学国际合作人才培养中心的"国际公务员培养课程"共有 12 节课程，覆盖春季和秋季学期，即每周三和周六，共持续六周。该课程面向有志成为国际公务员的学生和在职人士，具有显著的"开放性"特点。课程内容涵盖国际组织的基本知识、世界银行以及其他国际组织的公务员人事制度、求职信和简历的撰写技巧、能力面试以及 YPP 和 JPO 考试技巧等方面，强调理论与实践的结合。此外，该课程还面向准备参加联合国 YPP、Vacancies 和 JPO 考试，或者未来有志参与国际公务员考试的社会人士。

专业外语是国际组织人才的基本技能，为此，上智大学国际合作人才培养中心专门开发了"国际公务员培训英语课程"，包含春季和秋季两个学期。该课程是"国际公务员培养课程"的辅助课程，面向有志成为国际公务员的学生和社会人士，旨在让学员深入理解国际组织使用专业英语的工作场景，提升学员的英文写作和沟通能力，包括会议记录、起草文件、摘要写作、撰写报告、部门间备忘录和联合国信函写作以及会议和演讲技巧等。任课教师包括联合国前发言人植木安弘、联合国人力资源前官员茶木久实子、联合国儿童基金会人力资源部前官员玉内美智留、世界银行人力资源前官员村井晓子以及日本外务省国际组织人事中心其他官员等。

2. 紧急人道主义援助课程

2018 年，全球难民和流离失所者的数量达到历史最高水平，世界各地迫切需要紧急人道主义援助人员。为在威胁人们生命和生计的人道主义危机（冲突、自然灾害、传染病等）中作出贡献，2019 年，上智大学国际合作人才培养中心增设了"紧急人道主义援助课程"。

"紧急人道主义援助课程"分为春季和秋季课程，目的是让学生掌握从事紧急人道主义援助工作的基本知识和技能，在以后的职业生涯中加以运用。春季学期的课程旨在让学员了解紧急人道主义援助的范围和原则（如中立性和公正性）、援助的结构、最新趋势和具体问题。秋季学期的课程主要聚焦紧急人道主义援助的专业技能，如项目管理、谈判和安全管理（见表 4-2）。"紧急人道主义援助课程"的授课教师均为在国际组织、非政府组织、日本国际协力事业团、红十字会和私营部门中具有紧急人道主义援助一线经验的专业人士，如联合国教科文组织科索沃特派团教育前官员小松太郎、联合国粮食计划署亚洲区域前主任忍足谦朗、日本国际志愿者中心(JVC)当地代表、耶路撒冷办事处官员木村万里子。除此之外,讲师团还包括红十字国际委员会(ICRC)、联合国难民署、日本援助与救灾自愿组织(JVOAD)、无国界医生组织(MSF)、日本救助儿童会等机构的高级别官员。

表 4-2　紧急人道主义援助课程目录

春季授课内容(共 13 次)	秋季授课内容(共 13 次)
介绍与引入	介绍与引入
紧急人道主义援助的历史、定义、范围和标准	突发事件的项目管理
发展紧急人道主义援助	人道主义紧急情况下的实地技能
紧急人道主义援助的机制: 海外和国内	人道主义紧急情况下的媒体关系
紧急人道主义援助的对象:难民和流离失所者	为人道主义紧急情况筹款
紧急人道主义援助问题(保健、讲卫生运动、教育、食品、性别等)	人道主义紧急情况下的安全管理
反思和职业指导	反思和职业指导

资料来源:上智大学国際協力人材育成センター「緊急人道支援講座」[EB/OL].[2022-07-24]. https://dept.sophia.ac.jp/is/shric/extension-courses/jindo.

3. 曼谷国际组织从业人员培训课程

上智大学国际合作人才培养中心认为,亚洲地区的发展中国家正面临着各种挑战,如缺乏包容和公平的机会、教育质量堪忧,以及亟须加强从学前教育、小学和中学教育、高等教育、非正规教育和终身教育在内的各种教育管理,迫切需要拥有高水平专业知识的从业人员。为此,上智大学国际合作人才培养中心开设了"曼谷国际组织从业人员培训课程"。

"曼谷国际组织从业人员培训课程"授课形式为在线课程,面向即将前往曼谷国际组织实习或工作的社会人士和学生。"国际教育发展与合作"是可持续发展教育的重要目标,被曼谷国际组织从业人员培训课程置于优先地位。该课程旨在帮助学员达成以下目标。一是听取各国际组织工作人员(前任和现任)的情况介绍,了解亚洲地区特别是东盟地区面临的国际教育发展和国际教育合作的各种挑战,提供解决方案。二是学生通过与国际组织专家的沟通与交流,了解国际组织工作的真实情况,明晰自身作为国际公务员的价值与意义。三是学习国际组织开展工作所需的实用知识和基本技能。"曼谷国际组织从业人员培训课程"主要由东南亚地区的国际组织的工作人员讲授,包括世界银行特别任命前官员和亚洲开发银行前首席教育专家广里恭史、世界银行前教育经济学家小川启一以及亚洲银行前首席经济学家和经济研究与区域合作部前主任泽田康幸等。

(三) 神户大学"国际合作研究院"

神户大学(Kobe University,简称神大),是日本最为顶尖的国立大学之一。作为具有优良传统的旧制商业学校,神户大学以经营学最负盛名,是日本现代经营学研究的发祥地,同时也是日本唯一拥有国际文化学"本硕博一贯制"教育体制的国立大学。神户大学的办学理念是"知识与实践相结合",坚持"真挚""自由""合作"的办学精神,致力于成为"在先进研究以及文理融合研究上有卓越成就的大学"。神户大学的毕业生广泛活跃于日本财界与经济界,出身神大的财界领袖甚多,包括东芝、松下、资生堂、格力高等著名跨国企业的董事长、总裁,其校友还涵盖1名日本首相、3位诺贝尔奖得主、近50名国会议员以及多位学术名家。

1992年,神户大学创立了"国际合作研究院"(Graduate School of International Cooperation Studies,简称GSICS),旨在培养有志于在国际舞台上发挥积极作用并在毕业后为国际社会的发展作出贡献的优秀人才,如进入国际组织、开展海外援助以及成为外交官员等。早在2008年,神户大学国际合作研究院就被列入文部科学省"国际公务员培训计划"之中。该计划的推出背景是日本许多学生怀有成为国际公务员的志向,但缺乏系统而全面的国际组织人才教育体系(包括其他研究生院)以及用以培养国际公务员所需的必备技能与知识。因此,"国际公务员培训计划"的核心目标是提升国际组织人才的培养层次,聚焦硕士和博士教育课程,旨在培养具备全球竞争力的国际公务员,在过去15年为各个国际组织培养了大批杰出人才，为国际社会的进步作出了积极贡献。

1. GSICS 国际合作课程的设计理念

GSICS 鼓励有志于成为国际公务员的学生通过修读英语专业课程提升语言能力，通过海外培训和实习获得实践经验，这是成为包括国际公务员在内的全球化人才所必需的教育训练。GSICS 已成立由神户大学研究生院院长直接领导的执行委员会推动实施该计划，由一位具有国际公务员经验的客座副教授担任整体顾问，确保国际公务员培养课程的科学性与有效性。从课程的设计理念来看，GSICS 国际合作课程具有以下几点特色。

其一，跨学科教育与研究体系。GSICS 认为"相互理解"和"尊重人权"是实现以共生为基础的人类社会所不可或缺的，为了实现这一目标，GSICS 聚焦国际学、发展经济学、国际法与发展法学、政治与地区研究四个专业，对经济、政治、法律、教育、医疗和灾害管理等课程进行了整合，开发基于跨学科理念的"国际教育课程"，在此基础上创设以培养国际公务员为目标的"核心课程"，推动既注重专业性又注重跨学科性的教育和研究。GSICS 鼓励学生选择与意向国际组织相关联的核心课程。来自不同专业领域的学生能够带来多元化的视角和知识，从而促进更深入的讨论和知识交流，针对性培养自身的跨学科能力。

其二，灵活的课程组织与项目架设。为了培养学生具有广阔学识以及提升综合素养，GSICS 的课程设置十分灵活。一方面，GSICS 通过与经济经营研究所、大学教育推进机构、都市安全研究中心等机构合作，与国际组织、海外大学、对外援助机构等外部机构的协作，将国际组织的基础知识与全球政局洞察融入以培养国际公务员为目标的"核心课程"之中，打通了法学、经济学、医学、保健学、工学五个研究领域之间的壁垒，为学生提供兼顾跨学科基础知识训练以及扩展国际视野的学习环境，能够帮助学生更好地适应现代社会多样化、复杂化的挑战。另一方面，基于神户大学"知识与实践相结合"的办学理念，GSICS 还强调基础研究、理论研究和实证研究的重要性，这种综合的研究态度有助于培养学生应对日益多样化、复杂化、多变的问题的能力。因此，GSICS 注重培养学生全面发展的能力，强调项目式学习、主动学习以及合作学习教学方法的运用，帮助学生在不同领域和复杂环境中获得所需的技能。

其三,课程设计极具多元性与开放性。GSICS除了拥有全职教师外,还邀请国内外国际合作领域的实务专家和专业人士作为客座教师或兼职讲师。这种多元化的教师团队,融合了不同背景和经验的教学力量,为学生提供了更丰富的学术资源和实践经验。此外,GSICS开发的"国际公务员核心课程"不仅面向学生,还包括具有国际经验、社会经验以及学术背景的社会人士。学员涵盖了从企业员工、公务员到NGO工作人员、记者、教师、医生、护士、助产士、药剂师、青年海外协力队的前任成员等多种身份,以培养涵盖国际合作各个领域的多样化人才。

2. GSICS 国际合作课程的基本框架

GSICS国际合作课程的核心是帮助学生获得扎实的专业知识、实践能力、专业外语能力以及海外实习经验(见表4-3)。具体而言,GSICS"国际公务员核心课程"侧重于帮助学生提升以下三个方面能力:专业知识(通过学习与国际法相关的专业课程并获得博士学位)、实用技能(包括海外实践培训、现任国际公务员的职业研讨会、长期国际组织实习等)以及外语能力(如学习英语专业课程)。为了实现上述目标,GSICS采取了以下举措。其一,为国际公务员培训课程制定专门的课程和教学方法,包括与积极从事人力资源开发的国际组织官员和具有国际公务员培养经验的大学开展合作与交流,制定专门的国际组织人才培养方案。其二,设立国际公务员培训所需的新课程并改革现有课程,如由具有国际组织工作经验的专家开设专业课程(客座副教授),将现有的相关硕士课程定位为国际公务员培训课程的入门课程。其三,提供由现任或前任国际组织官员举办的综合研讨会、职业研讨会和职业咨询会议,增强学生对于国际公务员的认知,扩展其国际视野。授课讲师大多来自世界银行、教科文组织、日本外务省和活跃在国际领域的专家。其四,GSICS还将为本科生和博士生提供特别宣讲讲座与研修课程,吸引具有不同专业或社会背景的优秀学生参加该课程,同时培训专门从事法律的国际公务员(法律官员)。

表 4-3　神户大学国际合作研究院国际公务员硕士核心课程

硕士（国际学）	硕士一年级		硕士二年级
综合素养	跨国关系理论 发展微观经济学 统计方法 发展与人权法	发展社会研究理论 发展宏观经济学 国际合作法 地区比较研究	非专业研究生课程 其他研究生院开设的课程
专业技能	全球政治I、Ⅱ 国际安全 高级跨国关系 发展评估 非洲经济 发展人类学 高级发展管理 比较教育发展 教育发展评估 传染病对策理论 流行病学和公共卫生导论 国际援助政策 国际灾害管理 水环境管理规划	环境地球工程 援助管理 发展管理 人力资源开发 非洲政治 环太平洋地区现代史 比较教育规划 教育发展 国际卫生保健 国际变革 城市与区域规划 环境与文化形成 灾后重建	隔年开设的第一年 未开设的课程等
国际实践	海外援助实践　专业实习　专业英语 双学位课程　国际组织实习　海外学校交流项目		
沟通创造	跨国关系理论练习　发展管理理论练习　教育合作练习 硕士论文　卫生与医疗保健练习　国际灾害管理练习		

资料来源：神户大学大学院国際協力研究科.教育課程の編成・実施方針（カリキュラム・ポリシー）［EB/OL］.［2022-07-24］. http://www.gsics.kobe-u.ac.jp/files/Curriculum_Policy.pdf.

3. GSICS 国际合作课程的合作网络

作为国际公务员教育课程的一部分,GSICS 通过"政策问题应对基金"为学生提供部分费用(如差旅费和生活费),以此激励学生前往国际组织或海外援助机构开展实习。补贴的条件原则是实习目的地必须是国际组织,优先考虑可获得研究生学分的实习,实习内容和时间将有助于帮助学生走上国际公务员的职业道路。在神户大学的努力下,GSICS 与众多国际组织和对外援助机构签订了学生实习协议,扩大了海外合作伙伴数量,在国际公务员海外实习课程中加以应用。具体而言,GSICS 已经与 16 个政府机构或国际组织建立了合作伙伴关系,包括日本国际合作银行、也门教育部、联合国大学、联合国开发计划署柬埔寨办事处、日内瓦国际组织日本职员协会、马拉维大学教育研究和培训中心、乌干达教育部和联合国生物多样性公约秘书处等。例如,2009 年,GSICS 的 8 名学生在乌干达教育部进行了为期一个月的实习,此外还有学生在肯雅塔大学研究生院、JICA 马拉维办事处和老挝国立大学实习。近年来,GSICS 的学生先后前往联合国生物多样性公约秘书处、柬埔寨红色高棉特别法庭、世界银行、联合国人权事务高级专员办事处、联合国裁军研究所等机构实习,实习时间从 3 个月到 6 个月不等。

三、 日本特色高校的“国际援助与海外实践”定向课程

日本有着开放的国际组织人才培养路径,面向国际组织的“国际公务员”与面向对外援助的“国际志愿者”互为补充,共同成为日本活跃于国际舞台的关键外交资源。相较于国际公务员扮演信息传递、规则制定、议题引导、话语争夺等顶层博弈角色,国际志愿者被称为“看得见脸庞的人”,承担现场支援、理念传播、友好亲善、人才育成的特殊职能。在日本,国际志愿者与国际公务员互为补充,两者在各自的职业历程中可以进行身份转换。一方面,参与对外援助活动通常是日本高校培养国际公务员过程中“海外实践课程”的重要环节,学生在对外援助中积累的海外工作经验也使其在国际公务员招录中拥有较强的竞争优势,即从国际志愿者到国际公务员的身份转变。另一方面,日本籍国际公务员任期结束后通常可以返聘为对外援助专家,将自己的专业技能与国际洞察运用于海外援助,实现从国际公务员到国际志愿者的身份转换。因此,从某种意义上来看,国际公务员与国际志愿者都是日本高校培养国际组织人才的重要归宿。

得益于日本对海外援助事业的高度重视,日本国际志愿者的规模十分庞大,也可以将其视为日本国际组织储备人才。日本外务省下辖的“国际协力机构”(Japan International Cooperation Agency,简称 JICA)先后成立“青年海外协力队”(Japan Overseas Cooperation Volunteers)“专家协力队”(Senior Volunteers)“日系社会青年协力队”(Youth Volunteers for Nikkei Communities)“日系社会专家协力队”(Senior Volunteers for Nikkei Communities)4 类国际志愿者。截至 2023 年,

JICA 已向全球 95 个国家和地区选送了超过 5 万名国际志愿者,覆盖商业、农业、教育、医疗、矿工、能源、公共福利等九大领域的 120 类职业。日本外务省发现,有大量国际志愿者在援助活动结束后成功进入国际组织,因而国际志愿者组织在提升日本中青年国际公务员数量方面至关重要。

随着日本对外援助视角从经济、技术援助转向促进和平、消除贫困、促成性别平等、环境保护等全球性议题,为了面向关键领域培养高度专业的国际志愿者,JICA 探索出"外部合作"的国际志愿者培养体系。"外部合作"是指高校演化为国际协力机构定向培养国际志愿者的"知识据点"和"人才枢纽"。国际协力机构通过与高校开展技术指导、调查研究、实习项目、合作课程、项目评价等活动,在扩展国际志愿者选送渠道的同时,培养全球化人才。2014 年,国际协力机构发起了"大学合作志愿者派遣计划",先后与 29 所高校签订合作协议,依托高校的师生资源与学科优势,定向培养教育类国际志愿者。高校国际志愿者定向培养项目的派遣期限具有灵活性,一般在学生暑假时期进行,学生也可通过高校休学制度参与国际志愿活动。协定高校大多开设国际志愿者"特别项目",实施"通识+专业"的国际志愿者培养课程(见表 4-4)。

表 4-4　日本国际协力机构"大学合作志愿者计划"协定校(部分)

院　校	定向援助国	起始年份	合作领域
樱美林大学	哥斯达黎加	2015	青少年育成
鹿儿岛大学	哥伦比亚 圣卢西亚	2015	水产渔业领域的可持续开发
关西学院大学	斯里兰卡	2014	体育活动推广和青年发展
京都大学	孟加拉国	2014	社区教育的开发与振兴
筑波大学	柬埔寨 马来西亚	2014	日式体育活动推广 日本语教育
中央大学	泰国	2014	信息技术教育开发
中京大学	博茨瓦纳 阿根廷	2017	推广垒球运动、青少年育成 柔道运动推广
东京海洋大学	哥伦比亚 圣卢西亚	2015	水产渔业领域的可持续开发

院 校	定向援助国	起始年份	合作领域
东京学艺大学	老 挝	2015	生态健康教育传播
鸣门教育大学	牙买加	2016	数学教育质量改进计划
日本大学	乌干达	2015	水稻技术转移
日本体育大学	尼泊尔 巴 西	2014	体育教育推广
广岛大学	赞比亚	2017	理科教育、数学教育 柔道推广
横滨国立大学	基里巴斯 汤 加	2014	生活习惯病害防治

资料来源：独立行政法人国際協力機構.大学連携ボランティア覚書締結校［EB/OL］.（2017-10-26）［2023-10-26］. https://www.jica.go.jp/activities/schemes/partner/college/index.html.

本 章 结 语

日本高校国际组织人才培养职能的生成与演进具有显著的"服务国家外交"的价值属性，如果不探究其历史背景，就难以深入理解日本高校培养国际组织人才的动因，更无法从价值视角探析其路径与方法。我们应该注意的是，作为第二次世界大战的战败国，日本对恢复多边外交关系、修复国际形象以及谋求重返国际舞台的迫切需求，促使其高度重视以联合国为中心的多边外交，在承担国际组织的高额会费、培养与选送国际组织人才以及开展对外援助等国际责任方面付出了巨大努力。一方面，21世纪以来，日本谋求与自身经济地位相称的国际政治地位，要求日本更为重视国际组织的话语博弈价值，而国际组织人才则是承担这一职责的核心力量。另一方面，日本籍国际公务员较少的人员数量与日本缴纳的巨额会费之间的差距也迫使日本需要扩大国际组织人才的培养规模，而高校则逐渐成为日本培养国际组织人才的关键平台。基于这一背景，日本高校在培养国际组织人才方面具有其他国家难以比拟的两大显著优势。

其一，政府强有力的政策倾斜与财政支持。为了改变日本籍国际公务员不足的境况,提高日本籍国际组织高管的数量,日本高度重视培养国际组织人才,逐渐赋予部分顶尖院校培养国际组织人才的功能定位。为引导部分高校承担国际组织人才培养职能,激发其培养动力,日本外务省发起了"国际公务员培养计划"与"全球人才培养推进事业",专门设立"国际组织职员信托基金",为部分知名高校培养国际组织人才提供财政扶持的同时,也积极发挥政府的海外合作关系,为相关毕业生提供基于"国家背书"的国际组织实习机会。例如,日本政府在拓宽国际组织人才派遣渠道的同时,也积极在各国立大学、私立大学以及高等专门学校开发国际公务员培养课程或研修项目,不定期举行国际公务员选拔讲座,委托外务省国际组织人事中心和新闻媒体及时发布有关国际组织的职位空缺信息、职位要求明细和选拔流程,为立志前往国际组织工作的高校毕业生或社会人士提供包括职前训练以及职后保障在内的全过程制度支持,有效激发了学生成为国际公务员的热情。

其二,丰富且优质的国际组织实习或海外援助实践机会。得益于日本对国际组织的高度重视以及完备的海外援助体系,日本的全球影响力不断提升,这不仅使得日本成为国际组织落户最多的国家之一,而且也让日本与世界各地的国际组织、海外大学、公益组织建立了广泛而深入的合作关系,形成了高度国际化的国际组织人才培养环境。一方面,根据日本外务省"驻日国际机构目录"数据显示,50 多个重要国际组织落户日本,成为全球国际组织最多的国家之一。此外,日本护照也是全球认可度最高、免签国家最多的护照。另一方面,以"国际协力机构"为代表的日本本土的国际性机构也在世界各地广泛开展对外文化传播与海外援助事业。截至 2023 年,JICA 已在全球 95 个国家和地区拥有近百所驻外支部,选送了超过 5 万名国际志愿者,覆盖商业、农业、教育、医疗、矿工、能源、公共福利等九大领域的 120 类职业。事实上,对于日本高校而言,培养国际组织人才的关键一环是通过海外实习提升学生的国际视野和实践能力,以此养成作为国际领导者的全球素养与跨文化交际能力,而依托众多国际组织的合作网络与 JICA 的对外援助机会是实现上述目标的绝佳资源。

从日本高校培养国际组织人才的方法与路径来看,日本形成了一套以"政府引导与院校自主"为特征的国际组织人才培养体系,有效提高了顶尖大学对国际组织人才培养职能的积极性。其中,分层分类的国际组织人才培养体系也有利于精准对接日本所需国际公务员的潜在需求,提升高校培养国际组织人才的质量,缓解政府财政压力。当下,基于办学理念与学校层次的不同,日本相关高校在课程与教学层面创设出通识课程、核心课程、职业训练、海外实习在内的特色化国际组织人才课程模式,兼顾了国际组织人才提升基础知识与技能以及养成国际素养与全球视野的综合发展需求。总体而言,日本高校培养国际组织人才的路径与方法具有以下三点特色。

第一,分层分类的高校国际组织人才培养模式。日本依托国际组织的统一招聘路径,因此,日本高校基于国际组织的选聘标准,主要承担培养国际组织储备人才与开展国际组织人才入职前研修的职能定位。从根本上来看,虽然日本籍国际公务员的数量严重不足,但也存在既定的名额区间,且因为国际公务员较高的职业定位与严苛的招聘要求,让所有高校均承担培养国际组织人才的职能显然是对高校资源的不合理配置,同时也难以保证国际组织人才的培养质量。因此,日本政府“国际公务员培养计划”与“全球人才培养推进事业”仅面向部分顶尖院校、知名院校与特色高校,带有较强的“精英教育”取向。其中,以东京大学、京都大学、一桥大学为代表的日本顶尖院校已经将培养全球化领袖融入自身的办学理念之中,依托学校的全球影响力和其他院校难以比拟的学校资源,通过通识类课程培养国际组织人才。以广岛大学、上智大学、神户大学为代表的日本知名高校,由于其与国际和平与发展相关的建校背景以及独特的学校育人理念,成为日本文部科学省或外务省“国际公务员培养计划”与“全球人才培养推进事业”的重点建设对象,通常以“专项计划”的形式为指定国际组织培养定向的国际组织人才,为国际公务员开展入职前培训。此外,以东京学艺大学、日本体育大学为代表的日本特色高校得益于自身较强的学科特色,通过与“国际协力机构”的定向合作,在培养国际志愿者与全球化人才方面具有积极贡献,因而成了日本高校培养国际组织人才体系中的重要补充。

第二,为有志成为国际公务员的人士提供开放课程。一般意义上认为,高校培养国际组织人才的主要人群是学生,即通过国际公务员课程将具有与国际组织相关专业背景的学生培养为专门的国际组织人才。然而,日本高校国际组织人才培养的经验表明,以国际公务员为目标的人才培养模式极具风险性。当高校培养的国际组织人才成为国际公务员的机会充满不确定时,高校的主要目标不是培养专门的国际组织人才，而是培养具有国际视野与海外实践经验的全球化人才，在最大程度提升学生成为国际公务员概率的同时，确保相关学生进入其他行业的竞争力，即"托底"功效。一方面，日本高校培养国际组织人才的体系具有显著的开放性，其培养对象既包括学生，同时也面向社会人士。例如，上智大学"国际公务员培养"特别课程与神户大学 GSICS 允许社会人士参与，通过专门课程了解国际组织的基本知识，掌握前往国际组织任职的工作技巧与技能要求。另一方面，日本高校培养国际组织人才的重点之一是提高学生从事国际组织工作的兴趣。因此，日本高校的国际公务员课程通过海外留学或前往国际组织实习的激励环节增强学生的参与热情，将课程对象延伸至部分高中生，以此增加潜在的国际组织储备人才数量。

第三，集通识课程与实践课程于一体的跨学科培养课程。纵观日本各高校国际组织人才培养课程，几乎所有高校都强调跨学科的课程设计理念，即在强化国际组织人才既有的专业知识与基础的同时，增强其对国际政治、经济、文化乃至自然知识的综合认知，始终是日本高校培养国际组织人才的关键。在跨学科课程的基础上，日本高校也极为注重学生的海外实践，将其视为培养国际组织人才的必要环节。例如，东京大学要求学生通过海外实习和国际课题的实践研究提升外语沟通能力、跨学科的协作能力以及培养解决全球化问题的思维，为学生前往海外学习提供资助。广岛大学的"特殊课程"也注重为学生提供海外实习机会，希望在海外"项目化"实践活动中提升学生的发现问题、分析问题以及解决问题等国际领导能力。一桥大学的 GLP 项目课程也尤其强调通过与海外大学合作开设的共同课程、短期海外培训课程以及长期海外学习课程开展主动学习，以此培养学生的问题解决能力并扩展学生的国际视野。综合而言，在课程实践上，日本高校培养国际组织人才的基本路径是：基于跨学科的设计理念，在夯实学生专业知识与技能的基础上，通过海外实践课程扩展学生的国际视野、跨文化沟通能力、问题解决能力以及外语能力。其中，项目式学习、主动学习始终是日本高校培养国际组织人才的重要教学模式。

第五章
国际组织人才培养：荷兰高校怎么做[①]

　　在为国际组织参与全球治理的人力和智力资源提供方面，许多国家的高等教育机构发挥着重要作用。[②]其中，荷兰高校在国家政策支持和高等教育国际化战略的驱动下，充分利用协同优势网络，培养具有全球视野、知识技能和经验丰富的、能为社会服务的跨学科、国际化人才。很多荷兰高校学生毕业后在国际组织任职，担任各类职务，参与全球治理。

第一节　具有荷兰高校教育背景的国际组织人才履历特征

　　本研究对北约(NATO)、联合国(UN)、联合国粮食及农业组织(FAO)、常设仲裁法院(PCA)、世界贸易组织(WTO)、国际法学家委员会(ICJ)、伊朗-美国索赔法庭(IUSCT)、欧盟审计院(ECA)、欧洲央行(ECB)、欧洲投资银行(EIB)、欧盟委员会(EC)、世界知识产权组织(WIPO)、世界气象组织(WMO)、欧洲复兴开发银行(EBRD)、国际农业发展基金(IFAD)、海牙国际私法会议(HCCH)、欧洲安全

[①]　这部分为上海师范大学李珍和闫温乐的共同研究成果，已得到授权。
[②]　郭婧.英国高校国际组织人才培养与输送研究[J].比较教育研究,2019, 41(2):12—19.

与合作组织(OSCE)等国际组织中具有荷兰高校教育背景的 43 位高级官员的履历进行分析,发现这些国际组织官员的教育经历呈现以下特征。

首先,43 位高级官员均获得硕士及以上学历,毕业学校主要集中在荷兰 13 所研究型大学(见表 5-1)。总体来看,43 位官员在荷兰就读的学校层次水平较高,多属于全球顶尖研究型大学。在泰晤士高等教育世界大学排名(The Higher Education World University Rankings,简称 THE 世界大学排名)和 US News 世界大学排名(U.S. News & World Report Best Global University Rankings)中,有 31 位高级官员在全球排名前 100 名的荷兰高校就读,其中就读人数最多的莱顿大学(9 人)、阿姆斯特丹大学(8 人)、格罗宁根大学(5 人)在 THE 世界大学排名和 US News 世界大学排名中分别为第 71 位和 86 位,第 65 位和 38 位,第 80 位和 88 位。[1][2]

表 5-1 荷兰高校教育背景的 43 位国际组织官员就读院校分布以及世界排名

毕业院校	人数	THE 世界大学排名	US NEWS 世界大学排名
莱顿大学	9	71	86
阿姆斯特丹大学	8	65	38
格罗宁根大学	5	80	88
伊拉斯谟大学	4	72	62
瓦赫宁根大学与研究	3	53	80
乌特勒支大学	2	69	48
马斯特里赫特大学	2	127	190
阿姆斯特丹自由大学	1	115	无
奈梅亨大学	1	139	107
蒂尔堡大学	1	108	537
其 他	7	无	无

---

① The Times Higher Education. World University Rankings 2022[EB/OL]. [2022-02-07]. https://www. timeshighereducation. com/world-university-rankings/2022/world-ranking #!/page/0/length/25/sort_by/rank/sort_order/asc/cols/stats.

② U.S.NEWS. 2022 Best Global Universities Rankings[EB/OL]. [2022-02-07]. https://www.usnews.com/education/best-global-universities/rankings?int＝top_nav_Global_Universities.

通过履历分析和研究后发现,43 位高级官员的专业主要是法学、经济学、工商管理、发展研究、政治科学和国际关系等社会科学领域。对这些官员的专业背景进行聚类分析发现,法学(包括国际与欧盟法、国际法、荷兰法、国际与欧洲税法等)、经济学(经济规划与发展、农业与环境经济学、自然资源与发展经济学等)以及工商管理是最为集中的学习专业。其中学习法学专业的高级官员有 19 人(44%),就读学校主要集中在莱顿大学(7 人)、阿姆斯特丹大学(5 人)和格罗宁根大学(2 人)。由此可见,荷兰高校法学专业在培养法律类国际组织高级官员方面作用卓著,这与荷兰在全球法学教育领域的优势地位密切相关。在荷兰,除代尔夫特理工大学、埃因霍温理工大学、瓦赫宁根大学外,其他 10 所研究型大学均设有法学专业,且有 7 所大学的法学专业在 THE 世界大学排名中居于全球前100 位。[1]

进一步研究发现,43 位高级官员就读的专业与国际组织类型及其职位要求匹配度较高。例如,毕业于法学专业的官员主要在常设仲裁法院、国际法学家委员会、伊朗-美国索赔法庭、欧洲审计院等法律类国际组织中担任秘书长、总干事、法律顾问、仲裁员、政策官员等职务,而学习经济学和工商管理的官员则主要在世界贸易组织、欧洲复兴开发银行、欧洲委员会、国际农业发展基金等经济类国际组织中担任主席、经济分析师、司长和财务主管等职务。总体来看,43 位高级官员就职的法律类和经济类国际组织均位于欧洲地区,尤其集中在比利时(北约 5人)、荷兰海牙(常设仲裁法院 5 人、海牙国际私法会议 1 人)、意大利罗马(国际农业发展基金 6 人)、法国斯特拉斯堡(欧盟委员会 5 人)、卢森堡(欧盟审计院3 人)。由此可见,荷兰高校输出的国际组织人才就业取向有一定的地理倾向性。不可否认的是,这与荷兰在欧洲地区尤其是在北约和欧盟等国际组织中发挥的重要作用有一定的联系。[2]

① The Times Higher Education. World University Rankings 2022 by subject:law[EB/OL].[2022-02-07].https://www.timeshighereducation.com/world-university-rankings/2022/subject-ranking/law#!/page/0/length/25/sort_by/rank/sort_order/asc/cols/stats.

② 李源.西欧小国的"功能型中心"现象研究——以低地国家荷兰、比利时和卢森堡为例[J].欧洲研究,2016,34(3):44—64+166.

前文分析到 43 位国际组织高级官员均拥有硕士及以上学历,19 名官员的专业均是法学,因此本研究进一步研究了全球最具权威的"全球法学硕士项目"(Master of Laws Programs Worldwide)网站 LLM.GUIDE 公布的全球各类法学硕士项目排名。其中莱顿大学、阿姆斯特丹大学,格罗宁根大学的国际公法(Public International Law)硕士项目,格罗宁根大学的能源法硕士项目,莱顿大学的人权法硕士项目,蒂尔堡大学、马斯特赫里特大学、阿姆斯特丹大学的国际税法硕士项目,乌特勒支大学、马斯特赫里特大学、蒂尔堡大学,阿姆斯特丹大学的欧盟法硕士项目等均排名全球前 10 位;其次,该网站公布的 2022 年全球最受欢迎的 100 所法学院中,莱顿大学法学院排名第 12 位、阿姆斯特丹法学院第 17 位、格罗宁根法学院第 22 位;欧洲最受欢迎的法学院中,前三位也同样是莱顿大学、阿姆斯特丹大学、格罗宁根大学。[1]

综上发现,荷兰高校的法学专业在国际组织人才培养和输出方面有着不容忽视的影响。因此,本章主要选取 43 位国际组织高级官员中,法学专业人数前三以及在全球法学专业项目排名靠前的莱顿大学、阿姆斯特丹大学和格罗宁根大学作为主要案例,分析它们培养和输出国际组织人才的经验。

第二节　荷兰高校如何培养国际组织人才:
以法学专业为例

荷兰高校法学专业在全球法学领域享有盛誉。在国际组织人才培养和输出方面,以莱顿大学、阿姆斯特丹大学和格罗宁根大学为代表的荷兰高校法学专业通过开设完备的课程体系、充分发展学生的国际组织胜任力,同时设置国际组织直接相关课程,拓展学生的学习和研究兴趣,通过有效利用国际组织资源、提供各类专业发展实践活动等措施为国际组织培养和输出国际化的法律人才。

---

① LLMGUIDE. Master of Laws Programs Worldwide. Top 10 lists[EB/OL]. [2022-02-08]. https://llm-guide.com/lists.

一、 荷兰三所高校法学专业特点分析

（一） 莱顿大学

莱顿大学法学专业在 THE 世界大学排名中位于第 27 位,在荷兰排名第一位。莱顿法学院在莱顿和海牙均设有校区。海牙校区关注的主题大部分与法律有关,如国际法、和平与安全、全球化和国际关系、政治、公共行政和公共财政。值得一提的是,为国际法的知识传播做出突出贡献的格劳秀斯国际法研究中心正位于海牙中心,与国际法院和国际刑事法院共同赋予了海牙国际和平与正义之城以及国际治理中心的地位。

莱顿大学法学院的教育和研究重点主要是荷兰的法律制度,同时在教学和研究国际法和欧洲法方面也享有盛誉。法学院的本科教育主要集中在法律、公证法、税法和犯罪学四个领域,均用荷兰语授课。硕士教育包含 16 个常规的硕士项目和 11 个高级硕士项目。前者以荷兰语授课为主,其中 5 个英语授课的项目分别是:比较刑事司法、欧洲法、法律和社会、国际公法。高级硕士项目均用英语授课,主要有航空和空间法、欧洲和国际商法、欧洲和国际人权法、国际刑法、国际公法等。英语授课项目之多,足见莱顿大学法学院国际化程度之高,这也解释了每年在莱顿法学院学习法律的 900 多名学生中,国际学生就有 700 名左右。法学院也招收博士生,博士课程由国际航空和空间法研究所、范沃尔伦霍芬研究所和格劳秀斯国际法律研究中心提供,主要培养博士生的研究技能、可迁移技能与个性化能力。

此外,凡是有进取心和能力的学生均可参加莱顿大学的荣誉学院项目。荷兰荣誉教育是针对不同院系和各个阶段(高中生、本科生、硕士生)开设的多学科、挑战性项目,旨在培养精英化高层次人才,如荣誉学院的莱顿领导力项目(Leiden Leadership Programme)和国际莱顿领导力项目(International Leiden Leadership Programme),意在培养学生的领导力。

为扩展、深化和分享学生的知识,莱顿大学法学院与纽约哥伦比亚大学以及格老秀斯国际法律研究中心合作,为在法律、商业、政府、国际组织或相关领域从

事实务工作的法律硕士及法律专业毕业生提供暑期学校课程,如哥伦比亚暑期项目、杜克-莱顿全球和跨国法律研究所项目、国际刑法:从理论到实践项目等。

在研究领域,莱顿法学院有 8 个宽泛的研究项目和一个特定的研究领域,研究项目包括在多层司法管辖的世界中法律和治理的合法性和有效性、欧盟法律的发展:适应变化和坚持价值观、在多元主义世界中有效保护基本权利等。特定的研究领域主要研究法律系统之间的相互作用,旨在理解不同级别司法管辖权之间的复杂相互作用,解决由此产生的问题。法学院全部的研究项目都是由不同法律学科的研究人员一起进行的,旨在通过不同学科的研究人员之间的互动来发现重要的研究问题,结合跨学科优势共同为解决问题提供创新解决方案。研究成果可以发表在莱顿法学院出版的许多备受推崇的法律期刊上,如由欧洲法律研究所出版的《共同市场法律评论》(Common Market Law Review)和在国际公法领域享誉全球的《莱顿国际法期刊》(Leiden Journal of International Law)。由此可见,莱顿大学法学院的科研实力非常强劲。

在国际合作方面,莱顿大学法学院不仅签订了 80 多项国际交换项目,还参与了包括法学院研究战略联盟和欧洲研究型大学联盟在内的各种国际网络。

莱顿大学法学院主要通过培养学生、鼓励师生参与国内外的社会辩论以及专业实践来产生社会影响。例如,莱顿大学法学院与海牙地方法院保持长期合作关系,为法学院学生提供专题讨论会、大师班、实习、担任模拟法庭法官和民事诉讼主席等实践机会。此外,莱顿法学院、南荷兰省和莱顿市正在筹备"莱顿法律公园"项目,旨在促进科学和教育等不同学科之间在区域、国家和国际的法律、伦理和技术等层面展开广泛合作,为法律服务提供商、法律技术公司、国际企业分支机构和各类知识机构等组织围绕法学院建立一个中心。①

(二) 阿姆斯特丹大学

阿姆斯特丹大学的法学专业在 THE 世界大学排名学科排名第 38 位,在国际上的专业领域为刑法、信息法和私法。阿姆斯特丹法学院是 1877 年阿姆斯特

---

① Leiden University. Leiden Law School[EB/OL]. [2022-02-08]. https://www.universiteitleiden.nl/en/law.

丹大学首创的 5 个学院之一,是荷兰规模最大的法学院之一,拥有 5000 多名学生和 450 名教职员工。阿姆斯特丹法学院的目标是为建立更强大的法律制度,为建立一个更加美好和更加公正的社会提供进步和创新的教育和研究。

阿姆斯特丹大学法学院的本科教育只设有包含政治学、心理学、法学和经济学(PPLE)的三年制跨学科学士课程,且完全用英语授课,但这种跨学科本科教育在荷兰是独一无二的,只适合少数、积极且有才华的学生,力图为学生打造一个小规模和密集的学习计划、充满包容性的人才发展计划以及由对解决社会挑战感兴趣的国际年轻人组成的学习型社区。硕士教育有国际法和欧洲法硕士项目,包含三个具体方向:欧洲竞争法与法规、欧洲私法、国际贸易和投资法和国际公法。国际刑法硕士项目包含两个方向:与哥伦比亚大学法学院联合项目与国际和跨国刑法。国际税法硕士项目;还有法律与金融硕士项目。以上硕士项目均用英语授课。此外,阿姆斯特丹法学院专门为有研究天赋的优秀法学生设计了荣誉教育之"学术卓越方向"课程,重点关注这类学生的学术深度和专业发展。

自 2008 年以来,为落实荷兰教育部的《2025 年研究愿景》(*Ministry of Education's Research Vision 2025*)以及为塑造自身强大的研究形象,阿姆斯特丹大学主要通过推动不同学科和学院之间的创新来探索、推进研究重点领域的发展。在连贯的研究计划的指导和足够的外部研究资金的支持下,激励不同学院的研究人员依照研究主题进行跨学科的、可持续性的合作,为阿姆斯特丹大学创造竞争优势和增长潜力。阿姆斯特丹大学的法学院当前的研究主题主要有决策的数字化转型和个性化沟通。前者特别关注与人工智能和公共价值、数据治理和在线平台相关的问题。后者主要对政治、卫生和商业领域的个性化沟通的具体用途、影响进行实证和规范研究,通过整合法学院内外其他研究小组的观点,开展国际合作,为政策制定者和利益相关者提供建议,通过媒体和公开讲座为公众辩论做贡献。

法学院的所有研究工作主要由阿姆斯特丹法律研究所负责,它为法学院的研究提供行政支持和质量控制程序,旨在保持研究政策的一致性。所有研究小组虽都整合在 ARILS 中,但都有很大的自主权,对各自专业领域的研究负有主要责任。ARILS 的多个研究领域被标记为"研究优先领域"(Research Priority Area,

RPA),如个性化沟通、阿姆斯特丹欧洲研究中心(The Amsterdam Centre for European Studies, ACES)、人道人工智能、全球健康、组织伦理、通过可持续发展目标实现能源转型等。以组织伦理为例,它是阿姆斯特丹大学的法学院、经济与商业学院、人文学院、社会与行为科学学院与荷兰金融、环境、卫生、劳工等领域的重要监管机构之间展开的合作,分析组织内部文化,及时解决组织内部不道德和有害的行为。阿姆斯特丹大学通过阿姆斯特丹法律中心、法律实践、法律诊所等机构和活动与社会取得广泛联系,为社会提供法律咨询服务及解决社会法律问题。①

(三) 格罗宁根大学

格罗宁根大学法学专业在 THE 世界大学排名中排名第 72 位,是一个现代的、面向国际的学院,拥有近 400 年的历史。它是欧洲最好的法学院之一,也是荷兰最大的法学院之一,具有先进的研究与教育质量控制系统,所有的课程均受到全面的认证,其文凭受到大多数国家的认可。

格罗宁根法学院提供 8 个学士教育项目和 12 个硕士教育项目,前者的国际与欧洲法、法律和公证法为英语授课项目。硕士项目中,能源和气候法、全球刑法、全球背景下的欧洲法、国际商法、国际人权法、法律和公共行政、国际公法为英语授课项目。此外,法学院还为本科和硕士生提供采用多学科授课方法的荣誉课程,前者的重点是提高知识的深度和广度,后者则注重培养学生的领导能力。

法学院设置了国际办公室,为在格罗宁根大学学习的外国法律学生(法学学士、法学硕士预科、法学硕士和交换生)提供支持和指导,为格罗宁根法学院的学生提供关于出国留学的建议。每年有 600 名国际学生在格罗宁根大学攻读法学专业。学院为增强国际化能力,制定了语言和文化政策,并为学生提供跨文化能力课程、国际或跨文化课程、国际或跨文化工作经验、外语学习课程和国际学习课程。同时为学生提供社会科学和法律领域的暑期和冬季课程。

---

① University of Amsterdam. Faculty of Law: Amesterdam Law School [EB/OL]. [2022-02-08]. https://www.uva.nl/en/about-the-uva/organisation/faculties/amsterdam-law-school/amsterdam-law-school.html.

格罗宁根大学还被评为荷兰学习国际法的顶尖大学。根据《库兹吉德高等教育指南 2019 年硕士项目》(*Keuzegids Higher Education Guide 2019-Master's Programmes*)公布的排名,法学院的国际公法和国际人权法连续第四年在国际法类中并列第一(得分 80 分)。① 此外格罗宁根法学院参与各种国家和国际网络,其中包括 U4 大学网络(U4)、法律研究网络(LRN)和荷兰法律与治理研究所(Netherlands Institute for Law and Governance, NILG)。该学院与欧洲内外的 100 多所合作大学和法学院建立了国际交流,提供各类英语课程。

格罗宁根大学法学院通过在其研究活动和产出中采用治理视角,致力于为荷兰和国外的可持续社会发展做贡献。法学院的研究包括多个跨法律部门的、多学科的、面向国际的研究项目,即有效的刑法、能源和可持续发展、保护欧洲公民和市场参与者、用户友好的私法、公共利益与私人关系、公共信托与公法、跨界的法律研究。这些研究项目都是从治理的不同角度探讨国家和超国家法律制度的发展,以实现良好或更好的社会治理。②

二、 荷兰三所高校国际公法硕士项目课程体系

国际法人才培养是国际化法学人才的培养重点,③是经济全球化背景下法学教学的根本任务。④荷兰素有重视国际法发展的传统,荷兰《宪法》第 90 条就表明"促进国际法律秩序的发展是荷兰外交政策的永久目标之一"。⑤前文提到的 43 位具有荷兰高校法学教育背景的 19 人中,履历直接标注学习国际法/国际公法专业的官员有 5 位。据前文所述,三所荷兰高校均设有国际公法硕士项目,且都在

① University of Groningen. Top Rated by Keuzegids for its LLM Programmes[EB/OL]. [2022-02-08]. https://wwwhttps://www. rug. nl/rechten/news/archief/2019/the-faculty-of-law-again-top-rated-by-keuzegids-for-its-llm-programmes.

② University of Groningen. Faculty of Law [EB/OL]. [2022-02-08]. https://www. rug. nl/rechten/education/international-programmes/.

③ 郭红岩.论国际卓越法律人才的培养理念和标准[J].中国法学教育研究,2013(3):18—34.

④ 李青.法学专业国际化人才培养模式的探究与实践[J].人才资源开发,2018(24):56—57.

⑤ Government of the Netherlands. International Organisations[EB/OL]. [2022-02-08]. https://www. government.nl/topics/international-organisations/international-legal-organisations.

"全球法学硕士项目"中排名前十。此外,通过分析三所高校该专业的"职业前景"(Career Prospects)部分发现,三所高校的国际公法专业均培养硕士生必要的知识和技能以便其从事国际组织、国际法庭和法院、荷兰外交部门等组织的工作。因此,为充分分析荷兰高校法学硕士项目对于国际组织人才培养和输出的重要意义,本研究主要分析三所高校国际公法硕士项目课程的特点。

三所高校的国际公法硕士项目课程体系都是由必修课程、选修课程、实践课程、硕士论文和课外活动(见表 5-2)四部分构成,兼顾学生知识、技能和素养的综合培养。

表 5-2 三所高校国际公法硕士项目课程体系

	莱顿大学(常规硕士项目)	阿姆斯特丹大学	格罗宁根大学
必修课	5 门(30 学分) 国际公法国际争端解决、国际刑法、当今世界中的国际人权法、国际关系(国际学生)、全球法律:国际、欧盟和国内法中的法律推理(荷兰学生)	4 门(24 学分) 国际法基础和原则、国际争端解决、国际责任、语境中的国际法和正义	5 门(30 学分) 高级国际法、国际人权法、国际制度法、国际争端解决、联合国维和与执行和平
选修课	5 选 1(10 学分) 国际刑事法院审判竞赛、卡尔肖芬国际人道主义法竞赛、杰赛普国际法模拟法庭、泰尔德斯模拟法庭、国际人道主义法诊所	17 选 3(18 学分) 国际人权法、国际人道主义法、国际投资法、国际贸易法、国际环境法、国际刑事法庭的程序问题、国际刑事法庭的实体法、国际组织等	6 学分(4 选 1) 国际人道主义法、国际贸易和发展法、投资和国际法、难民和庇护法
实践课	(10 学分) 实习:国际组织的法律与实务、个人讨论:围绕当代问题展开	(6 学分) 国际法模拟法庭、WTO 模拟法庭、阿姆斯特丹法律诊所、国际刑事法院模拟法庭、Frits Kalshoven 国际人道主义法竞赛、国际投资仲裁辩论、国际法实践、实习	(6 学分) 国际法实践研讨会

	莱顿大学(常规硕士项目)	阿姆斯特丹大学	格罗宁根大学
硕士论文	10学分 选择与国际法有关的实质性问题;指导教师为学生提供论文研讨会,指导学生论文;提出主要研究发现	12学分 选择合适的研究方法研究某一特定社会问题;收集、分类、分析、评估和处理与研究相关的数据和来源;对特定的社会问题提出创造性解决方案;在受过法律培训的观众面前,以口头和书面的方式清楚地陈述和捍卫所做的研究	18学分 选择要研究的社会问题;选取研究方法;搜索研究资料;整理、分析和评价资料;提出社会问题的解决方案
课外活动	参与由海牙地方法院合作提供的专题讨论会、大师班、实习、担任模拟法庭法官和民事诉讼主席等活动;荣誉课程:莱顿领导力课程、莱顿国际领导力课程等;暑期班:哥伦比亚暑期项目等	荣誉课程:学术卓越方向课程	荣誉课程:领导力培养;跨文化类课程:跨文化能力培养;暑期和冬季课程

资料来源:笔者根据三所高校国际公法硕士项目官网资料编制而成。

(一) 必修课程

三所高校设有的国际公法硕士项目必修课程,主要培养学生国际公法专业的基础知识和必备素养。学生除学习国际公法课程本身以外,三所学校还根据自身的教学优势、关注重点以及学生的专业背景,分别设置了国际法框架内学生需掌握的不同专业知识课程,如莱顿大学法学院设置了国际人权法课程、国际关系课程以及全球法律课程;阿姆斯特丹大学法学院设置了培养学生社会责任感和社会正义感的国际责任等课程;而格罗宁根大学法学院设置了国际人权法、制度法以及与联合国维和有关的课程。

从阿姆斯特丹大学国际公法硕士项目必修课程(见表5-3)可以看出,必修课除培养学生国际公法专业必备的专业知识外,尤为关注学生能力的培养,如理解能力、评价能力、质疑能力、批判反思能力、分析能力、研究能力、洞察力以及知识应用能力等。

表 5-3　阿姆斯特丹大学国际公法硕士项目必修课程培养目标

课程名称	课程目标
国际法的原则和基础	全面理解国际法的核心概念和原则;应用国际法规范分析复杂事实;根据当今全球挑战,如全球化、恐怖主义和环境危害等,对经典国际法规范提出疑问;批判性地反思国际法运作
国际争端解决	充分了解各种解决争端机制;解释和比较与管辖权、临时措施、适用法律、第三方干预以及国际决定的效果和执行有关的法律;具备在国际法律秩序的条件下对国际法院和法庭的做法进行定位和评价的能力;深度阅读和分析案例能力;掌握写案件记录的技巧
国际责任	解释国际法委员会(ILC)在责任法方面编纂工作的基本原理和基础,批判性地反思国际法委员会所作的编纂选择;明确和运用在归属、赔偿、援引、争端解决和反措施方面最重要的规则,以及明确上述规则之间的联系;评价国际责任法在多大程度上适用于人权法和投资法等领域;明确国家责任与国际组织责任之间的区别,并评价两种法典化努力的优缺点;解决与责任分担相关的复杂案例
语境中的国际法和正义	批判性地重新思考国际法在世界中的作用;进一步发展分析能力和规范评估标准;发展和应用独立研究国际法的技能

资料来源:根据格罗宁根大学法学院国际公法专业官网资料编制而成。

　　需要指出的是,国际公法专业的国际性特征以及全球化对于法学专业的要求,[①]让国际公法专业尤为关注学生外语能力的培养。它是保证国际公法学生能够积极参与硕士项目课程,参与各种学习、实践和专业发展活动的必要条件,是培养具有全球视野的国际化法律人才的基础。因此,三所高校的国际公法专业除在招生条件中对学生的外语能力有明确的要求外,还设有相应的英语学习必修课程,如格罗宁根大学国际公法专业为学生提供"英语书面能力支持"课程以提高学生的英语学术写作能力。该课程由强制性考试、7 个研讨会课程和一对一辅导课组成。首先,国际公法硕士生入学后,会参加 60 分钟的英语水平测试,即在 6 个题目中选择一个题目并按照学术要求写一篇议论文。接着,按照学生的考试成绩,学院建议学生参加对应的研讨会,如标点符号、格式、文章和索引、动词短语、

---

　　① 李文沛,朱亚静.双语教学在国际公法教学中的应用——以实证主义为视角[J].法制博览,2015(5):50+49.

句子结构、段落结构研讨会等。最后,针对学生的书面作业,导师会进行一对一辅导。①当然除英语专门必修课程外,后文提到的法律诊所以及模拟法庭等实践项目更能全方位地提升学生的外语水平。

（二） 选修课程

三所高校的国际公法硕士生除学习与国际公法直接相关的知识外,还需要学习伴随全球化影响在国际关系中日益重要的、由国际法衍生出来的国际人权法、国际环境法、国际贸易法等课程。但考虑到学生专业背景和学习兴趣的不同,三所高校均为国际公法学生提供了大量可供选择的选修课程,尤其是阿姆斯特丹大学的选修课程最为丰富。

阿姆斯特丹大学国际公法专业 17 门选修课涉及国际人权法、国际人道主义法、国际投资法、国际贸易法、国际环境法、国际难民法、国际法与可持续发展、国际刑事法庭的程序问题和实体法以及国际组织等方面。所有选修课的选择均要求学生有国际公法的基础知识,了解国际公法的基本原则。所有课程均采用研讨会、讲座、模拟谈判、访问国际刑事法庭或国际刑事法院等形式展开。阿姆斯特丹大学国际公法硕士项目选修课主要培养学生在国际公法课程学习的基础上,对于国际法框架内在国际上愈发突出的法律主题的学习和研究兴趣,如人权、环境、国际贸易等问题,培养学生在具体学习所有课程过程中的法律分析、评价、适应能力以及批判反思能力等。

（三） 实践课程

法学界流行着霍姆斯的名言:"法律的生命不在于逻辑,而在于经验。"三所高校的国际公法硕士项目课程除培养法学学生必备的知识和能力外,更强调让学生参与各类法律实践活动,训练学生法律思维,提高法律实务操作技能,在实践环节中培养学生的职业道德和社会责任感,为此三所高校为学生开设了多样的实践类课程。

最具特色的阿姆斯特丹大学法学院实践课程,被称为"体验式学习课程"。

---

① University of Groningen. English written proficiency support[EB/OL]. [2022-02-08]. https://www.rug.nl/ocasys/rug/vak/show?code＝RGDOS500.

体验式学习课程激励学生将所学的法律知识和技能运用到实践或者模拟环境中,帮助学生从法律专业人士的角度思考问题,塑造学生的职业身份。因此,该类课程是帮助学生通向社会和未来专业领域的桥梁。主要的实践课程有:杰赛普国际法模拟法庭大赛、WTO 模拟法庭、阿姆斯特丹法律诊所、国际刑事法院模拟法庭、弗里茨·卡尔斯霍芬国际人道主义法竞赛、国际投资仲裁辩论、国际法实践和实习。模拟法庭和阿姆斯特丹法律诊所只有少数学生(熟悉国际公法,拥有良好的英语法律写作、法律研究技能以及演讲技能)才可以参加,但所有的国际法学生都可以申请国际法实践课程。

在模拟法庭项目中,学生通过扮演特定的角色,综合运用多部门法、多学科知识对国际性案件诉讼开展法律文书撰写和口头辩论等工作。模拟法庭活动能充分培养和锻炼学生的语言能力、逻辑分析能力、思维能力、国际公法知识运用能力等。在阿姆斯特丹法律诊所实践项目中,学生通过与客户一起处理服务于公众利益的案件和项目,培养学生成为具备法律文书制作能力、团队协作能力、解决问题能力、沟通能力以及批判反思能力的有思想、有社会责任心、善于思考的法律从业者。实习课程主要通过培养学生在政府、司法部门、法律实务部门、商界、非营利组织或法律援助中心等法律场所运用国际法知识、洞察力和各种技能到具体的实际情况中,培养学生认识和反思自己在法律工作方面的表现、道德困境的能力,塑造学生作为法律从业人员必备的法律道德和职业认同感。①

格罗宁根大学的国际法实践研讨会(Seminar International Law in Practice)是另外一个典型的国际公法硕士项目实践案例。学生通过承担外交部法律顾问、国际组织法律顾问、国际法方面的独立顾问等在法律制定、争端解决程序或政策制定领域的法律角色,为在国际或国内实践中已经出现或可能出现的与国际法有关的具体问题提出解决方案,为有法律需求的客户提供法律咨询意见,撰写并口头陈述一份以客户为导向的报告。因此,该课程培养学生在复杂的现实情况下查

① University of Amesterdam. Study Programme[EB/OL]. [2022-02-10]. https://www.uva.nl/en/programmes/masters/international-and-european-law-public-international-law/study-programme/study-programme. html? origin = 5BOaRAofTjCccATraJp2XA # Experiential-education-theAmsterdam-Law-Practice-6-EC.

明、澄清、分析和应用学习到的国际法知识的能力,锻炼学生撰写法律文书的能力,分析和制定以客户为导向的法律建议的能力和口头表达能力。①

(四) 硕士论文

硕士论文是三所高校国际公法硕士项目课程重要的组成部分,格罗宁根大学国际公法硕士项目的硕士论文学分比例高达整个硕士课程的30%。首先,三所高校都强调学生的论文选题必须是真正的、急需解决的社会问题。其次,强调学生选择合适的研究方法以及论证研究方法合理性的能力。再次强调学生搜集、整合、分析、评价材料的能力。最后是学生运用资料提出社会问题的创新性解决方案的能力。但三所高校的学分设置也体现了不同学校对于学生研究能力的不同重视程度,不同的学校国际公法专业在硕士论文课程中采取的不同教学方式也凸显了学校强调的重点不同。例如,莱顿大学更加强调学生和论文指导教师借助于论文研讨会的方式,共同完成一份高水平的学术研究工作,而阿姆斯特丹大学更强调学生独立研究和口头报告能力。

(五) 课外活动

从表 5-3 中可以看出,三所高校的国际公法硕士项目为学生提供丰富的课外活动。暑期和冬季学校课程旨在深化学生的知识学习,跨文化课程意在培养学生在全球社会中的跨文化能力。

在课外活动中,着重要分析的是三所高校为学生提供的荣誉教育项目,它是荷兰高等教育的一大特色,是专为动机强烈、有天赋的优秀学生设计的挑战性特色项目,旨在培养高层次的卓越人才。其中社会科学领域的硕士荣誉项目以专业为导向,主要是帮助学生为未来职业做准备。②

阿姆斯特丹大学为国际公法硕士项目学生开设的荣誉课程被称为"学术卓越课程",该课程专注于学生的学术深度和专业发展机会,所有的优秀法学硕士生均可申请。申请者将会在课程、研究实习和硕士论文中接受法律研究方法的培

---

① University of Groningen. Seminar International Law in Practice[EB/OL]. [2022-02-10]. https://www.rug.nl/ocasys/rug/vak/show?code=RGMIR51706.

② 梁会青,李佳丽.荷兰如何培养卓越人才——荷兰高校荣誉教育探究[J].外国教育研究,2021,48(8):72—84.

训,参加研究实习,完成高质量的论文,学会批判性地反思复杂的法律和社会挑战,以创造性地解决复杂社会问题。该项目的学习会为学生未来在学术研究、政策制定和战略建议等方面有关的职业发展奠定良好基础。学习过该课程的法学毕业生可以选择继续攻读博士学位,或者作为欧盟委员会的工作人员帮助欧盟制定公共政策,作为顶级律师在国家和国际层面提供战略建议,甚至为公共部门或国际组织的公益工作和研究做贡献。[①]

相比较而言,莱顿大学和格罗宁根大学法学院的硕士荣誉项目更加注重学生领导力的培养。格罗宁根大学的硕士荣誉项目名为"领导力:改变世界",由6个部分组成,即撰写个人发展计划、领导力课程、大师课程、个人发展研讨会、领导实验室和完成大师作品,在跨学科背景下培养学生解决关注社会、公共组织、商业和/或学术界的复杂现实问题能力,通过学习、实践和体验,帮助学生深入了解自己的优势和劣势,培养有助于个人领导风格的技能。[②]莱顿大学的国际领导力课程通过评估、培训课程、研讨会和辅导等环节帮助国际学生一起进行跨学科学习,发展学生领导能力,深入了解自身的领导力优势和劣势,尝试不同领导技能,最终形成自己的领导力风格。[③]

第三节 荷兰高校国际组织人才培养特征与启示

一、 荷兰高校国际组织人才培养特征

如前所述,荷兰三所高校的国际公法专业硕士项目课程体系完备、种类多样。通过对三所高校国际公法硕士项目课程计划的比较研究,可以得出以下共同特征。

---

① University of Amesterdam. Academic Excellence Track[EB/OL]. [2022-02-10]. https://www.uva. nl/en/programmes/masters/academic-excellence-track/academic-excellence-track.html.

② University of Groningen. Honours Master[EB/OL]. [2022-02-10]. https://www.rug.nl/education/ honours-college/master-programme/.

③ Leiden University. International Leiden Leadership Programme[EB/OL]. [2022-02-10]. https:// www.universiteitleiden.nl/en/honours-academy/international-leiden-leadership-programme/programme.

(一) 开设完备的国际法课程，发展学生的国际组织胜任力

通过对阿姆斯特丹大学国际公法专业的课程体系具体分析以及对莱顿大学和格罗宁根大学的国际公法专业课程体系的相关研究，结合国际公务员必备的胜任力要求，发现荷兰高校的国际公法硕士项目兼顾学生显性胜任力和隐性胜任力的培养。[①]

显性胜任力培养方面，三所高校国际公法硕士项目共同设置必修课程、选修课程、实践课程、硕士论文课程和课外活动，培养学生必备的专业知识和专业技能，即国际法专业以及相关专业的基础知识和语言能力、理解能力、评价能力、质疑能力、批判反思能力、分析能力、研究能力、洞察力、知识应用能力等。尤其是三所高校的模拟法庭、法律诊所、实习等项目，锻炼学生的沟通技能、辩论技能以及问题发现与解决技能等。

隐性胜任力培养方面，三所高校国际公法硕士项目实践类项目有效地培养了学生在社会角色(领导力、注重结果等)、个性特质(责任心和创新性等)、自我认知(主动性等)与动机(以客户为导向等)四个维度的素养。

(二) 设置国际组织专门课程，拓展学生的学习和研究兴趣

国际公法专业主要关注的是适用于国家之间的法律法规问题，因此国际组织也是国际公法专业关注的主题之一。同时，与国际组织有关的法律问题，也是荷兰为促进国际法律秩序而关注的重点。[②]因此，三所高校以不同的方式设置了国际组织相关课程，拓展学生的学习和研究兴趣，了解国际组织相关的法律法规问题。

格罗宁根大学国际公法硕士项目必修课"联合国维持和平与执行和平"为学生提供联合国维和与执法活动在国际法律方面的专业知识和理解，以便学生批判性地评估这些活动的法律基础和合法性。

莱顿大学国际公法硕士项目最具特色的实习课程："国际组织法律与实践"，

---

① 赵源.国际公务员胜任素质研究——以联合国业务人员和司级人员为例[J].中国行政管理,2018(2):137—142.

② Government of the Netherlands. International Organisations[EB/OL]. [2022-02-08]. https://www.government.nl/topics/international-organisations/international-legal-organisations.

帮助学生比较研究国际组织的制度法,尤其是联合国和欧盟的法律与实践。

阿姆斯特丹大学国际公法硕士项目的"国际组织"选修课,旨在帮助学生明晰国际组织在国际格局中的定位和作用,全面了解国际组织的规则制定、执行和司法解决程序。该课程还培养学生利用与国际组织有关的法律知识去解决问题以及利用国际组织法中的相关观点来捍卫自身的具体立场。

阿姆斯特丹大学国际公法硕士研究生麦克斯(Max van Rij)提到:"国际公法硕士项目提供非常广泛的、由该领域优秀和公认的学者教授的课程,这些课程既注重理论又注重实践。生动的讲座、有趣的作业以及各种学术辩论会塑造学生的批判性思考能力。"他说道:"我一直对国际组织的出现和日益重要的作用着迷。通过国际组织课程,我能够更多地了解不同类型的国际组织,包括它们的法律人格,它们在国际舞台上发挥作用的方式,尤其是能充分地了解国际组织与其成员国之间的关系。"[①]

(三) 有效利用国际组织资源,提供各类专业发展实践活动

全球化赋予了法学教学新特点,即实践性、国际化和实用性。国际法专业更为重视学生利用自身的国际化视野、跨学科知识和经验去解决真实的社会问题。

三所高校的国际公法硕士项目课程体系除夯实学生的专业知识外,还关注如何充分和有效利用国际合作提供的平台和资源为学生提供专业发展实践的机会。格罗宁根大学认为荷兰的高校保证学生会在以国际法为导向的最佳环境中学习,因为国际法院、常设仲裁法院、伊朗-美国索赔法庭、和平宫图书馆、国际法研究机构(如 TMC Asser 国际法研究所)都坐落在荷兰。格罗宁根大学国际公法硕士项目为法学生提供去上述国际组织参观的机会,帮助学生充分了解它们的工作环境、性质和程序,以精进自身的专业学习和实践。莱顿大学国际公法硕士项目课程充分利用了海牙作为大量国际组织聚集地的优势地位,如国际法院、南斯拉夫问题国际刑事法庭、国际刑事法院等国际组织,既为莱顿大学国际公法硕士学生提供专业的知识资源,也为其提供大量的实习机会,方便学生接触国际案例

---

① University of Amesterdam. Academic Staff[EB/OL]. [2022-02-10]. https://www.uva.nl/en/programmes/masters/international-and-european-law-public-international-law/meet-the-people/meet-the-people.html.

的庭审程序和规则。

此外,三所高校国际公法专业的学生可以去欧盟或者联合国实习,以获得专业发展。阿姆斯特丹大学 2012 级国际公法专业学生艾伦·葛瑞丝(Ellen Gorris),毕业后在欧盟委员会担任性别与年龄政策官员。她的硕士阶段后期在荷兰司法部实习,后继续在国际法学家委员会实习,专业学习和实习经验为其担任欧盟委员会现职务奠定了良好的基础。①另一位国际公法硕士研究生鲁本·布鲁尔(Ruben Brouwer),在获得硕士学位后开始在日内瓦的联合国人权事务高级专员办事处的妇女权利和性别部门工作。他在采访中提到,除学习国际公法专业的知识和技能外,在教授和教师的帮助下,他获得了荷兰常驻联合国代表团和纽约人权观察组织的实践经验,借助荷兰的 JPO 项目在毕业后获得了当前的工作机会。②

二、 荷兰国际组织人才培养经验对我国的启示

荷兰高校在人才培养目标、高等教育国际化战略制定和实施以及人才培养支持网络等方面的优势,为其培养和输出国际组织人才提供了坚实的基础,形成了以服务社会为基本价值导向、以高等教育国际化战略为驱动、以协同优势网络为保障的具有荷兰高校特色的国际组织人才培养与输出经验。

(一) 以服务社会为基本价值导向

荷兰高校注重培养具有全球视野和新型国际化理念的国际化人才,具有批判性思维、分析能力的研究型人才,拥有能够解决社会问题的跨学科知识和技能的复合型人才,即荷兰高校人才培养的出发点和落脚点是服务社会、服务全球,以构建充满"善治"的社会。这与国际组织需要的能够参与全球治理人才目标相契合。

---

① University of Amesterdam. Careers[EB/OL]. [2022-02-11]. https://www.uva.nl/en/programmes/masters/international-and-european-law-public-international-law/career-prospects/testimonials/ellen-gorris.html.

② University of Amesterdam. Careers[EB/OL]. [2022-02-11]. https://www.uva.nl/en/programmes/masters/international-and-european-law-public-international-law/career-prospects/testimonials/ruben-brouwer.html.

为国际组织培养较多法律人才的莱顿大学,宣称通过自身开创新的教学和研究,发挥学生在全球社会中的作用,以构建更加美好的世界。它强调优秀的科研和教学对安全、健康、可持续、繁荣、公正的全球社会至关重要,积极参与学术和公共辩论,主要通过建言献策的方式为地方、区域和全球层面的经济和社会问题的解决作出了重要的贡献,如法律研究者和学习者就立法和司法问题提供建议,公共行政专家和政治学家与学习者就政策问题提供建议。

在莱顿大学最新公布的《创新与连接:莱顿大学战略规划 2022—2027》(*Innovating and Connecting: Leiden University Strategic Plan 2022—2027*)中提到,莱顿大学认为,随着全球化程度的不断加深,当今的社会比以往更需要大学在解决社会问题(如气候变化、移民、健康、安全等问题)方面发挥作用。而这些问题的解决只能依靠跨学科和创新的方法,需要与社会各方展开广泛合作。因此,莱顿大学计划在保持现有教学和研究的高标准前提下,开展更加深入的跨学科研究并积极拓展学校内部和外部的伙伴关系。这对于学生培养的作用是显而易见的,一方面,跨学科教学范围的扩大,是对于学生广泛兴趣的认可,能确保学生在广泛的、面向全球的跨学科教学中获得更多的好处,能够适应未来跨学科的工作环境。另一方面,跨学科教学能够使学生群体更加多元化,因此能够进一步发展学生的批判性和独立思维。

为更好地应对劳动力市场、技术变革和全球化带来的影响,莱顿大学强化了教学方面的目标,即为学生提供基于探究学习、面向未来的教育,使学生具备能够应对重大社会挑战所需要的知识和技能,更注重培养学生反思能力、合作能力、终身学习能力、领导力、跨文化能力、全球意识和国际经验,增强学生对于自身社会角色和责任的认识,培养学生成为学术专业人士和积极参与社会的全球公民。①更为重要的是,强大的学校内部和外部的合作关系,为莱顿大学学生提供丰富多样的学习和实践平台和资源,为学生的专业发展、职业准备做好铺垫。

---

① Leiden University. Strategic Plan[EB/OL]. (2022-02). [2022-02-15]. https://strategischplan.universiteitleiden.nl/documents/strategisch-plan-en.pdf.

（二） 以高等教育国际化战略为驱动

在全球化、博洛尼亚进程以及荷兰国家政策的影响下,荷兰高等教育国际化取得了重大进展。2018 年,荷兰应用科学大学协会和荷兰高等教育协会联合发布的《高等教育国际化议程》(*Internationalisation Agenda for Higher Education*)提出,荷兰政府应把高等教育机构作为经济建设的重要组成部分,各利益相关部门应明确并履行各自职责,提高高等教育国际化质量,促进所有学生和教师参与高等教育国际化、均衡国际学生、完善语言政策、提升对国际人才的吸引力,同时增加出国交流和出国留学学生的人数,全力落实高等教育国际化战略目标,为提升荷兰的经济实力和国际影响力作贡献。[①]

在此背景下,荷兰各大学尤为关注国际化发展,结合自身优势,制定了有特色的国际化发展战略。高等教育国际化为荷兰高校赢得了良好的国际生源,在教学项目、研究和学术合作、实践平台和机会和社会影响方面集聚了国际化优势,一定程度上提升了荷兰高校学生的人才竞争力。

首先,荷兰高等教育国际化战略让荷兰成为欧洲重要的国际留学生目的国。2020—2021 年,荷兰公立高等教育招收国际学生 103708 人(占招生总人数的 12.7％),其中研究型大学的国际学生有 29741 人(占总数的 24.4％)。这些国际学生来自 167 个国家,来源人数最多的国家是德国、意大利、中国、比利时和罗马尼亚。具体到高校,世界大学排名显示莱顿大学、阿姆斯特丹大学、格罗宁根大学的国际学生的百分比为 19％、29％和 27％。荷兰 13 所研究型大学 77％的硕士项目都是由英语授课的。[②]显而易见,生源背景的国际化和多元化是提升学生国际竞争力的首要和基础要素。

其次,莱顿大学、阿姆斯特丹大学、格罗宁根大学等基本上都形成了"以科学研究为导向、以组织结构为载体、以合作联盟为平台"的国际化战略格局。其一,设置国际化课程,利用国际化网络为学生提供丰富的课外活动、鼓励学生参与各

---

① 王岳,董丽丽.荷兰高等教育国际化战略目标、实施建议及启示[J].世界教育信息,2019,32(7):19—23.

② Nuffic. Incoming Degree Mobility in Dutch Higher Education. [EB/OL]. [2022-02-15]. https://www.nuffic.nl/sites/default/files/2022-02/incoming-degree-mobility-in-dutch-higher-education-2020-2021.pdf.

种交换项目、暑期项目等实现教学项目国际化;利用国际合作开展研究和学术合作,利用学科优势和科研实力为社会提供服务项目。其二,多数荷兰高校设置"国际教育办公室"来专门负责国际化事务,如提供学术支持和资金资助等。以上高等教育国际化举措带来的影响和优势为荷兰高校学生国际竞争力进一步增添了筹码。根据欧洲工商管理学院(INSEAD)和美国波特兰研究所(Portulans Institute)联合发布的"全球人才竞争力指数",荷兰排名全球第6,欧洲排名第4。同时,在"全球创新指数"(Global Innovation Index)中,荷兰为全球第6名,欧洲第4位。① 此外,荷兰在瑞士洛桑国际管理学院(International Institute for Management Development, IMD)最新公布的全球竞争力排名中,居于全球第4位,这自然与人才全球竞争力密不可分。②

最后,在人才输出方面,荷兰高校较为注重学生毕业后的国际化去向。以格罗宁根大学法学专业为例,以英语授课的6个法学硕士项目中,最新的毕业生就业去向数据显示,大量的毕业生在政府部门、政府间组织和非政府组织工作(见表5-4)。

表5-4　格罗宁根大学法学院各英语授课专业硕士毕业生就业去向一览表

英语授课专业	政府部门	政府间组织	非政府组织	学术部门	法律事务所	公司	司法部门	读博	其他
全球背景下欧洲法	19.4%	11.9%	1.5%	4.5%	19.4%	22.4%	1.5%	16.4%	3.0%
能源和气候法	13.3%	6.7%	无	无	40.0%	26.7%	无	13.3%	无
国际刑法	4.0%	4.0%	12.0%	4.0%	16.0%	20.0%	20.0%	16.0%	4.0%
国际人权法	18.0%	13.5%	13.5%	14.6%	12.4%	2.2%	5.6%	14.6%	5.6%
国际商法	6.0%	10.0%	2.0%	8.0%	30.0%	16.0%	6.0%	20.0%	2.0%
国际公法	24.0%	11.0%	2.1%	14.4%	13.0%	17.1%	2.7%	8.2%	7.5%

资料来源:根据格罗宁根法学院各英语授课专业官网资料整理而成。

---

① INSEAD. The Business School for the World. GTCI-2021-Report[EB/OL]. [2022-02-15]. https://www.insead.edu/sites/default/files/assets/dept/fr/gtci/GTCI-2021-Report.pdf.

② IMD. World Competitivenss Ranking[EB/OL]. [2022-02-15]. https://www.imd.org/centers/world-competitiveness-center/rankings/world-competitiveness/.

（三） 以协同培养优势网络为保障

在高校培养和输出国际组织人才方面，荷兰政府发挥着重要的政策支持作用。因此，大量国际组织落户在荷兰，产生了国际组织人才培养和输出的地域中心优势。

首先，荷兰政府部门认为国际合作在维护世界和平、保障全球安全、繁荣和正义方面至关重要，环境保护、禁毒行动、性别平等、粮食安全、人口增长等重大问题只有通过国际合作才能解决。因此荷兰政府奉行积极的外交政策。荷兰政府尤为重视维持和发展与各类国际组织之间的关系，发挥荷兰外交部的重要联络作用，为国际组织提供大量的资金、人力和思想支持。例如，荷兰超过四分之一的发展预算用于联合国、欧盟、世界银行和各区域发展银行的项目。荷兰在北约、联合国、欧洲理事会和 OECD 等 15 个国际组织中设有自己的常驻代表处、代表团和代表，代表处的荷兰工作人员代表荷兰与其他国家同行合作，以实现国际组织的目标，同时代表荷兰的官方观点，实现荷兰的利益。

其次，荷兰拥有近 40 个政府间国际组织，它们多数都位于海牙。荷兰的国际组织主要关注和平与正义，主要是法律和经济类国际组织，如常设仲裁法院、海牙国际私法会议、国际法院。近几十年来，许多其他国际组织也搬到了荷兰，其中包括活跃于安全和安保领域的组织，以及在生命科学与健康、农业食品和化学品等荷兰顶级行业相关的组织，如欧洲药品管理局、欧洲航天局等。

同时，荷兰是荷兰皇家壳牌集团、联合利华、飞利浦电子公司等大型跨国公司的所在地，这为荷兰带来了显著的总部经济优势和有利的商业环境。并且荷兰拥有顶尖基础设施，如医疗保健、公共交通、IT 基础设施等，因此被称为"欧洲门户"。荷兰外交部专门制定了《国际组织议定书指南》(*Protocol Guide for International Organisations*)，为落户在荷兰的国际组织工作人员提供全面的福利说明。[①]因此，总体来看，荷兰强大的综合国力、积极的国家政策支持、完备的基础设施、有利的商业环境、高质量的生活环境、良好的国际教育氛围等条件都为大量的国际

---

① Government of the Netherlands. Protocol Guide for International Organisations(January 2021) [EB/OL]. (2021-01-31)[2022-02-16]. https://www.government.nl/topics/international-organisations/documents/leaflets/2012/12/01/protocol-guide-for-international-organisations.

组织落户荷兰奠定了基础。在荷兰的国际组织工作人员说道:"荷兰的生活质量很好,国际教育水平高,英语普及度高,且其他国家组织的存在也有巨大的吸引力。"

本 章 结 语

众多国际组织落户荷兰,形成了荷兰国际组织人才培养和输出的地域中心优势,为人才培养提供了地缘便利。地域中心优势也为荷兰高校人才培养带来了外部性效应,通过跨国行业的空间集聚,提供一个稳定的劳动力市场。例如,众多国际组织落户在和平与正义之城——海牙,不仅为此地创造了大量的就业机会,还进一步促进了海牙的创新和经济发展,为赢得更多的国际合作创造了条件。在海牙拥有另一处校区的莱顿大学就充分利用海牙的地域优势,许多落户在海牙的法律类国际组织,与莱顿大学关注国际公法和国际仲裁的格劳秀斯国际法律研究中心开展众多教育和研究方面的合作。此外,莱顿大学学生也可以去海牙的国际组织参观、实习,去跨国公司工作,参与海牙举办的全球赛事、活动和论坛等,在丰富实践经验的同时深化知识的学习。

第六章
国际组织人才培养：瑞士怎么做[①]

瑞士政府在国际组织人才培养中所扮演的角色及发挥的作用体现了整体性治理理论。整体性治理是在治理的不同层级或者同一层级内部进行整合。这个治理功能的整合，包括中央政府内部部门之间的整合、中央政府与下属机构之间的整合、中央政府与地方政府之间的整合。基于整体性治理视角，瑞士以联邦外交部为中心，协调整合中央政府内部部门，进行外交部与下属机构即瑞士发展合作署的整合以及外交部与日内瓦地方政府之间的整合、协同合作，充分发挥其功能，打破碎片化管理，整合各部门为国际组织培养优秀人才，从而推动国际组织人才培养工作。本章旨在基于整体性治理的视角分析瑞士政府在国际组织人才培养过程中的功能及瑞士国际组织人才的培养模式。

第一节　瑞士政府在国际组织人才培养中的重要作用

中央政府内部部门之间的整合是整体性治理功能整合的维度之一，即瑞士外交部与平级部门间的功能整合。瑞士外交部通过整体协作，整合其平级部门为

---

① 　本章为李倩和闫温乐的共同研究成果，已得到李倩授权。

年轻人提供与国际组织面对面交流的机会,协同内部机构与众多国际组织重点推动实践实习活动,从而鼓励青年人进入国际组织实习,派遣专家深入参与国际组织工作。

一、 瑞士外交部的核心功能

瑞士外交部(Federal Department of Foreign Affairs,简称 FDFA)成立于1848年,主要是代表联邦委员会决定和协调瑞士的外交政策,保护瑞士在国外的利益。根据 FDFA 的属性职能,其目标是:努力确保瑞士在国际关系中的积极存在,参与国际组织,争取对瑞士具有重要意义的权利;确保瑞士外交政策与其他部门合作的一致性;确保瑞士外交和领事活动的质量和有效性,确保在国际合作框架内的活动;提高公众对外交政策问题及其对瑞士影响的认识。[1]

为了实现以上目标,FDFA 作为瑞士主管外交事务的职能部门,积极与其他部门合作推进国际交流。在最新的《瑞士国际合作战略 2021—2024》中,它提出了四个重要目标:加快经济发展,助力可持续经济增长、开拓新市场和创造合适就业机会;应对气候变化、可持续管理自然资源;促进人类发展、提供优质基础服务(包括教育和健康);促进和平、法治和男女平等。[2]因此,FDFA 和其下属机构瑞士发展与合作署以及经济事务国务秘书处的人类安全司共同负责开展国际合作,发展和合作署负责协调发展合作和人道主义援助,人类安全司致力于和平、人权和个人保护,最后,秘书处专注于制定可持续的经济和贸易政策。

二、 瑞士外交部在国际组织人才培养中发挥的协同功能

FDFA 执行瑞士外交政策,旨在促进瑞士在国际组织的代表权、捍卫其利益。为了在多边背景下捍卫外交权益,适应复杂的国际环境,瑞士努力提高在国际组

---

① FDFA. Switzerland's presence in international organisations[EB/OL]. [2022-04-27]. https://www.eda. admin. ch/eda/en/fdfa/foreign-policy/international-organizations/switzerland-in-international-organizations.html.

② FDFA. International cooperation[EB/OL]. [2022-04-27]. https://www.eda.admin.ch/eda/fr/dfae/politique-exterieure/cooperation-internationale.html.

织中的代表权,制定了下列目标:确保瑞士在政治机构和委员会中的代表性;确保瑞士人在国际组织中担任管理职位;鼓励下一代年轻人进入国际组织,使得瑞士在国际组织中的利益得到关注。[①]因此,为了提高瑞士在国际组织中的代表权、提升国际舞台上的影响力、培养国际组织人才,FDFA 采取多种措施,如促进年轻人与国际组织面对面交流、鼓励他们去国际组织实习以及派遣专家深入参与国际组织工作。

(一) 促进年轻人与国际组织面对面交流

为了促进瑞士年轻人与国际组织进行面对面交流,FDFA 协调其平级部门每年定期举办国际职业日(International Career Day,简称 ICD)活动,邀请他们参与并了解国际组织提供的活动和工作。通过 ICD 这个平台,瑞士高校学生和年轻专业人员可以与来自不同国际组织的代表进行面对面交流,他们也能更加详细了解在多边环境中的工作和职业机会。在国际职业日举办期间,来自联合国粮农组织、国际红十字会以及国际劳工组织等 50 多个国际组织代表为参与人员提供第一手信息,回答关于到国际组织实习和兼职的进入门槛和资格标准等相关问题。根据资料显示,自 2003 年国际职业日举办以来,参与者和参观人数都显著增长。

(二) 鼓励年轻人进入国际组织实习

与此同时,FDFA 协同内部机构与众多国际组织重点推动实践实习活动,包括通过资助青年专业人员项目和初级专业人员项目,鼓励年轻人进入国际组织实习。首先,FDFA 推动国际组织的青年专业人员项目(YPP)在瑞士进行。FDFA 的门户网站,会详细介绍青年专业人员项目,附上发布相关职位的网站。YPP 是联合国招聘工作职员的主要方式之一,面向希望在联合国工作、有才干和能力的合格毕业生。毕业生在通过行政、金融、法律、信息、社会事务等方面的考试后,还可以从专业培训计划中受益,可以在联合国开启新的职业道路。该项目的时间通常为两年,如果毕业生在项目培训期间表现良好,那么他们就可以继续在联合国

---

① FDFA. International cooperation[EB/OL]. [2022-04-29]. https://www.eda.admin.ch/eda/fr/dfae/politique-exterieure/organisations-internationales/suisse-organisations-internationales.html.

秘书处工作。[①]当然,不只是联合国秘书处开设该项目,其他国际组织也有 YPP 项目,如联合国教科文青年专业人员计划、联合国儿童基金会新锐人才倡议、OECD 青年专业人员方案以及世界银行青年专业人员计划等,都为青年人员提供相应的人才项目。

其次,当年轻人通过青年专业人员项目进入国际组织后,FDFA 实施更进一步的措施,推动初级专业人员项目(JPO)的进行,通过该项目,瑞士年轻人可以获得在国际组织工作的基本工作经验。初级专业人员项目为合格的初级工作人员提供在国际组织中的初步工作经验,时间一般为两到三年,由输送人员的成员国提供资金,如瑞士的 JPO 项目是由瑞士政府提供资金。该项目在瑞士的实施并不是对所有年轻人开放的,其最低要求是拥有硕士学位和三年相关专业的实践经验、必须是 32 岁以下的瑞士公民。[②]

此外,瑞士许多政府部门通过初级专业人员项目,向国际组织输送年轻人:①联合国和国际组织司(The United Nations and International Organisations Division,简称 UNIOD)每年为联合国秘书处和 OECD 的各个专业领域招聘 4 至 5 名初级专业人员。②人类安全司每年为其专业领域的工作招聘大约 5 名初级专业人员。③国家经济事务秘书处(The State Secretariat for Economic Affairs,简称 SECO)每年在以下金融机构资助初级专业人员的工作:世界银行、国际金融公司、欧洲重建与发展银行。[③]

（三）派遣专家深入参与国际组织工作

除了资助、鼓励年轻人到国际组织实习,FDFA 每年会派遣专家进入国际组织,这些专家有些被借调到国际组织的总部,或被派往外地支持危机地区的维和行动,被称为民间和平建设专家库(The Swiss Expert Pool for Civilian Peacebuilding,简称 SEP),特派团的资金由 FDFA 提供。例如,瑞士的国际警察特派团由

---

①③　FDFA. Young Professionals Programme and Junior Professional Officer Programme［EB/OL］.［2022-04-27］. https://www. eda. admin. ch/eda/en/fdfa/fdfa/working-at-fdfa/berufserfahrene/karriere-in-internationalenorganisationen/young-professionals-programme-und-junior-professional-officer-pr.html.

②　DFA. Young Professionals Programme and Junior Professional Officer Programme［EB/OL］.［2022-04-29］. https://www.eda.admin.ch/eda/en/fdfa/fdfa/working-at-fdfa/berufserfahrene/karriere-in-internationalenorganisationen/young-professionals-programme-und-junior-professional-officer-pr.html.

外交部与相关警察机构协调合作,向国际建设和平特派团提供警察和海关专家,在冲突后协助、培训当地警察和边境部门。瑞士民间和平建设专家库创建于2000年,是瑞士和平与人权政策的有效工具,专家库根据瑞士的主题和地理优先事项从国际组织中挑选空缺职位,然后向该国际组织推荐具有相应资质的专家。

瑞士每年向国际组织派遣约200名民间专家,以促进和平与人权事业。这些专家凭借其专业知识,支持建立法治或在冲突局势中开展调解,帮助组织和进行选举,为司法和警察当局的调查工作提供咨询意见,或就移民和海关问题向边境人员提供支持。民间和平建设专家库重要的伙伴组织主要是联合国(UN)、欧洲安全与合作组织(OSCE)和欧盟(EU)。例如,瑞士参加了OSCE派往乌克兰的特别监察团,瑞士警察也被派往马里和刚果民主共和国,瑞士专家参加OSCE、美洲国家组织(OAS)和欧盟组织的选举观察团。[①]毋庸置疑,瑞士通过向国际组织派遣专家,深入国际组织的工作,不仅为专家积累了在国际组织的实践工作经验,有利于为留在国际组织工作提供经验基础,而且专家能够在派遣结束回国后为瑞士年轻人指导在国际组织工作的相关工作,也提高了瑞士在国际事务中的影响力。

三、 瑞士外交部对下属机构功能进行整合

瑞士外交部总部设在首都伯尔尼,设有总秘书处、国务秘书处以及四个局负责FDFA职权范围的各个方面,包括资源局、领事局、国际法司以及发展合作署(见图6-1)。本章选择瑞士发展合作署(Swiss Agency for Development and Cooperation,简称SDC)作为外交部对下属机构功能整合的研究对象进行分析,是因为在瑞士国际组织人才培养中,该机构发挥了重要作用。外交部通过《2030年可持续发展议程》和《瑞士国际合作战略》整合瑞士发展合作署,为其与非政府组织的合作提供了框架。此外,发展合作署还与从事国际合作事务

---

① FDFA. Expert Pool for Civilian Peacebuilding[EB/OL]. [2022-04-29]. https://www.eda.admin.ch/eda/fr/dfae/politique-exterieure/droits-homme-securite-humaine/pool-experts.html.

的其他联邦政府机构进行协调,如与外交部下属机构国际法司就主题进行合作,通过具有约束力的规则促进国际合作,促进和平与稳定,以发展合作署的战略和项目。

图 6-1　瑞士外交部的四个部门组织架构

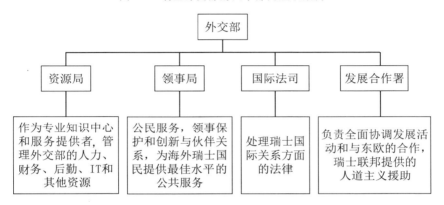

资料来源:FDFA. Organisation of the FDFA. [EB/OL]. [2022-04-29] https://www.eda. admin.ch/eda/en/fdfa/fdfa/organisation-fdfa/directorates-divisions.html

瑞士发展合作署是联邦外交部的国际合作机构,负责与其他联邦机构全面协调发展合作和人道主义援助。作为 FDFA 的国际合作机构,SDC 通过开展国际合作使瑞士人受益。国际合作提高了瑞士在国外的形象,增强了日内瓦作为国际组织场所的吸引力,其中日内瓦对瑞士 GDP 的贡献率估计为 1%。[①]同时,就不同的主题,SDC 与从事国际合作事务的其他联邦机构进行协调。例如,SDC 与瑞士联邦教育、研究和创新秘书处就基础教育、职业培养、应用研究和学术教育等主题领域展开合作研究。

首先,自 2002 年以来,瑞士作为联合国的成员,在其中发挥了积极作用。SDC 通过四种不同的方式与国际组织合作:一是财政捐助,执行国际组织的任务,为多边组织的具体项目提供资金;二是技术支持,通过旨在改进国际发展和人道主义系统运作方式的有针对性的捐助来支持优先主题,鼓励多边组织利用瑞士

---

① SDC. International cooperation strategy 2021-2024 [EB/OL]. [2022-05-01]. https://www.eda. admin.ch/deza/en/home/sdc/aktuell/dossiers/alle-dossiers/iza-2021-2024.html.

双边合作产生的创新解决方案;三是政策对话,通过参与政府间论坛,使其影响全球发展议程,提出创新解决方案,发挥桥梁建设作用;四是获得合格的工作人员,通过接触高素质的瑞士专家和促进与瑞士私营部门的商业伙伴关系机会,为其国际组织提供了大量的技术和主体经验。①

其次,SDC根据《2030年可持续发展议程》和《瑞士国际合作战略》提供的框架,与非政府组织合作。SDC与瑞士非政府组织的接触旨在创造协同效应和乘数效应,以实现瑞士国际合作的目标。这一共同目标是通过以下措施实现的:加强发展中国家和转型期国家以及人道主义危机中的民间社会的作用,强大而组织良好的民间社会对于有效倡导人权、促进两性平等、提高包容性、推动可持续发展以及参与性政治进程至关重要;使瑞士非政府组织能够获得瑞士的专门知识、创新和服务;凭借其专题、业务专长和诀窍以及对当地情况的良好了解,瑞士非政府组织完全有能力向当地行动者传播知识和创新。②在与非政府组织的合作中,SDC也为非政府组织提供捐款支持,包括项目捐款和目标性捐款。项目捐款是向瑞士的非政府组织的国际项目、方案提供资金支持,接受捐款的非政府组织类型包括瑞士大型非政府组织、瑞士非政府组织(伞状组织)、州联合会、瑞士非政府组织联盟,这使得非政府组织能够灵活应对不断变化的情况。该类型捐款四年一次,与瑞士的国际合作战略同步。③目标性捐款是指SDC为瑞士或外国非政府组织的具体项目或倡议提供有针对性的捐款。此类捐款用于符合SDC专题和区域或国家战略的活动,适用于规模较小或刚刚成立的非政府组织。

此外,为了确保国际合作的有效性、可持续性和效率,SDC还以七项原则为指导,与非政府组织合作。其七项原则是:加强人道主义与发展之间的联系,采用基于人权的办法将性别观点纳入主流,整合政策对话,促进伙伴关系和跨部门合作,促进和尊重国家对发展目标的自主权,促进和尊重有效性、透明度和问责制,

---

① SDC. Multilateral cooperation[EB/OL]. [2022-05-01]. https://www.eda.admin.ch/deza/en/home/sdc/activities/multilateral-cooperation.html/.

② SDC. Engagement with NGOs[EB/OL]. [2022-05-01]. https://www.eda.admin.ch/deza/en/home/partnerships-mandates/partnerships-ngos.html.

③ SDC. Programme contribution and eligibility clearance[EB/OL]. [2022-05-01]. https://www.eda.admin.ch/deza/en/home/partnerschaften_auftraege/auftraege_und_beitraege/beitraege/programmbeitraege.html.

优化成本效益并最大限度地降低交易成本。①

四、 瑞士外交部对地方政府的功能进行整合

瑞士行政区划分为三级,即联邦、州和市,全国由 26 个州组成,如苏黎世州、伯尔尼州以及日内瓦州等。苏黎世是瑞士的第一大城市,瑞士的经济之都,是重要的金融中心。伯尔尼是瑞士的首都、行政中心,是文化和旅游城市,瑞士联邦政府、议会及瑞士国家银行、各国大使馆及一些国际机构均聚集于此。日内瓦是瑞士第二大城市,是世界最重要的国际合作中心之一,尤以国际组织所在地和国际会议城市著称于世,与纽约、维也纳并称为联合国城。本研究在瑞士众多地方政府中,分析在国际组织人才培养中外交部对日内瓦地方政府的功能整合,主要原因有两点:许多国际组织总部驻扎在日内瓦,拥有得天独厚的优势;在功能整合上,瑞士外交部推动联邦政府与日内瓦互动,围绕共同目标协同行动。

作为世界著名的国际化都市,日内瓦在国际上享有高知名度主要得益于国际组织或办事处,包括红十字会总部、世界卫生组织、联合国日内瓦办事处等,这也为日内瓦培养国际组织人才提供了便利。

日内瓦是全球国际合作的主要中心之一,是国际合作的全球枢纽,在接待国际组织和非政府组织、科学和学术界人士以及民间社会与私营部门上有着悠久的传统,既是合作事务的专业知识中心,也是多边外交中心,因此被称为“国际日内瓦”(International Geneva)。约有 750 个非政府组织,其中近 400 个非政府组织总部设在日内瓦,约 32000 名国际公务员、外交官和民间社会代表驻扎在日内瓦,每年接待外国国家元首和政府首脑、部长和其他政要来访 4700 多次。此外,日内瓦作为瑞士外交政策的重要工具和平台,是公认的能力中心、全球治理中心以及多边外交中心。国际组织、成员国代表处和民间社会积极和不断调整的接待政策成功地使日内瓦和瑞士成为许多领域公认的能力中心,如和平、安全、裁军以及环境与可持续发展等领域。日内瓦是世界上最活跃的全球治理中心,举办了年度会

---

① SDC. Engagement with NGOs[EB/OL]. [2022-05-01]. https://www.eda.admin.ch/deza/en/home/partnerships-mandates/partnerships-ngos.html.

议、面对面会议、电话会议或混合会议共 3200 多次,来自五大洲的约 25.8 万名代表参加了会议。[①]

瑞士外交部积极与地方政府建立伙伴关系,共同制定合作战略和实施项目。

在国际组织人才培养上,瑞士外交部推动联邦政府与日内瓦、伯尔尼等国际组织落户城市互动,围绕共同的目标协同行动、整合资源等,发挥了最大合力。2019 年,瑞士联邦政府与日内瓦州和日内瓦市签署联合声明《国际日内瓦东道国当局联合声明》(*Joint Declaration of the Host Authorities of International Geneva*),就很好地反映出瑞士联邦政府与地方政府在国际组织合作方面的有序互动。为加强瑞士作为国际组织东道国的作用,该声明提出了五大倡议:①更好地协调东道国服务。瑞士联邦政府与日内瓦州和日内瓦市政府将三方协同,努力支持国际组织总部的建立和现代化。他们将达成共识,共建发声渠道,改善和加强彼此之间的信息交流。②打造更加一体化的"国际日内瓦"。在共同目标的引领下,三方将通过促进驻日内瓦各界(民间社会、私营部门、大学)的交流、合作和协同来支持国际组织的工作,将尽一切努力为该区域的交流合作提供便利,加强与其他行动者的联系。③打造更具包容性的"国际日内瓦"。为了解决日内瓦的高物价给较不发达国家的国际组织人员带来的巨大负担,三方将继续实施支持性措施,给予落户日内瓦市并能够为"国际日内瓦"作出贡献的国际组织特惠待遇。④打造在瑞士国内和全球知名度更高、城市形象更加深入人心的"国际日内瓦"。瑞士一直坚定地支持多边主义,国际组织需要更好地了解"国际日内瓦"的资源。为此,瑞士各级政府将开展联合宣传项目(展览、媒体宣传活动等),大力宣传瑞士对积极参与合作的国际组织和非政府组织的财政捐助。⑤长期行动。支持"国际日内瓦"的行动必须是长期的,必须能够预测和满足国际合作的需求并做出适当的反应。[②]

---

① FDFA. Permanent Mission of Switzerland to the United Nations Office and to the other international organisations in Geneva[EB/OL]. [2022-04-27]. https://www.eda.admin.ch/missions/mission-onu-geneve/fr/home/geneve-international/faits-et-chiffres.html.

② 闫温乐,李倩.瑞士的国际组织人才培养和推送:整体性治理视角[J].浙江外国语学院学报,2022(2):59—66.

　　为了给国际组织提供更多的便利，瑞士外交部和日内瓦当局共同行动，建立专门接待机构，即国际日内瓦欢迎中心（The Geneva Welcome Centre，简称CAGI）。作为接待国际组织新移民的独特切入点，该欢迎中心由瑞士联邦和日内瓦州政府于1996年成立，得到30多个国家、地方、公共和私人实体的支持。日内瓦欢迎中心的使命植根于国际性，充分体现日内瓦的价值观，其使命是：在日内瓦和日内瓦湖地区接待和安置国际组织、非政府组织、外交使团和领事馆、跨国公司以及日内瓦大学的博士生和教授，为他们及其家人提供适当的住宿服务；为发展中国家代表提供便利，以便利他们在参加日内瓦的会议、培训班或工作会议期间的住宿；与有关州当局一起，向非政府组织提供咨询和帮助，以便在日内瓦安置这些组织。因此，CAGI是支持和融入日内瓦员工及其家属、非政府组织和来访代表的唯一切入点，通过其使命，为加强日内瓦作为国际合作重要中心的影响力作出了充分贡献。①此外，日内瓦欢迎中心还为国际组织的人员提供住房、助学金等服务，拥有一套完整、系统的国际组织接待服务系统，从而吸引更多的国际组织。

　　在国际组织人才培养上，以瑞士外交部为代表的瑞士当局和日内瓦当局，二者共同行动。日内瓦当局的各部门协同进行国际组织驻地的工作，从而更好地将人才送入国际组织中。首先，日内瓦州的财政和人力资源部负责政府行动的协调、与日内瓦的关系以及与在州际和地区代表日内瓦利益有关的任务。其次，日内瓦代表负责处理与国际组织的接待和当地活动有关的所有问题。礼宾部确保国家与联邦各当局、外交和领事界以及在日内瓦设立的国际组织的关系的持久性和质量。友好使者办公室是调解机构，旨在促进解决涉及享有外交和领事特权和豁免权的人员及其工作人员的劳动争议。最后，日内瓦市对外关系部负责提供有关国际主题的分析，执行正式任务并支持行政委员会在地方、国家和国际舞台上的行动。②

---

　　①　FDFA. Permanent Mission of Switzerland to the United Nations Office and to the other international organisations in Geneva[EB/OL]. [2022-05-05]. https://www.eda.admin.ch/missions/mission-onu-geneve/en/home/geneve-international/cagi.html.

　　②　International Geneva Welcome Centre. Institutional actors[EB/OL]. [2022-05-05]. https://www.cagi.ch/en/international-geneva/.

此外,瑞士联邦和日内瓦当局共同设立国际组织不动产基金会和国际日内瓦会议中心。前者提供一系列服务,旨在促进自 1964 年以来在日内瓦定居的国际组织的建立和活动。后者旨在承办政府层面的国际会议,包括政治、经济和技术性质的国际会议,以及任何其他类型的私人会议。

瑞士联邦与日内瓦当局协同推动建设与国际组织有关的信息平台。日内瓦国际合作中心门户网站由国际日内瓦办事处领导,是日内瓦州支持和促进国际日内瓦努力的一部分,这些努力是在瑞士联邦和相关地区的协调下进行的。[①]该网站旨在帮助总部设在日内瓦的全球参与者了解他们可利用的资源。它载有国际组织、非政府组织、常驻代表团和其他行动者的最全面名单。该合作中心主办了在日内瓦举行的最大规模的国际活动,它突出了东道国当局及其伙伴提出的各种支持。例如,该合作中心在网站上公示许多非政府组织以及国际组织的招聘信息,按照环境与可持续发展、健康、人道主义行动、经济、和平以及文化等主题分别提供职位机会,使得瑞士人可以方便、快捷地了解国际组织的招聘信息。

第二节　瑞士高校国际组织人才培养的目标与机制

一、 瑞士三所高校人才培养目标中的整体适切性

笔者搜集了日内瓦大学(University of Geneva)、日内瓦国际关系及发展高等学院(简称日内瓦高等学院)和苏黎世联邦理工学院有关培养目标、办学使命以及办学定位的材料 31 份,对这些目标表述作词频分析。经过词频分析,本节选取 3 个重点词进行共同目标分析,包括国际、跨学科以及批判性。

(一) 共同目标一:面向国际

瑞士高校在面向国际的共同目标下,培养国际组织人才。例如,作为国际日内瓦的核心,日内瓦大学通过所提供课程的国际化和不断发展与日内瓦的国际组织、非政府组织的密切关系,在世界舞台上通过与其他机构和大学发展伙伴关系

---

① International Geneva. About us[EB/OL]. [2022-05-05]. https://www.geneve-int.ch/about-us.

和交流,实施其国际战略。学术流动与伙伴关系部门积极促进日内瓦大学国际战略的实施,特别是通过在国际上宣传大学,提升其作为全球卓越教学和研究中心的形象。日内瓦大学充分融入了日内瓦的价值观:国际开放、尊重人权、对不同文化的敏感性、道德、人文主义和科学研究的传统。它促进这些价值观的确立与实现,首先是承诺维护其成员的学术自由,确保营造促进学习和批判性思维的环境,促进机会均等,承担社会和环境责任。其次,日内瓦大学与国际日内瓦联系密切,将全球问题纳入其教学和研究范围。①此外,日内瓦国际大学网络(Réseau Universitaire International de Genève)专门负责研究人员与各国际组织在人权、可持续发展等议题上进行合作。日内瓦高等学院里多元化的教师和学生群体形成了创新、国际化和多元的学术环境。其研究使命是创造有助于更好地了解全球问题的知识。作为由公众参与的学者组成的社区,日内瓦高等学院还组织丰富的国际和地方层面的政策辩论,特别是涉及国际行为者的政策辩论;生产和分享有关国际关系、发展问题、全球挑战和治理的学术知识和专业知识;通过科学卓越、跨学科和批判性思维的结合,培养学生和专业人士成为面向世界的决策者。

(二) 共同目标二:培养跨学科思维

国际组织人才培养离不开跨学科思维。日内瓦大学致力于维护其成员的学术自由,确保维持鼓励学习和批判性思维的环境。培养其开放性也相应地促进了研究和教学中跨学科和多学科领域的出现。日内瓦高等学院以卓越的科学和跨学科专业为基础,利用主要的社会科学学科(人类学、发展经济学、国际经济学、国际历史、国际关系、政治学和社会学)以及国际法,促进跨学科对话。例如,该校的硕士、博士课程通过跨学科视角,为学生提供对国际事务和全球进程的正确理解。其中,为了更好地探讨、应对全球性议题,研究院开设跨学科硕士课程,为学生提供攻读国际事务硕士或发展研究硕士的课程/项目/机会。苏黎世联邦理工学院除了传授方法技能和学科知识外,它还鼓励跨学科的思维方式,促使学生学会批判性思考,负责任地行事并在团队中工作。

---

① University of Geneva. About the University[EB/OL]. [2022-05-20]. https://www.unige.ch/universite/presentation/.

（三） 共同目标三：培养批判性思维

日内瓦高等学院的使命是分析和激发国际关系和发展问题领域的批判性思考，培养应对这个时代重大挑战的批判性和创造性思维；学院还致力于批判性调查、国际合作和人类团结。苏黎世联邦理工学院则通过培养下一代成为具有批判性和创造性思维的思想家，为共同利益和保护社会福祉、自然资源和环境作出了重大贡献。

二、 瑞士高校国际组织人才培养的信息共享机制

信息共享也是协调机制的重要组成部分之一。日内瓦大学、日内瓦高等学院以及苏黎世联邦理工学院通过信息共享，如共享课程信息和职业辅导信息，来推动国际组织人才培养工作。

（一） 课程信息共享

日内瓦大学和日内瓦高等学院开设了暑期学校课程，通过这类课程的信息共享，让更多的人学习多个领域的课程。

日内瓦大学与众多国际组织签订了多项合作协议，而该校的日内瓦暑期学校(Geneva Summer Schools，简称GSS)则有效促进了全球性议题的交流与合作。日内瓦暑期学校在夏季开设一系列短期课程，涉及国际法、人道主义行动、全球儿童、全球健康、多样性、可持续发展目标、数字和知识产权法等多个领域。在2022年，日内瓦暑期学校开设了13门课程，分为线下课程、线上课程以及混合课程三种类型，包括线下课程"全球公民教育"、线上课程"数字法律"以及混合课程"可持续发展转型的领导力"等。以线下课程"国际法与国际人道法"为例，由于地处联合国、世界贸易组织等许多国际组织和非政府组织的驻地，日内瓦大学在国际法方面的关注较多，实力较强。该课程面向对国际法或与国际政治、事务和商业的日常互动感兴趣的学生，突出当前国际法中的热门问题，同时保持对非专业人员的开放性，寻求触及"国际法01"的主要原则。①从课程来看，暑期学校充分发挥日

---

① University of Geneva. Geneva Summer School[EB/OL]. [2022-05-25]. https://www.unige.ch/genevasummerschools/programme/courses/international-law-international-humanitarian-law

内瓦国际组织驻地优势,课程形式将学术讲座、圆桌会议和辩论相结合,与总部设在日内瓦的主要国际组织以及全球顶级非营利机构和公司的专家进行辩论,同时将来自世界各地的不同大学的院系和学生聚集在一起,以加强学术以外的联系,开发创新的学习机会。

值得一提的是,混合课程"可持续发展转型的领导力"(Leadership for Sustainability Transition)既关注可持续发展,又关注领导力。该课程为期 10 天,由联合国等国际组织的客座专家与专业人士授课,注重提高可持续发展职业技能组合,即硬技能和软技能相结合,从而掌握国际变化动态。通过对该课程的学习,一方面可提高专业知识,使其发挥基础设施和新战略(如基于自然的解决方案)的作用,以实现可持续发展目标,同时加强社会和系统弹性;另一方面,课程与各利益相关者(市政当局和地方政府、国家政府、国际组织)之间的多种互动,增强了学生的内在领导力。[①]

日内瓦高等学院的暑期课程旨在让来自世界各地的学生体验国际事务领域的研究生学习。课程由全球知名教师在国际日内瓦的中心地带授课,这种充满活力的环境为学生提供了无与伦比的国际组织访问机会,提供了与现场专家讨论的丰富机会。以 2022 年的暑期课程为例,课程包括上午讲座和下午参观活动,上午深入了解人道主义行动、和平与安全、联合国政策议程、数字技术和民主,下午参观国际组织、进行社交活动和职业发展。[②]

(二) 职业辅导信息共享

日内瓦高等学院为学生进入国际组织工作提供了职业辅导信息共享,为学生提供与国际组织职位相关的职业服务,来推进向国际组织人才推送工作。首先,学院提供实习和工作机会。该学院位于日内瓦市,与众多国际组织毗邻,其得天独厚的地理位置意味着在国际组织的各个领域都有实习和就业机会。同时,与国际日内瓦的公共和私人组织的合作为学生提供了学习期间和毕业后宝贵的实

---

① University of Geneva. Geneva Summer School[EB/OL]. [2022-05-25]. https://www.unige.ch/genevasummerschools/programme/courses/international-law-international-humanitarian-law

② Geneva Graduate Institute. Summer Programme[EB/OL]. [2022-05-27]. https://www.graduateinstitute.ch/index.php/summer.

习和就业机会,如学院每天在在线工作门户网站上发布最新的实习和职位空缺。其次,学院开设职业工作坊。春季和秋季定期举行研讨会,为在校学生提供专业发展所需的建议、工具和技巧,其主题包括简历和求职信写作、面试准备和职业规划。再次,学院支持创新学生项目。自2015年以来,校友关系与职业服务部一直为学院学生提供支持,这些学生提出的项目有助于发展国际组织职位所需的专业技能,在就业市场上较具优势(领导力,倡导,团队精神等)。[①]最后,学院联系雇主。作为学院的年度盛会,Connexion职业日为雇主提供了一个难得的机会,让他们接触具有国际视野的高素质候选人。这也是希望在公共、非营利或私营部门开始职业生涯的学生和毕业生可以瞥见他们潜在的未来的机会。此外,学院开设Capstone项目。Capstone项目是一种独特的教学体验,其中一小群研究生与来自日内瓦的合作伙伴合作,开展应对当今全球挑战的研究项目。[②]

日内瓦高等学院为毕业生提供到国际组织实习服务的效果显著,日内瓦高等学院公布的就业数据表明,毕业一年后,37%的毕业生去了公共部门,其中三分之二的人去了国际组织。接下来最受欢迎的部门是非营利部门,占毕业生总数的27.5%,其中近四分之三的人选择了非政府组织。毕业六到八年后,89%的校友有稳定的专业活动,43%的毕业生选择留在瑞士,而其余的则前往世界各地工作。[③]

第三节　瑞士高校国际组织人才培养的课程资源特色开发

在引导和动员机制中,瑞士高校充分利用其优势,动员校内、校外的各种资源,开发与国际组织人才培养相关的课程,如国际法、国际事务等课程,为培养国际组织人才打下坚实的专业知识基础。

---

① Geneva Graduate Institute. Career Services[EB/OL]. [2022-05-28]. https://www.graduateinstitute.ch/career.

② Geneva Graduate Institute. Employers[EB/OL]. [2022-05-28]. https://www.graduateinstitute.ch/employers.

③ Geneva Graduate Institute. After Graduation[EB/OL]. [2022-05-29]. https://www.graduateinstitute.ch/alumni-career/after-graduation.

一、 开设以国际法为特色的课程

国际法课程作为国际组织人才培养的重要课程之一,日内瓦大学和日内瓦高等学院都开设了此类课程,来培养符合国际组织要求的具备专业法律素养的人才。

以日内瓦大学为例,日内瓦大学是欧洲研究型大学联盟的成员,该联盟包括阿姆斯特丹大学、剑桥大学、海德堡大学、赫尔辛基大学和米兰大学等学术机构。它也是法律研究学院战略联盟的一分子,该战略联盟还包括其他 12 所著名的欧洲法学院。日内瓦大学法学院还与哈佛大学法学院和墨尔本大学法学院进行了学生和教授交流计划。此外,日内瓦大学与国际和发展研究生院合作,拥有不少于 25 名专门研究国际法(私人、公共或刑事)的教授。该大学和研究生院的校友包括众多知名人士,如曼努埃尔·巴罗佐(Manuel Barroso,欧盟委员会现任主席)、科菲·安南(Kofi Annan,联合国第七任秘书长)、卡拉·德尔庞特女士(Carla del Ponte,国际刑事法院前首席检察官)和汉斯·格特·波特林(Hans Gert Pöttering,2007 年至 2009 年担任欧洲议会主席)。① 日内瓦大学法学院拥有多个研究中心,包括银行和金融法中心、欧洲法律研究中心和艺术法中心,提供涵盖所有法律领域的各种学术课程,重点是国际法和比较法。得益于其在争议解决方面具有悠久历史的世界主要仲裁场所之一的战略位置,法学院在国际仲裁和替代性争议解决方面开发了公认的专业领域,包括研究项目、会议和研讨会。

联合国助理秘书长、开发署署长兼开发署欧洲和独联体区域局局长米里亚娜·斯波利亚里克·艾格(Mirjana Spoljaric Egger)拥有日内瓦大学国际法硕士学位,曾担任瑞士联邦外交部联合国和国际组织司司长,在制定瑞士联合国政策和优先事项以支持实现 2030 年议程方面发挥了重要作用。此外,强大的政策背景与实地经验相结合,使得她不仅在瑞士联邦外交部担任过职务,也在纽约、开罗

---

① University of Geneva. Faculty of Law[EB/OL]. [2022-05-23]. https://www.unige.ch/droit/en/international/.

和近东救济工程处主任专员办公室担任过多项职务。①日内瓦大学颇具特色的法学课程,给国际组织培养了许多专业型人才。

日内瓦高等学院也开设了相关的国际法课程。该校的国际法法学硕士课程是为期一年的研究生学位课程,提供先进、全面和实用的国际法培训。研究院成立于 1927 年,是欧洲最古老的国际事务学院,自汉斯·凯尔森(Hans Kelsen)时代以来,该研究院的国际法系在理论和实践上一直处于国际公法研究的最前沿。就读国际法法学硕士课程的学生可以接触世界知名的教师,从位于日内瓦的国际法律事务中心获益,与不同法律背景的其他参与者分享想法。此外,该课程允许学生根据自己的特殊兴趣确定学习内容,必修课程则为国际公法提供了坚实的基础。小规模和密集的课程有助于学生与处于国际法研究前沿的教授和从业人员一起更深入地探索该领域最紧迫的问题。该课程还致力于发展在专业领域取得成功所需的可迁移技能。为此,法律诊所、关于法律写作、演讲技巧和职业发展以及各种网络建设活动,为启动或推进国际法事业提供了最佳跳板。②

事实上,该课程的确培养了许多国际组织人才。在联合国难民署(United Nations High Commissioner for Refugees,简称 UNHCR)工作的帕特里克·沃尔(Patrick Wall)在接受采访时说道:"2015 年夏天,我从澳大利亚来到日内瓦,希望将法学硕士课程作为在国际法领域发展的跳板。与领先的学者和从业人员的课程学习,专注于专业发展的练习以及在研究生院和整个日内瓦关于前沿主题的公共活动,法学硕士课程的学习为我开启国际职业生涯奠定了坚实的基础。事实上,课程内容非常丰富,我最终参加的课程数量远远超过了我注册的课程数量。完成该课程后,我在联合国难民事务高级专员办事处工作了近三年,从事《全球难民契约》的制定工作,现在又首次参加了全球难民论坛。这是一项非常有意义的工作,如果我没有在研究生院攻读国际法法学硕士,就根本

---

① UNDP. Our Leadership[EB/OL]. [2022-05-23]. https://www.undp.org/our-leadership.

② Geneva Graduate Institute. Programme In International Law[EB/OL]. [2022-05-28]. https://www.graduateinstitute.ch/programmes/llm-programme-international-law.

不可能做到。"①

二、 开发聚焦国际事务的特色课程

为了应对全球治理与挑战，培养具有跨学科、批判性思维以及全球视野的专业人才，日内瓦大学和日内瓦高等学院开发了聚焦国际事务的课程，如公共管理硕士课程、暑期学校以及跨学科硕士课程。

自 1992 年以来，日内瓦大学的公共管理硕士课程（MAP）培养了数百名公共行政和管理专家，他们今天在公共部门、私人咨询或学术研究机构中担任高级管理职务。每年有 20～30 名学生开始学习公共管理硕士课程，其中包括一些获得公共或私营部门专业工作经验后返回大学的学生。MAP 是为期四学期的研究生课程（120 ECTS 学分），旨在培养公共管理方面的专家。MAP 是跨学科的硕士学位，主要（但不完全是）针对经济学、政治学或法律学学士学位的持有者。该课程主要针对在市、州、联邦、欧洲行政当局、上市公司、国际组织、非政府组织的公共部门负责人进行培训。②而且，MAP 提供的这部分培训将先进的理论培训与实践练习相结合。一方面，由于扎实的跨学科培训，学生被引导发展他们的分析能力，这为他们提供了分析国家、行政和公共政策的基本工具。另一方面，这种培训植根于实践。许多 MAP 教师目前在公共部门担任重要职务。此外，在最后一学期的学习中，学生有机会在他们选择的行政部门或其他公共部门组织中进行为期三个月的专业实习。③值得一提的是，2018 年，清华大学公共管理学院与瑞士日内瓦大学社会科学院通过整合双方优势教育资源，共同设计建设了可持续发展公共政策双硕士学位项目（Master of Public Policy for Sustainable Development Goals，简称 MPP-SDG）。

---

① Geneva Graduate Institute. Programme In International Law[EB/OL]. [2022-05-28]. https://www.graduateinstitute.ch/executive-education/programmes/llm-international-law.

② University of Geneva. Geneva School of Social Sciences[EB/OL]. [2022-05-24]. https://www.unige.ch/sciences-societe/speri/etudes/map/pourquoi-la-map.

③ University of Geneva. Master In Public Management[EB/OL]. [2022-05-25]. https://www.unige.ch/sciences-societe/speri/etudes/map/structure.

三、 开发跨学科综合课程

跨学科课程为国际组织人才培养提供了多种视角。日内瓦高等学院的硕士、博士课程通过跨学科视角,为学生提供对国际事务和全球进程的正确理解。该课程包括人类学和社会学、国际经济学、国际历史与政治、国际法、国际关系与政治学等。①以国际关系与政治学课程为例,课程旨在培养学生的分析和批判技能,涉及国际关系和政治学领域,与国际组织密切相关。靠近日内瓦的各种国际政府间和非政府组织成为该计划中学生的广泛文化来源,为该课程奠定了坚实的基础。②

为了更好地探讨、应对全球议题,研究院开设了国际和发展研究跨学科硕士课程(Master in International and Development Studies,MINT),为学生提供攻读国际事务硕士(Master In International Affairs,MIA)课程或发展研究硕士(Master In Development Studies,MDEV)课程的选择,两者都来自研究院的核心学科:人类学和社会学、经济学、历史、法律和政治学。③国际事务硕士课程是为期两年的密集课程,提供了跨学科的方法来研究全球治理,为学生提供了对塑造21世纪国际事务的行为者、政策和进程的正确理解。国际事务硕士课程通过两个实践研讨项目来培养学生的专业技能,即顶点项目(Capstone Projects)和专业技能工作坊(Professional Skills Workshops)。顶点项目是运用研讨研究会,学生能够与研究生院的合作机构密切合作,直接接触到现实世界的国际事务问题,同时能够在日内瓦的国际组织世界中建立网络。专业技能工作坊是互动式教学,将学生置于真实的职业环境中,为他们发展成为有效的、有道德的技能决策者的能力。④发展研究硕士是为期两年的密集学习课程,提供跨学科的发

① Geneva Graduate Institute. Master & Phd Programmes[EB/OL]. [2022-05-28]. https://www.graduateinstitute.ch/Master-PhD.

② Geneva Graduate Institute. Our Master Programme[EB/OL]. [2022-05-29]. https://www.graduateinstitute.ch/academic-departments/international-relations-political-science/our-master-programme.

③ Geneva Graduate Institute. Master In International And Development Studies[EB/OL]. [2022-05-28]. https://www.graduateinstitute.ch/mint-2021-2023.

④ Geneva Graduate Institute. Our Programme[EB/OL]. [2022-05-28]. https://www.graduateinstitute.ch/interdisciplinary-masters-2021-2023/interdisciplinary-master-international-affairs/our-programme.

展方法。该课程使学生对国际发展的政策和实践的进程有正确理解。结合专业技能研讨会、互动教学方法的使用、顶点项目和论文，学生将获得在政府、国际组织和非营利部门就业所需的概念和实践工具。据统计，在公共部门就业的毕业生中，有三分之二继续在国际组织中工作，在志愿部门中，非政府组织招募了参加过类似课程的校友。[①]

第四节　瑞士高校国际组织人才培养的机构资源深度开发

除了地理资源利用、课程资源开发外，瑞士高校还整合其资源成立了多个机构中心，来培养国际组织人才，如日内瓦高等学院成立了多种类型的研究中心，苏黎世联邦理工学院则依据该校的专业特色建立多个机构。

一、建立多类型研究中心

日内瓦高等学院成立了许多不同类型的研究中心，包括全球移民中心(Global Migration Centre)、贸易和经济一体化中心(Centre for Trade and Economic Integration)以及全球治理中心(Global Governance Centre)等。这些研究中心为促进教授和博士生之间的交流，加强日内瓦和瑞士具有相对优势的学科的专业知识网络，提供了良好的知识环境。由于其广泛的活动，包括研究和专业知识、组织公开辩论、接待来自世界各地的研究人员，为学术界和国际社会提供了独特的连接点，也为研究中心的高级管理培训教育课程做出了贡献。[②]以全球治理中心为例，该中心致力于促进对塑造和组织全球治理的机构、正统观念和实践的批判性思考。它还致力于探索全球治理中可见的和无形的问题，鼓励发展新的、创造性想法来解决这些问题。同时，该中心结合了研究院各学科的专业知识，促进了对世界治理方式转变的最先进、跨学科和与政策相关的辩论。此外，该中心充分利用其在"国际日内瓦"的特殊位置，成为学者、决策

---

① Geneva Graduate Institute. Mdev[EB/OL]. [2022-05-28]. https://www.graduateinstitute.ch/mdev.

② Geneva Graduate Institute. Master In International And Development Studies[EB/OL]. [2022-05-28]. https://www.graduateinstitute.ch/research-centres/research-centres.

者、政策执行者和感兴趣的公众进行持续的、建设性的和富有成效的对话的重要论坛。①全球治理中心的师资队伍也十分国际化,许多教师都拥有在国际组织任职的经历,如中心主任、国际法教授文森特·切泰尔(Vincent Chetail)定期担任各国政府间、非政府组织和国际组织(如非洲联盟、欧洲联盟、联合国难民署、世界卫生组织等)的顾问。②

苏黎世联邦理工学院作为瑞士国际组织人才培养的重要机构,利用其国际化的校园环境、优质的教学资源以及先进的理念,为国际组织培养人才。例如,该校通过 NADEL 发展与合作中心这个综合性的国际组织人才培养项目来培养人才。该中心是苏黎世联邦理工学院最具代表性的国际组织人才培养项目,既有课程设置的独特性,将理论与实践、研究学习与体验学习相结合,也有多学科交叉、工作经验丰富的教师队伍,拥有跨学科背景的教师通过自己在国际组织工作的经历,让学生对国际组织有了更加深入的了解。同时 NADEL 发展与合作中心也随着时代变化,与时俱进、不断丰富、不断发展。

(一) 苏黎世联邦理工学院 NADEL 发展与合作中心职能定位

自 20 世纪 70 年代成立以来,该中心一直在为发展与合作事业培养人才。1969 年,瑞士发展与合作署要求瑞士大学研究如何为瑞士的发展合作作出贡献。因此,1970 年苏黎世联邦理工学院启动了一项研究生课程,帮助毕业生准备从事发展合作事业。该项目将一个学期的发展研究与 4 个月的海外项目结合起来,以帮助学生获得亲身实践的发展经验。在 20 世纪 80 年代,NADEL 建立了新的计划结构,将实地任务延长到 6～12 个月,增加第二个学期项目课程。第二学期的课程主要侧重于规划、实施和评估发展项目的工具和方法。在 20 世纪 90 年代,NADEL 为在职人员推出了第二项研究生课程。在 2000 年,这两个项目合并成为发展与合作高级研究硕士项目。项目中包含三学期的全日制课程,课程学习结束后为毕业生颁发发展与合作高级研究证书。在 2010

---

① Geneva Graduate Institute. Research Centres[EB/OL]. [2022-05-29]. https://www.graduateinstitute.ch/globalgovernance.

② Geneva Graduate Institute. Vincent Chetail[EB/OL]. [2022-05-29]. https://www.graduateinstitute.ch/academic-departments/faculty/vincent-chetail.

年，NADEL 发展与合作中心正式成立，其目标是将研究与教学、政策设计、实践联系起来，为当地和全球发展挑战寻找创新解决方案。NADEL 的使命是建构和分享有效的决策知识，以应对全球和地方的发展挑战。该中心设计了跨学科的研究生发展与合作项目，通过开展研究和参与咨询来推动科学与政策相结合的公共服务活动。该中心曾为联合国开发计划署的《人类发展报告》提供了瑞士地区背景研究，与世界卫生组织合作为加纳、尼日利亚等国执行《水俣公约》(*Minamata Convention*)的机构的能力进行评估等。该中心将科研与实践结合起来，利用科研成果服务于国际组织，同时也利用国际服务实践提升科研的深度与广度。

该中心为学生提供了良好的氛围去了解国内外的发展挑战，并学习寻求创新的解决方案的工具和方法。这两个项目的教师为该校的优秀教师以及国际事务的从业人员。该项目将学生在苏黎世联邦理工学院的研究学习与在国际组织和机构中的体验学习结合起来，两年的学习时间被分为三个部分。第一学期，学生将系统学习关于全球和地方目前面临的紧迫挑战，重要的历史、地理、政治和社会环境等方面的理论知识。课程会通过讲座与研讨会的形式进行，同时学生也会根据自己未来的职业方向选择一些选修课。第一个学期之后学生会在国际组织或其他双边、多边机构进行 8～10 个月的海外实习，接触国际组织应对当地具体问题的具体方案，获得切实的体验。该校与 30 多个国际组织建立了合作关系，同时也与瑞士的政府部门有密切的联系(瑞士发展与合作署资助所有学生在国际组织的海外实习)。学生实习归来仍有第二学期的学习，经过理论与实践的深入结合，学生可在这一学期选择方法来探索创新的解决方案，或改善政策实施的策略。

事实上，这个项目通过精心安排的课程，确实培养了很多国际组织人才。曾在 2012 年随瑞士的一个非政府组织在坦桑尼亚进行实习的米尔詹·莫泽(Mirjan Moser)在接受采访时说："有一次，我在垃圾站看到两位坦桑尼亚的妇女，她们在那里分拣垃圾，戴着手套却没有鞋子，这件事对我触动很大。一方面我很同情她们，但另一方面，我也看到了我们的工作还有很多需要进一步提高的地方。"①所以她毕业后就去了瑞士一个环保方面的非政府组织工作,成为众多通过在校期间到国际组织实习而决定加入国际组织从事国际服务事业的瑞士人之一。一份对134名参与过该实习项目的毕业生的调查报告显示,50%以上的毕业生都去了双边援助机构或国际组织(包括政府间和非政府组织)。②除此类高级人才培养项目为学生提供国际组织的实习机会外,该校也在网站上为各专业的学生发布国际组织、政府机构、双边或多边组织的实习与培训项目信息,③供有兴趣的学生查阅与申请。该校对国际组织(尤其是非政府组织)的研究也是非常多的,研究人员不仅拓展了学校科研的深度与广度,也有机会成为国际组织在相关领域的咨询专家。瑞士发展与合作署(SDC)与苏黎世联邦理工学院的合作与发展中心都积极鼓励与支持研究人员与国际组织的合作。④

中心建立了多学科交叉、工作经验丰富的教师队伍体系。NADEL发展与合作中心有8位教授,虽然他们的研究领域各不相同,但几乎都有在多个国际组织、研究机构的工作经历,在国际组织工作了较长的时间,对国际组织的组织结构、运作方式及其职能比较熟悉、了解,而且他们的学术和研究背景是跨学科、多样化的,有助于培养具有综合素质的国际组织复合型人才。除此之外,这些教师拥有世界一流高校的教育背景,获得了博士学位,拥有很强的学术能力。他们不仅将世界上先进的理念在苏黎世联邦理工学院进行讲授,也将自己在国际组织工作的经验传播给学生,让学生对国际组织的工作性质、工作内容、主题实践有了更加深入的了解(见表6-1)。

① Eidgenössische Technische Hochschule Zürich. Alumni Interviews[EB/OL]. [2022-07-18]. http://www.nadel.ethz.ch/education/mas-development-and-cooperation/alumni-interviews.html.

② MOLNAR D, GÜNTHER I, BATLINER R. Tracer Study MAS 1994—2012[R/OL]. [2022-12-11]. https://www.ethz.ch/content/dam/ethz/special-interest/gess/nadel-dam/documents/mas/MAS_TracerStudy-Report2016.pdf.

③ Eidgenössische Technische Hochschule Zürich. Career Center & Recruiting[EB/OL]. [2022-07-18]. https://www.ethz.ch/en/industry-and-society/career-center.html.

④ NADEL Center for Development and Cooperation. Impact evaluations: call for proposals 2017[EB/OL]. [2017-06-29]. http://www.nadel.ethz.ch/news/2017/06/impact-evaluations-call-for-proposals-2017.html.

表 6-1　NADEL 发展与合作中心三位教授背景举例

姓名	职位	学术和研究背景
肯尼思·哈特根 (Kenneth Harttgen)	NADEL 发展经济学小组的高级科学家,教授	经济学家,拥有哥廷根大学的博士学位,侧重于研究经验微观经济学。研究兴趣包括分析低收入和中等收入国家的儿童健康,衡量贫困和不平等以及分析人口动态,特别侧重于撒哈拉以南非洲。曾担任各种国际组织的顾问,包括联合国粮农组织和世界银行
林恩·博尔根·尼尔森(Linn Borgen Nilsen)	NADEL 高级讲师,教授	2004 年从挪威生命科学大学(UMB)毕业,曾在研究机构和国际发展组织工作。2009 年至 2014 年,受雇于联合国粮农组织在卢旺达和意大利工作。研究兴趣和主要工作主题是农村发展背景下的粮食安全、农业和自然资源管理
什鲁蒂·帕特尔 (Shruti Patel)	NADEL 高级讲师,教授	在加入 NADEL 之前,为国际开发部(现为 FC-DO)、亚洲开发银行和世界银行提供咨询服务。在担任研究助理期间,还担任莱索托政府的政策顾问。曾在生物电视公司从事专注于可持续农业、培训和知识转让的项目。拥有诺丁汉大学和剑桥大学的农业经济和发展研究背景

资料来源:笔者根据苏黎世联邦理工学院官网的数据翻译整理。

(二) 苏黎世联邦理工学院发展组织及其特色项目

为了培养能够胜任国际组织工作的人才,除了开办 CAS 和 MAS 课程之外,NADEL 发展合作中心还主办了苏黎世联邦理工学院发展组织(ETH for Development,简称 ETH4D)。ETH4D 成立于 2019 年,是 ETH-wide 项目,旨在加强苏黎世联邦理工学院对可持续发展目标(SDGs)的参与。首先,该发展组织的目的是培养未来可持续发展的领导者,并且使该校研究人员、非学术伙伴(即私营部门、非政府组织、政府间组织)和全球南方伙伴之间能够开展基于项目的研究合作,促进非政府组织、政府机构、业界和学术界之间的合作。[①]该项目依托苏黎世联邦理工学院的学术优势,培养了新一代的工程师和自然科学家,能够以全球视野开发、实施改变世界的创新。这很好地契合了联合国可持续发展目标(SDGs),

---

① Eidgenössische Technische Hochschule Zürich. ETH for Development [EB/OL]. [2022-06-06]. https://eth4d.ethz.ch/research-projects.html.

契合了众多国际组织的发展愿景，为培养国际组织人才提供了对口专业。其次，该发展组织除了在目标上具有国际视野之外，还组织了一系列的活动。活动包括与加纳阿什西大学（Ashesi University）合作开发工程硕士课程，与夸梅·恩克鲁玛科技大学（Kwame Nkrumah University of Science and Technology）合作开设暑期学校，与红十字国际委员会（International Committee of the Red Cross，ICRC）合作开发研究伙伴关系。①该组织通过与高校以及国际组织之间的合作活动，促进国际合作，为培养国际组织人才提供了制度保障，促进了国际组织人才培养的可持续化。

此外，该组织的研究项目涉及多个领域，包括健康与营养、水与卫生、自然资源、住房与城市、清洁能源、教育和就业等不同领域，②而且这些项目的研究员也是来自不同学科、不同机构与组织。在课程设置上，该发展组织开设了各种促进可持续发展、具有全球视野的课程与研讨会。该校每学期组织博士研讨会，列出所有相关开发继续教育方案。ETH4D不仅组织了暑期学校，促进开发与改善发展中国家穷人生计直接相关的产品或方法，还提供有关全球可持续发展主题的各种课程。在2021年春季学期，它提供了"机器学习""联合国模式""国际开发工程"以及"背景中的可持续发展目标"等课程。③由此可见，该发展组织通过多样化的项目和实践性的课程设置，不仅汇集了来自工程、自然和社会科学以及非政府组织、政府和私营部门机构的研究人员，也提供了全球可持续发展研究的国际人才。

二、 建立联合机构，协同推进国际组织人才培养

除了综合性的国际组织人才培养项目之外，苏黎世联邦理工学院还与该国的其他高校进行合作交流，在课程设置、教师团队以及研究项目等方面合作共商，

---

① Eidgenössische Technische Hochschule Zürich. ETH for Development [EB/OL]. [2021-06-06]. https://ethz.ch/content/dam/ethz/special-interest/dual/eth4d-dam/documents/One_pager_ETH4D.pdf.

② Eidgenössische Technische Hochschule Zürich. ETH for Development [EB/OL]. [2021-06-06]. https://eth4d.ethz.ch/research-projects/innovation.html.

③ Eidgenössische Technische Hochschule Zürich. ETH for Development [EB/OL]. [2021-06-20]. https://eth4d.ethz.ch/Learning.html.

协同推进国际组织人才培养。该校比较具有代表性的国际组织人才培养合作项目是国际比较研究中心(The Centre for Comparative and International Studies, CIS)。作为与苏黎世大学的高校合作项目，该项目发挥着拓展与高校之间的合作交流渠道，协同推进国际组织人才培养的作用。该中心的课程不仅由苏黎世联邦理工学院和苏黎世大学的教授共同进行教授，而且教师大多具有相关的研究背景。例如，托马斯·伯瑙尔(Bernauer Thomas)是苏黎世联邦理工学院的政治学教授，他和他的研究小组都在 CIS。托马斯·伯瑙尔从苏黎世大学获得博士学位，先后担任过日内瓦联合国裁军研究所研究员、哈佛大学博士后研究员、苏黎世大学高级讲师，后来成为苏黎世联邦理工学院的全职教授，担任苏黎世联邦理工学院社会科学和人文系主任。自 2015 年起，他担任该校科技与政策研究所所长。[①]

（一） 联合成立国际比较研究中心

国际比较研究中心(CIS)在 1997 年由苏黎世联邦理工学院和苏黎世大学联合发起，汇集了来自民主、市场和政治和可持续发展等领域的学者，且各领域的学者融合为一体，使 CIS 成为欧洲领先的政治科学研究中心之一。CIS 主张要在国际关系和比较政治领域的研究和教学方面具有创新和卓越性。该中心提供一系列跨学科的研究生课程以及一些本科课程。[②]

CIS 的硕士学位(Master in Comparative and International Studies，简称 MA-CIS)是在完成政治学研究型研究生课程之后获得的。学生获得基本的政治学知识之后，再在该中心进行学习，课程是由该校与苏黎世大学(苏黎世大学也为众多国际组织培养众多人才)合作进行的。作为欧洲领先的政治科学研究中心，CIS 的学位课程设置是多样化与跨学科的。CIS 在硕士研究生培养上别具特色，一方面，班级规模小，学生能够与教师密切互动，从而能够对全球问题进行更好的思考。另一方面，由国际知名教授英语授课，课程集中在民主、政治经济和可持续发展等问题上。课程设置注重跨学科、跨区域的学习和研究，学生需获得 120 个

---

①② Eidgenössische Technische Hochschule Zürich. Center for Comparative and International Studies (CIS)[EB/OL]. [2021-06-06]. https://cis.ethz.ch/the-center.html.

ECTS(欧洲学分互认体系)学分。获得 MACIS 学位的学生可以选择不同的就业渠道。大约一半的学生在毕业后进入比较和国际研究中心或其他地方攻读博士学位,继续进行研究。另有一些人在私营部门、政府以及国际和民间社会组织就业,为国际组织输送了一些高级专业人才。①

在实践上,CIS 组织了实地考察,带着学生去众多国际组织访问。学生有机会参加一年一度的"国际组织"日内瓦实地考察。考察活动为期两天,访问的目的是了解总部设在日内瓦的国际组织的工作和挑战。学生将访问几个国际组织,包括红十字国际委员会、联合国欧洲总部、国际电联、世界卫生组织和世贸组织等。实地考察,能够让该校学生广泛了解国际组织的相关职能、运行结构等,培养具有国际组织素养的人才。

在 MACIS 课程中所学的技能的确为毕业生去国际组织实习提供了很好的经验。例如,弗里德·西古德松(Fride Sigurdsson)在欧洲自由贸易联盟固定办公室实习,她曾说:"MACIS 帮助培养的批判性思维和技术技能是需要统计和分析的职业的良好基础。在 MACIS 之后,我开始在欧洲自由贸易联盟统计局实习。由于 MACIS 非常注重方法论,因此在与欧盟统计局和成员国国家统计局的同事合作时,我可以自信地沟通和应用统计概念。实习结束后,我利用在 MACIS 期间获得的技能,担任挪威最大银行的分析师。我强烈推荐 MACIS 给任何希望发展分析技能的人,以便进行出色的研究或在职业生涯中取得优异成绩。"还有一名 OECD 环境局的初级政策分析员布里莱·安德森(Briley Anderson),她曾说:"我在 MACIS 期间学到的正是我现在每天工作所需要的,该课程是开展研究和展示成果的良好基础。"

作为跨学科的政治科学研究中心,比较和国际研究中心不仅为学生提供了批判性思维等跨学科技能,也在实践中让学生了解国际组织,从而为他们去国际组织实习埋下了一颗火种。例如,萨宾娜·斯坦(Sabina Stein)是苏黎世联邦理工学院比较与国际研究硕士。2014 年,她被 Cinfo(Careers in International Coopera-

---

① Eidgenössische Technische Hochschule Zürich. Master in Comparative and International Studies(MACIS)[EB/OL]. [2021-06-06]. https://macis.gess.ethz.ch/programme.html.

tion)预选为由瑞士政府资助的联合国青年志愿者，开始了她的第一次专业实习。
她现在是纽约密歇根州立大学(Michigan State University)副政治事务官(2016年
至今)，曾担任联合国开发计划署驻哥伦比亚政治干事(2015—2016年)和政治事
务副干事(2014—2015年)。在对萨宾娜·斯坦的一次采访中，她说道："当时我
在ETH的安全研究中心(CSS)工作，从事调解和解决冲突的工作。我在寻找机
会推动和平进程，以便更好地了解第三方如何设法支持他们。我很幸运，获得了
第一轮联合国青年志愿者招聘中联合国驻哥伦比亚的一个职位，那里正在进行历
史性和平进程。这是我不想错过的机会，这是解决冲突领域中少有的时刻之
一，你可以在正确的时间出现在正确的地方。"[1]由此可见，在该校学习不同的课
程，为她在联合国实习、工作打下了良好的基础。

(二) 成立跨学科国际组织人才培养机构

国际组织所青睐的人才是跨学科且具有综合技能的。苏黎世联邦理工学院
培养的国际组织人才正契合了这一要求，该校不局限于单一的人才培养，同时还
培养跨学科、跨专业的人才。该校的科学、技术和政策研究所(Institute of
Science, Technology and Policy, 简称ISTP)是苏黎世联邦理工学院的跨部门科
学机构，其最大特点是跨学科的教学和研究。该研究所的课程将工作与行业紧
密结合，既传授特定领域的知识，也培养管理胜任力，如领导力和决策能力。因
此，该研究所培养的人才极大契合了国际组织的专业型和复合型人才需求，在
毕业之后很受国际组织的青睐，大部分人才进入了国际组织工作。苏黎世联邦
理工学院作为世界领先的技术学校之一，同时是欧洲大陆最好的大学之一，承
担着在这个领域发挥重要作用的使命。因此，ISTP应运而生。一方面，该研究
所通过培养政策分析师和决策者来支持公共决策；另一方面，它通过科学家、决
策者及社会其他成员之间的信息交流来进行跨学科研究合作，强调与政府、民间
社会组织等利益相关者合作制定、实施研究项目。[2]ISTP不仅为苏黎世联邦理工

---

① Cinfo. Interview with Sabina Stein, former UN Youth Volunteer[EB/OL]. [2021-06-04]. https://www.cinfo.ch.

② Eidgenössische Technische Hochschule Zürich. Institute of Science, Technology and Policy[EB/OL]. [2021-06-06]. https://istp.ethz.ch/the-institute.html.

学院在科学、技术等领域培养了众多人才,同时这些具有跨学科技能的人才也受到国际组织青睐。

该研究所具有优秀的学习环境,班级规模小,师生比高,具有合作、互动的学习体验。此外,它还提供独特的课外学习机会。该研究所的毕业生十分受欢迎,特别是在政府机构、技术和生命科学公司、工业、咨询公司、国际组织、非政府组织和学术界。

ISTP 的毕业生对国际组织具有吸引力,他们既拥有国际知识,又拥有国际视野和眼光,同时拥有跨学科背景和领导技能,使得毕业生能在国际组织更好地进行工作。

表 6-2 ISTP 硕士生掌握的具体知识和技能

三种知识和技能	特定领域的知识	技术技能	个人和社会技能
实践应用	1. 在复杂的制度环境下,了解战略决策 2. 在自然科学或工程学中获得的核心能力 3. 公共政策的技能	1. 分析技能 2. 策略设计技能	1. 领导力和共识构建技能 2. 能够积极倾听和学习各种利益相关者的意见 3. 能够以有效的方式表达自己的意见 4. 能够以多种语言进行通信和互动
技能综合	将经济学、政治学、法律、理论决策、社会心理学和伦理学与经验数据分析、文化研究和沟通技能相结合	将环境、经济和技术技能相结合的非部门综合思维	具有领导力

资料来源:笔者根据苏黎世联邦理工学院官网的资料整理。

在世界自然基金会瑞士分部工作的莱恩·彼得森(Lene Petersen)在采访中说道:"在 ISTP 的 MAS 开阔了我的视野,帮助我更清楚地看到技术和社会之间的联系。我非常感谢跨学科的教学方法。"[①]

---

① Eidgenössische Technische Hochschule Zürich. Institute of Science, Technology and Policy. Education [EB/OL]. [2021-05-10]. https://istp.ethz.ch/education/testimonials.html.

本 章 结 语

瑞士高校在政府的整体性治理协调下,充分发挥了重要作用。瑞士政府围绕国际组织人才培养协调部门职能,瑞士高校在保证目标和机制适切性的前提下,充分开发课程资源、机构资源,极大提高了国际组织人才培养的成效。

瑞士高校由于其得天独厚的地理位置,充分利用其靠近国际组织这一优势资源,来推动国际组织人才培养工作。以日内瓦大学和日内瓦国际关系与发展高等学院为例,正是由于优越的地理位置,才培养了许多国际组织人才。日内瓦拥有 39 个国际组织、研究所,400 多个非政府组织,177 个国家代表处以及 246 个常驻代表团,可以说是多边外交的首都。日内瓦是世界上国际组织和外交使团最集中的地方。这些组织和外交使团与总部设在日内瓦湖地区的大量非政府组织和跨国公司一起,形成了特殊的全球行动者密度,这是继纽约之后世界上最大的谈判和国际合作中心。

日内瓦大学旨在进一步加强与国际组织、非政府组织的合作关系,且日内瓦大学位于日内瓦的中心,沉浸在国际环境中,并且与政府、非政府组织之间的密切合作是该校的宝贵资产和突出特点。因此,它除了更容易获得科学专业知识外,还便于采取积极的政策来为日内瓦提供支持。[①]日内瓦大学通过提供国际化培训课程以及与设在日内瓦的国际组织、非政府组织密切交流不断发展,通过与其他机构及大学发展伙伴关系,其学术流动、国际关系和伙伴关系的服务积极促进日内瓦大学国际战略的实施。[②]因而,日内瓦大学专门设立国际关系和伙伴关系办公室(International Relations and Partnerships Office),确保和发展日内瓦大学国内外的合作交流,包括合作协议,建立共同资助的战略伙伴关系,协调日内瓦大学参与众多学术网络,如 LERU、COIMBRA,积极参与国际化研究项目——日内瓦暑期学校和管理博士双学位,建立并维持与设在日内瓦的国际组织、非政府组织

---

① University of Geneva. International Relations & Partnerships[EB/OL]. [2022-05-23]. https://www.unige.ch/internationalrelations/en/iosngos/pre/.

② University of Geneva. International[EB/OL]. [2022-05-22]. https://www.unige.ch/international/fr/.

的密切关系。①由于其得天独厚的地理位置,日内瓦大学的国际组织人才培养成效显著,如国际红十字会的雷米贝斯特(Rémy Best)、雅克·查普伊斯(Jacques Chapuis)、亚历克西斯·凯勒(Alexis Keller)和多丽丝·肖珀(Doris Schopper)四位高级官员都有在日内瓦大学的学习经历。日内瓦大学与众多将总部设在日内瓦的国际组织如世界卫生组织、国际电信联盟、国际红十字会和欧洲核研究组织等建立了密切的合作关系。通过与诸如国际劳工组织、世界卫生组织和联合国以及国际高等教育学院等合作共建项目,各项研究得到卓有成效的开展。

日内瓦高等学院位于国际日内瓦的中心地带,以卓越的科学和跨学科教学为基础,培养批判性和创造性思维。通过与国际组织、非政府组织、政府和私营部门的接触,参与了关于多边主义未来的全球讨论,并为下一代负责任的决策者做好准备,在极度不确定的未来世界中发挥领导作用。日内瓦高等学院自2012年以来,凭借联合国经济及社会理事会(经社理事会)咨商地位,可以直接参与联合国的工作,有机会参加联合国的会议。日内瓦高等学院为学生和国际行动者提供知识,一方面,对寻求国际发展的学生,该学院为他们提供了在世界舞台上发挥主导作用的知识和实践手段,无论学生是从事教学还是学术研究,进行国家或国际公共服务,在非营利组织还是私营部门。这离不开日内瓦是全球治理的中心的战略位置。另一方面,对于政府和非政府组织,研究院的研究结果有助于制定和实施国际政策。②

综上,瑞士高校是瑞士提高国际影响力、提升国际话语权以及参与全球治理的重要实践者,成为塑造瑞士形象的典型案例。

---

① University of Geneva. International[EB/OL]. [2022-05-22]. https://www.unige.ch/internationalrelations/fr/propos/presentation/.

② Geneva Graduate Institute. Discover The Institute[EB/OL]. [2022-05-27]. https://www.graduateinstitute.ch/discover-institute/who-we-are.

第七章
国际组织人才培养：法国、泰国怎么做①

在过去的几十年，全球化与民主化加速发展，作为超越国家体系的国际组织是应对当前局势和复杂性的重要行动者，也是不可忽视的新力量。因而，主权国家融入国际大环境的必要路径之一便是借助国际组织平台，参与全球治理，提升国际话语权，提高全球影响力。国际组织的职员队伍，也就是国际公务员这个特殊群体，把握着国际组织政策走向，是协调国家利益的有力杠杆。②法国和泰国凭借历史和地理等多项优势，吸引了联合国教科文组织、OECD等众多国际组织落户，且始终保持着联合国系统内任职人数相对充足的现状。这不仅为国家深度参与全球治理提供了重要平台，也为本国国际化人才培养理念和路径提供了创新思路。因此，深入分析法国和泰国国际组织人才培养和选送体系的成功经验，对于提升中国在国际组织中的任职人数和影响力具有重要的借鉴意义。

---

① 本章为李滢滢、吴美灵和闫温乐共同研究成果，已得到所有作者的授权。
② 宋碧珺.法国国际组织职员战略探析及对中国的启示[D].北京：北京外国语大学硕士论文，2016：3.

第一节　法国国际组织人才培养:现状与环境

一、 法国在国际组织中任职人数与职位概况

在当前国际事务中,法国籍公民在多个重要国际组织中占据显著比例。据法国外交部统计,截至 2021 年,法国以成员国身份参加了全球共 190 个国际组织。在全球 23 万名国际公务员中有 20278 名为法国籍,即法国国际公务员占世界国际公务员总数的比例约为 9%。[①]法国外交部数据显示,有 5200 多人活跃在联合国系统(不包括参与维和行动的法国军事人员),近 7200 人在欧洲联盟的机构、机关和代表团任职,其他人则分布在世界银行、国际货币基金组织(IMF)等其他国际组织中工作。OECD2023 年年度报告中指出,2022 年在 OECD 官员人数(国际能源机构除外)中,法国籍职员达到 863 人次。[②]

在联合国适当幅度制度下,截至 2022 年 12 月 31 日,中国籍职员实际数量远低于其应占比例,要达到幅度内水平(300～406)还需有 174 人。法国依旧是任职人数过多的国家之一。表 7-1 是 2020 年至 2022 年三年间,中国和法国籍职员在联合国任职人数、任职情况及占所有工作人员的百分比。[③④⑤]

---

①　France Diplomatie. Les français dans les organisations internationales[EB/OL]. (2021-12-02)[2023-11-28]. https://www.diplomatie.gouv.fr/IMG/pdf/infographie_-_presence_francaise_dans_organisations_internationales_cle096b5d.pdf.

②　OECD. 2023 annual diversity and inclusion report[R]. Paris: OECD publishing, 2024:9.

③　United Nations. Composition of the secretariat: staff demographics: report of the secretary-general [EB/OL]. (2021-11-29)[2024-03-18]. https://documents.un.org/symbol-explorer?s=A/76/570&i=A/76/570_8417104.

④　United Nations. Composition of the secretariat: staff demographics: report of the secretary-general [EB/OL]. (2022-12-07)[2024-03-18]. https://documents.un.org/symbol-explorer?s=A/77/580&i=A/77/580_4346991.

⑤　United Nations. Composition of the secretariat: staff demographics: report of the secretary-general [EB/OL]. (2023-11-10)[2024-03-18]. https://documents.un.org/symbol-explorer?s=A/78/569&i=A/78/569_1708035486280.

表 7-1　2020—2022 年中法两国工作人员在联合国任职情况

国家	年份	人数	占所有工作人员的百分比	任职情况
中国	2020	545	1.48％	任职人数不足
	2021	569	1.59％	任职人数不足
	2022	613	1.67％	任职人数不足
法国	2020	1388	3.77％	任职人数过多
	2021	1400	3.91％	任职人数过多
	2022	1486	4.04％	任职人数过多

由表 7-1 可知,截至 2022 年,法国籍职员在联合国系统内工作人员占比突破 4％,约为中国籍职员的 2.4 倍。在区域性组织层面上,以欧盟为例,在欧盟的三个重要机构中,欧洲议会中法国议员达 79 人,[1]欧洲委员会中法国籍工作人员达 3271 人,占总人数的 10.1％,仅次于比利时(13.9％)和意大利(13.5％)。[2]由此可见,国际组织的职员构成中,法国籍职员的数量占比具有显著优势。

法国作为联合国五大常任理事国之一,在联合国体系中拥有显著的影响力,法国籍公民任职于多个重要岗位。截至 2022 年 12 月 31 日,联合国系统内具有地域地位的高级别工作人员中,法国籍高级别工作人员数量为 15 名,仅次于美国(35 人)、英国(22 人)、德国(18 人)和意大利(16 人)。[3]在联合国现任高级管理小组中,和平行动部副秘书长让-皮埃尔·拉克鲁瓦(Jean-Pierre Lacroix)是法国籍。[4]还有秘书长发言人斯蒂芬·杜加里克·德拉里维埃(Stéphane Dujarric de la Rivière)、联合国教科文组织(UNESCO)总干事奥黛丽·阿祖莱(Audrey Azoulay)

---

①　European Parliament. MEPs[EB/OL]. [2024-03-20]. https://www.europarl.europa.eu/meps/en/search/advanced?countryCode＝FR.

②　European Commission. European Commission HR Key figures 2023[R]. Brussels：European Commission，2023：1.

③　United Nations. Composition of the secretariat：staff demographics：report of the secretary-general [EB/OL]. (2023-11-10)[2024-03-18]. https://documents.un.org/symbol-explorer?s＝A/78/569&-i＝A/78/569_1708035486280.

④　United Nations. Senior management group[EB/OL]. [2024-03-20]. https://www.un.org/sg/zh/content/senior-management-group.

都是法国国籍。在国际货币基金组织历任 12 位总裁之中,法国籍总裁共有 5 位。①在该组织现任的高级官员中,经济参赞兼研究部主任皮埃尔-奥利维耶·古林查斯(Pierre-Olivier Gourinchas)和能力发展研究所所长多米尼克·德苏雷(Dominique Desruelle)都是法国国籍。②这些担任重要职务的法国籍职员有效证明了法国在国际组织中具有显著代表性和影响力,也展现出了法国强劲的国际组织人才储备和推送能力。

二、 法国国际组织人才培养的价值导向与制度环境

国际组织是在以西方为主导的近代国际体系的框架之下、在资本主义全球化不断推进过程中形成和发展的,而法国是以上体系和进程的主要推动者和早期及长期主导者。③作为老牌殖民帝国,法国在 18、19 世纪时还能凭借其雄厚的物质力量主导着国际体系。法兰西独特的大国情怀和"法兰西的伟大与光荣"传统让法国不甘心只做霸权之下的附庸,于是法国立足自身的大国定位,积极主动地参与战后国际秩序和全球治理体系中。除了致力于破除美国把持下的国际体制,法国还开始建立和发展由自己掌控或者受自身影响的国际组织和机制。

在一系列政府领导人的指挥下,法国通过国际组织来推动实现国家利益的最大化。如今,法国不仅是联合国安理会常任理事国之一,还是世界贸易组织、世界银行、经济发展和合作组织、欧洲经济共同体、欧洲原子能共同体等多个国际组织的正式成员国或创始国。随着世界格局的改变,国际组织在全球治理中的作用越发重要,法国也顺势而为,主导、构建、加入了包括七国集团、亚欧峰会、法非首脑会议、法语国家组织、欧盟-拉美首脑会议、二十国集团等组织,④逐渐增强法国在全球治理中的作用与影响力,法国俨然已经成为有力控制或影响国际组织运行的重要力量。

---

① International Monetary Fund. IMF managing directors[EB/OL]. [2024-03-20]. https://www.imf.org/en/About/senior-officials/managing-directors.

② International Monetary Fund. Senior officials of the International Monetary Fund[EB/OL].[2024-03-20]. https://www.imf.org/en/About/senior-officials.

③ 李云飞.法国的国际组织外交[J].国际观察,2009(6):9—15.

④ 吴志成,温豪.法国的全球治理理念与战略阐析[J].教学与研究,2019(7):85—94.

在上述价值导向的引领下,法国的制度环境也在其与国际组织有效互动中发挥了重要作用。首先,在外交政策层面,法国推行多边主义以维护其在国际舞台上的自身利益。法国外交部的使命是在国外和国际组织内的所有领域捍卫和促进法国以及法国人民的利益。2017 年 9 月的联合国大会上,法国总统埃马纽埃尔·马克龙(Emmanuel Macron)就提出,多边主义是应对国际共同挑战、建立维护国际组织的重要工具。[①]2021 年,法国外交部提出的外交影响力路线图中指出,要加强法国和欧洲在多边体系中的影响力,同时在国际组织中增加年轻专家和志愿者的数量。2024 年,法国外交部向财政部申请的预算达到 67.9 亿欧元(2023 年为 55 亿欧元),其新制定的外交行动计划之一就是扩大"法国在欧洲和世界范围的行动",有近 13.37 亿欧元用于多边组织捐款。[②]增加的预算除了以往对国际组织捐款外,还有额外资源用于改善国际职员的工作条件以及进行重大国际峰会的筹备,持续扩大法国在国际上的影响力。在教育政策层面,法国努力促进欧洲教育一体化,革新高等教育系统,为培养国际组织人才的精英教育注入活力。1998 年,《索邦宣言》提出要对欧洲的高等教育系统架构进行协调统一。随后博洛尼亚进程便应运而生。这一举措不仅加强了欧洲各国在高等教育领域的合作与交流,也为培养更具国际竞争力的优秀人才奠定了坚实基础。受"上海震荡"(Shanghai Shock)的影响,法国政府于 2007 年开始实施了一系列高等教育卓越计划,卓越大学计划(IDEX)就是其中之一。该计划旨在通过加大资金投入、优化学科结构、加强国际合作等方式,提高这些高校的教学质量和科研水平,从而提升一批高校的国际竞争力。[③]这样一来,法国既有了与国际接轨的学位制度和评估体系,又有与国际标准相符的高等教育质量,这些改革措施为国际组织人才的培养提供了有利的制度环境。总的来说,法国接轨国际的外交政策和教育制度共

---

① France Diplomatie. Multilateralism: a principle of action for France[EB/OL]. [2024-03-20]. https://www. diplomatie. gouv. fr/en/french-foreign-policy/france-and-the-united-nations/multilateralism-a-principle-of-action-for-france/.

② France Diplomatie. Feuille de route de l'influence de la diplomatie française[EB/OL]. (2021-12-14) [2024-03-18]. https://www. diplomatie. gouv. fr/fr/le-ministere-et-son-reseau/missions-organisation/feuille-de-route-de-l-influence/.

③ 张皓月,胡天助.法国高等教育卓越计划的实践及启示[J].长春教育学院学报,2020(10):4—15.

同构成了法国参与国际组织的综合框架,为法国能够在国际舞台上发挥积极作用提供了有力支持。

三、 法国国际组织人才培养的政府举措

有学者研究发现,为了持续扩大在国际舞台上的影响力,法国以培养国际组织人才为导向,建立起一套有效的机制,包括有针对性的培训、持续的财政支持、人力资源开发以及政府和社会相关机构之间的协调等。[①]通过文献研究,笔者发现法国政府对于国际组织人才培养与输送模式有明显的整体性特征。于是本研究在前人的基础上进行该模式内容的调整和补充。

(一) 统筹职能,搭建国际组织人才培养立体网络

法国政府各公共部门之间相互协作,共同推进国际组织人才培养工作。欧洲和外交事务部(MEAE,以下简称外交部)是国际组织人才战略的核心力量,负责制定实施法国的外交政策,争取资金投入,设立专门机构培养选送国际组织人才。法国经济、财政工业和数字主权部(以下简称财政部)则为国际组织人才战略的实施提供稳定的财政保障。其下属的财政部总司是面向国际层面实施战略的主要财政机构。在涉及经济和金融问题的国际组织中,财政部始终捍卫着法国的经济利益。[②]法国政府涉及国际组织人才培养的主要是国民教育和青年部和高等教育与研究部,两部协调合作,保证了国民教育培养体系的连贯性和一致性。法国国民教育与青年部下设的国民普遍服务可为青年提供国际志愿服务,允许他们按照自己的兴趣偏好选择适合的国际志愿服务项目以增加国际服务履历。[③]高等教育与研究部下设的法国高等教育与职业融入总局(DGESIP),其职能之一是支持高等教育机构的国际合作与交流,提升高等教育国际竞争力。政府跨部门协同作战的模式,能够充分发挥各部门的优势,形成合力,提高人才培养的效率和质量。

---

① 宋碧珺.法国国际组织职员战略探析及对中国的启示[D].北京:北京外国语大学,2016.

② Direction Générale du Trésor[EB/OL].[2024-03-20].https://www.tresor.economie.gouv.fr/.

③ Service National Universel[EB/OL].[2024-03-20].https://www.snu.gouv.fr/phase-2-mission-interet-general/.

(二) 设立专门机构,推进国际组织人才培养战略实施

在针对高级行政管理人员的培养上,法国设立了专门的培养机构——国家公共服务研究所(INSP)。该所成立于 2022 年 1 月 1 日,是关停的法国国家行政学院(ENA)的更新版本,旨在为法国和国际的高级管理人员提供招聘培训。[①] ENA 的欧洲竞争性考试准备中心(PPCE)被欧洲人事选拔办公室(EPSO)列为法国的参考预备中心。[②]INSP 作为 ENA 的更新版,有着相同的服务功能。一方面,该研究所为有丰富任职经验的法国籍公民提供继续教育,为有志于进入欧盟的公职人员提供考试信息、建议和准备材料。另一方面,它也面向国际招生,为国际高级公职人员提供短期或长期培训项目,通过量身定制的欧洲事务培训课程,以期在那些潜在的国际盟友之间建立起共同立场,[③]从而在国际舞台上更好地维护法国利益。

法国外交部还设立了法国国际公务员代表团(DFI)来全面负责法国国际组织人才战略决策与工作实施。该部门会为国际组织工作的候选人提供专门的培训,为其及时更新国际组织空缺岗位信息,提供长期服务支持,同时代表法国利益在国际舞台开展外交工作。[④]在对 160 个国际组织进行观察的基础上,DFI 每年在互联网上的国际职业在线(CIEL)数据库中转发近 5000 个行政职位空缺,为求职者提供大量国际组织的工作信息。DFI 组织参与许多国际实习项目,通过项目实践以期提高学生和相关专业人员对国际组织工作的认识。对有志于进入国际组织内工作的候选人,DFI 还会提供详细的相关岗位的准备流程。法国国际职员委员会下设法国国际职员协会(AFIF),通过召集就职于某国际组织或某国家地区内的法国籍国际职员形成联盟,意在维护法国国际职员在国际组织中的利益,为他们提供长期的后勤服务保障。总之,DFI 既是国际组织关系的良好建设者,又是助力国内候选人进入国际组织任职的多功能服务平台。

---

① INSP. Missions[EB/OL]. [2024-03-20]. https://insp.gouv.fr/missions.

② ENA. Europe: Préparer efficacement les concours de l'UE[EB/OL]. [2024-03-20]. https://www.ena.fr/Formation/Formation-continue/Europe-Preparer-efficacement-les-concours-de-l-UE.

③ INSP. Coopération et rayonnement international[EB/OL]. [2024-03-20]. https://insp.gouv.fr/international.

④ 阚阅,王瑜婷.以国际组织捍卫法国利益:法国国际组织人才发展支持体系研究[J].清华大学教育研究,2023,44(6):31—43.

（三） 以绩效敦促高校加强国际组织人才培养资源开发

在法国这个高度中央集权的国家,高等学校的大部分资金都是由国家决定资助额度的。[①]作为主要资助者,国家为所有法国大学的行政和学术职能定义了共同的行动框架。1984 年的《萨瓦里法案》确立了大学合同制和质量评估制度,而合同制成为法国高等教育管理的重要工具。进入 21 世纪,随着新公共管理理论的发展,法国政府也想改变传统的治理方式,给予高等教育机构更多的自主权。于是法国出台了《财政组织法案》《大学自由和责任法案》《高等教育和研究法案》等法案来对整个高等教育体系进行全面改革。[②]法国通过立法在高等教育领域内引入以结果为导向的绩效管理系统。绩效合同制度即法国公立高等教育机构需根据自己的实际情况制定发展计划,与国家签署一份四年期合同。两年报告一次合同的履行情况,而国家根据评估结果向该机构作出财政分配。[③]虽然有学者提出这些制度改革带来了新旧价值观冲突,但不可否认,它们能鼓励大学或机构制定战略计划,明确优先事项和具体目标,[④]为高等教育机构的发展锚定方向。

绩效评估的标准之下,法国高等教育体系的国际化程度显著提高,丰富的资源为国际组织人才的培养注入了活力。首先,学校多样化财政来源使其具备了高质量培养人才的物质条件。在国家给定的行动框架之内,高校有充分的自主权寻求第三方的教育资金投入。例如,在欧洲范围内实施的让-莫内(Jean Monnet)、伊拉斯谟(Erasmus)、伊拉斯谟世界(Erasmus Mundus)和伊拉斯谟＋(Erasmus Plus)等奖学金计划,为法国学生的国际交流和学习提供了有效的经济支持。其次,校企和校校之间的深层次合作拓展了学生的国际学术视野。为持续加大法国学校在国际的影响力,法国一些知名院校会与国际上拥有同等实力的名校或者享

---

① BLANCHARD M, CRESPY C. National position and the internationalization of higher education institutions: the case of France's elite engineering and business schools[J]. High Education, 2023(86):485—505.

② TANDILASHVILI N. La transformation de l'université française: la perception des universitaires[J]. Gestion et management public, 2022, 10(N1):55—76.

③ Légifrance[EB/OL]. [2024-03-20]. https://www.legifrance.gouv.fr/codes/section_lc/LEGITEXT000006071190/LEGISCTA000006151296/♯LEGISCTA000006151296.

④ BOLLECKER M. La réforme de l'université en France et son impact sur le management des établissements: une transformation en accordéon[J]. Revue Française d'Administration Publique, 2021(179):715—733.

誉国际的企业开展合作项目。如大学校(Grande École)里开设的国际双学位课程,可以为学生提供法国内外对某一研究领域的专业课程学习;学生不仅可以在跨文化交际中熟练掌握当地语言、熟知当地文化,还能对自己感兴趣的学科领域进行广博而精深的学习并建立起国际学术视野。企业与学校的合作具有相似的作用,但不同的是,一些企业会通过提供科研经费来加强高校对于理工科的人才培养,而跨国企业的实习也将是学生们专业实践的宝贵机会。最后,学校与国际组织之间的合作也起了重要的推动作用。无论如何改革,高校的行动目的都是加大国际影响,国际组织是它们的重要平台。学校聘请有过国际组织工作经历的人担任教授、邀请国际组织重要官员到校演讲、开设国际组织实习项目,有效拓展了学生的国际视野,为他们的国际职业发展奠定了基础。

(四) 调动社会力量,助力国际组织人才培养

法国社会中各种机构也积极参与国际事务,为法国国际组织人才培养提供了丰富的资源补充。例如,法国志愿者(France Volontaires)就是发展和促进交流和团结的国际志愿服务平台。它的具体内容包括动员公民参与国际志愿服务,青年志愿者通过参与国际志愿服务项目从而掌握跨文化交际的技能,形成国际视野的同时锻炼出在某一领域的问题解决能力,为日后进入国际组织中工作做好铺垫。巴黎作为众多国际组织总部所在地,凭借自己的地缘优势与许多组织都开展了合作项目来培养国际专业人才。例如,位于巴黎的教科文组织国际教育规划研究所(IIEP)主要提供教育政策分析和教育规划的培训和研究,吸引了全球的教育决策者和学者前来学习和交流。通过参与这些国际组织项目,学生可以更加真切地了解机构的运行规则,从而更好地适应其中的工作。

OMNES Education 是法国一所私立高等教育和跨学科研究机构,为国际组织人才的培养也作出了重要贡献。[①]该集团旗下的 15 所学校中,外交与战略研究中心(CEDS)和高级政治与国际研究院(HEIP)专门培养国际关系领域内的高级人才。两所学校都提供了专门针对国际关系、外交和战略研究的硕博学位课程,旨在让学生深入理解国际体系、全球政治趋势以及国际组织的工作机制。教授课

---

① 　OMNES Education[EB/OL]. [2024-03-20]. https://www.omneseducation.com/le-groupe/.

程的都是外交、战略和国际关系方面的专家,除此之外,学校还会邀请资深外交官、国际组织官员、专家学者来校举办讲座和研讨会,组织学生参与实习、志愿服务和在模拟联合国等国际事务活动,从多方面培养学生在国际化环境中工作的能力。

第二节　法国高校国际组织人才培养的典型经验

　　法国高等院校是国际组织人才培养的主要力量。法国高等教育双轨制包括综合性大学系统与大学校系统,前者是大众高等教育的承担者,后者则属于典型的精英高等教育机构。大学校原本专注于单一的学科领域,随着高等教育系统的改革,如高等教育与研究集群(PRES)、大学校园计划等的落实,现在已经发展成为拥有综合学科的高等教育机构,但其严格控制"进出"的传统仍旧延续着,成为精英人才的摇篮。大学校利用其国际化的教学体系培养了大批具有国际视野、跨文化沟通能力和专业技能的精英人才,为国际组织人才的选送做好了储备工作。2019 年,有学者通过对联合国系统下属 48 家典型政府间组织 2000—2017 年在任的 160 位最高领导人简历进行分析,发现 9 位法国籍领导人大都毕业于巴黎高等商学院、巴黎政治学院、巴黎第十大学等院校。而且无论领导人的最高学历是何种层次,专业背景大都以法律、政治学和经济学为典型。[①]2022 年,另一学者通过收集 149 名来自不同领域的国际组织"一把手"的履历信息分析得出,多岗位、跨部门的锻炼是国际组织领导人的必经之路。且从他们最高学历阶段所学专业看,政治学和管理学专业对领导人晋升速度的影响非常显著。[②]因此本文选择拥有最强政治学科的巴黎政治学院(以下简称巴政)和拥有顶尖的经济和管理专业的巴黎高等商学院(以下简称巴商)作为典型高校来分析其在国际组织人才培养中的重要举措。

---

　　① 金蕾莅,刘士达,施华杰,等.国际组织最高领导人的任职特征及对国际化人才培养的启发[J].清华大学教育研究,2019,40(5):82—90.
　　② 赵源,吴皓玥.国际组织领导人履历对其晋升的影响:基于 149 个国际组织"一把手"的分析[J].中国科技论坛,2022(5):178—188.

从培养目标来看,巴政巴黎国际事务学院(Paris School of International Affairs,简称 PSIA)旨在培养塑造世界的领导者,巴商也期望通过教育和研究等行动影响企业、社会乃至整个世界。作为大学校,他们招收的都是来自全球最优秀、最聪明的学生,重视对世界的理解和参与,对于人才培养的共同理想都是定位在世界层级的。巴政特别强调全球视野下跨学科的综合能力。学院鼓励学生深入研究国际事务、政治经济、法律等领域,通过与国际组织、外交机构等的紧密合作,为学生提供实习和实践机会。巴商则更注重商业管理、国际经济和国际商务等方面的知识和能力,通过与国际组织、跨国企业建立合作,致力于培养具备全球商业视野和跨文化沟通能力的商业管理者。

一、 将全球胜任力培养融入专业课程

从课程设置来看,PSIA 在国际事务最突出的领域提供八个硕士课程,通过交叉学科的专业训练、理论与实践相结合的教育方式让学生建立起扎实的专业知识体系,具备应对国际领域公共问题的能力。巴商的课程也以当前就业市场的需求为指导,在尽可能高的水平上为学生提供跨学科和跨文化的教育。两所学校都开设了丰富的课程供学生选择。一是语言课程,这对于提升国际组织人才的跨文化交流能力至关重要。两所学校中英语和法语课程占比较大,涉及国际合作的专业也会开设西班牙语、德语、意大利语、汉语等语言课程。在巴政开设的语言课程语种就达到了 23 种。[①]通过学习语言,学生能够更好地理解和尊重多元文化,适应不同文化背景,进而有效地参与国际组织的各项工作。二是专业课程,巴政的国际治理与外交、国际发展、国际经济与政策专业,巴商的国际金融、管理学等课程,除了本科基础课程还有硕士阶段的国际双学位课程。这些专业课程都能培养学生在国际环境中的分析能力,从而提高跨文化意识,培养真正的全球思维方式。

在巴政,除了课程之外,学生还可以从一系列校园学术活动中受益。PSIA 为

---

① SciencesPo Paris School of International Affairs. Overview: facts &-figures[EB/OL]. [2024-03-20]. https://www.sciencespo.fr/en/about/overview-facts-and-figures/.

国际事务的公开辩论提供了平台。针对当前世界亟待解决的全球问题,PSIA 会邀请包括高级领导人、国际组织官员和知名学者在内的相关专业领域内的优秀人才来为学生进行演讲。根据巴政官网报道可知,现任联合国秘书长安东尼奥·古特雷斯(António Guterres)、联合国和平行动部副秘书长让-皮埃尔·拉克鲁瓦(Jean-Pierre Lacroix)、欧盟外交和安全政策高级代表兼副主席何塞普·博雷利·丰特列斯(Josep Borrell Fontelles)、国际货币基金组织研究部经济学家穆罕默德·本阿提亚·安达卢西(Mehdi Benatiya Andaloussi)等国际组织官员或学者都曾受邀出席。[①]学生通过与这些演讲嘉宾的互动,了解其兴趣领域或专业领域内的最新国际动态,为其以后进入国际组织开辟了道路。

二、 着力打造具有国际组织从业背景的师资队伍

从师资来看,为了向国际组织输送高质量的精英人才,巴政和巴商都形成了高水平国际化的师资队伍。两所学校都倡导多元文化的校园环境,巴商拥有来自30 多个国家的 120 多名教授组成的世界级教师队伍。[②]巴政的 4649 名教师中,22%都有过国际学习或任职经历,如巴政的 PSIA 现任院长阿兰查·冈萨雷斯·拉亚(Arancha Gonzalez Laya)就曾任职于联合国、世界贸易组织等多个国际组织。[③]巴商的院长埃洛伊克·佩拉什(Eloïc Peyrache)虽然没有在国际组织中的任职履历,但同巴商的众多专业教授一样,具有其专业领域的国际视野和丰富的留学经验。从国际组织中(如欧盟、联合国等)离职后成为学校教授,他们将自身实践与专业理论相结合,为学生的专业学习提供了广泛的国际视野。与此同时,教授们在自己专业领域内向国际组织提供建议,包括 OECD、欧盟委员会、欧洲议会等,成为学校和国际组织之间交流的重要桥梁。

---

① SciencesPo Paris school of international affairs. Events guide[EB/OL]. [2024-03-20]. https://www.sciencespo.fr/en/events-guide/.

② HEC Paris. About HEC Paris[EB/OL]. [2024-03-20]. https://www.hec.edu/en/overview/international.

③ SciencesPo Paris school of international affairs. Welcome to Ms. Arancha Gonzalez Laya, new Dean of PSIA[EB/OL]. (2022-02-22)[2024-03-20]. https://www.sciencespo.fr/psia/news/welcome-ms-arancha-gonzalez-laya-new-dean-psia/.

三、 通过国际组织交流项目开展务实合作

巴黎是诸多国际组织的落户地，因此高校也借地域优势与国际组织展开合作，为学生提供相关的项目活动。在巴政，如无特殊情况，基本每年都会举行青年领袖峰会（Youth & Leaders Summit）以及巴黎和平论坛。PSIA 学生都会担任活动志愿者。这些活动的目标是发起和促进跨学科、多利益攸关方的对话。因此学生们通过参与这些国际交流活动接触不同领域的知识和观点，从而拓宽他们的国际视野。巴商涉及的学科领域研究大都集中在国际贸易和管理，其合作的主要国际组织是欧盟及其他相关领域的国际组织。教授们丰富的国际组织工作履历，成为学生了解国际组织运行规则的最佳途径。同时，巴政和巴商都建立了世界范围内的学术合作网络，通过与各国的著名大学合作开设的国际双学位硕士课程，丰富学生的国际化学习经历，帮助他们培养多种技能，建立起真正的全球思维。例如，巴政与哥伦比亚大学（Columbia University）在政治学、国际关系、法学等领域开展双学位硕士项目，两校学生通过交换项目在对方学校学习专业课程，体会不同的国家文化。巴商与耶鲁大学（Yale University）合作的 M2M 双学位硕士课程，与巴政的课程十分相似。两年时间内，学生要去两个不同的国家完成合作院校规定的课程内容并获得学位证书。[①]通过这些国际教育交流项目，法国高校培养了更多具有国际竞争力的人才。

四、 构建国际组织就业职前职后长线保障

巴政的生涯服务（PSIA Careers Services）、巴商的学校人才（HEC Talents）都为学生的职业发展提供了个性化的指导与服务，包括撰写和润色简历、工作模拟面试等。据一些对巴政校友的采访可知，正是这些职业服务帮助他们成功进入国际组织任职。巴政学校的官网中提供了主要国际组织的链接，以帮助学生发现这些组织提供的工作机会并了解他们的招聘流程。巴政的国际组织就业日是学生

---

① HEC Paris. MBA progams[EB/OL]. [2024-03-20]. https://www.hec.edu/en/mba-programs/mba/learning-experience/double-degrees/yale-exchange.

们探索国际组织领域和做好最佳准备的时机之一。这些高校还充分挖掘校友层面资源,提供就业支持。根据巴政公布的 2023 年毕业生就业能力调查可知,2021级毕业校友(共计 1479 人)中有 7%,也就是约 103 人成功进入国际组织任职。[①]可见巴政对于国际组织人才的培养贡献颇多。进入各国际组织中任职(包括联合国、OECD 和世界银行等)的校友,会在学校的采访中分享自己的求职过程,给还在校园里的学生提供学习建议。这些都在学校的官网中可以找到详细的信息。任职于国际组织中的校友成了巴政学生了解该组织的又一重要途径。

经济资助也是这些高校支持国际组织就业的重要举措。凡是被录取进入大学校的学生,都可以获得丰富多样的教育资金以支持学生的学习发展和国际流动。参与国际双学位硕士课程的学生,虽然能丰富他们的学术经历,但并不是每个人都有经济能力来支付在国外的生活费用。因此巴政为这些学生提供流动补助金以支付国外学习费用。而在国家和国际层面,比如欧洲范围内实行的"伊拉斯谟+计划"等奖学金计划,也为学生的国际流动助力颇多。学校、政府以及国际层面的经济支持几乎覆盖了巴政校园内所有类型的学生。巴商依靠众多商业合作伙伴,为学生设立专门的国际交流奖学金,包括 MBA 卓越奖学金、MBA 多样化奖学金等,用于资助学生参加海外实习、交换生项目或国际研讨会等活动。

第三节　国际组织人才培养和选送:泰国经验

泰国在东南亚诸国中,是唯一未受欧洲强权殖民化的国家。泰国优越的地理位置不仅使世界各地的客商纷至沓来,也吸引了不少国际机构。截至 2023 年,泰国首都曼谷是东南亚地区拥有国际组织最多的城市,世界银行、世界卫生组织、亚太经济合作组织、联合国教科文组织亚太教育局等[②] 20 多个国际组织在此设立办事处。在全球性和地区性国际组织中常常可以看到泰国人的身影,不乏在其中担任重要职位者,如世界贸易组织的前总干事素帕猜·巴尼巴迪(Su-

---

①　SciencesPo Paris school of international affairs. Exploring your future [EB/OL]. [2024-03-20]. https://www.calameo.com/sciencespo/read/004160454ce9b1842a4b3.

②　郑佳.泰国高校国际学生流动的原因、路径及特点[J].比较教育研究,2014(11):85—90.

pachai Panichpakdi)、亚太邮联组织现任总干事颂猜·雷奥帕尼库(Somchai Reopanichkul)、世界卫生组织东南亚区负责人萨姆利·普连邦昌(Samlee Plian-bangchang)等。

一、 泰国籍国际组织官员案例分析

本部分选取十名泰国籍国际组织官员为研究样本,从不同层面对泰国的国际组织人才培养主要经验和存在问题进行分析,以期为我国的国际组织人才培养提供一定的启示借鉴。由于泰国政府尚未建立国际组织人才库,本节从不同国际组织官方网站的职员信息中进行筛选,最终选择了十位在教育背景、所服务的国际组织类型和任职经历等方面都具有一定代表性和典型性的泰国籍国际组织官员作为研究案例。

(一) 教育背景

从获得的学位来看,十位国际组织官员中,最终学位为博士的有八位,最终学位为硕士的有两位。在泰国国内取得最终学位的仅有一位,九位都在国外取得最终学位。从最终学位的专业来看,分布较广,经济贸易、国际关系、法学、电子、药学、医学、教育和考古均有涉及,其个人信息概况如表 7-2 所示。

表 7-2　十名泰国籍国际组织官员信息概览

序号	姓名	职务(包含现任和曾任)	性别	专业	学校/学位
1	素帕猜·巴尼巴迪(Supachai Panitchpakdi)	世界贸易组织总干事	男	经济贸易	荷兰鹿特丹伊拉斯姆斯大学博士
2	素林·皮素旺(Surin Pitsuwan)	东南亚联盟秘书长	男	国际关系	美国哈佛大学博士
3	萨姆利·普连邦昌(Samlee Plianbangchang)	世界卫生组织东南亚地区主任	男	医学	美国路易斯安那州杜兰大学博士
4	颂猜·雷奥帕尼库(Somchai Reopanichkul)	亚洲-太平洋邮政联盟总干事	男	电子信息	法国国立高等电信学院博士

序号	姓名	职务(包含现任和曾任)	性别	专业	学校/学位
5	克莱颂·蓬苏提(Kraisorn Pornsuthee)	亚太电信组织副秘书长	男	电子信息	美国佐治亚理工学院硕士
6	赛苏丽·朱蒂古尔(Saisuree Chutikul)	联合国消除对妇女歧视委员会主席	女	教育学	美国印第安纳大学博士
7	克里昂萨克·基蒂猜萨里(Kriangsak Kittichaisaree)	联合国国际法委员会成员,国际法委员会引渡或起诉工作组主席	男	法律	英国剑桥大学博士
8	威罗·素迈艾(Viroj sumyai)	联合国国际麻醉品管制局现任主席	男	药学	英国伦敦大学博士
9	颂素达·莱雅瓦尼贾(Somsuda Leyavanija)	世界遗产委员会委员	女	考古学	澳大利亚国立大学博士
10	萨普拉西特·坤普拉潘(Sapprasit Kumpraphan)	联合国儿童权利委员会副主席	男	法律	泰国曼谷政法大学硕士

资料来源:笔者根据相关国际组织网站信息整理搜集。

（二） 任职经历

从十位国际组织官员的履历信息来看,他们均是从外部进入国际组织担任高级管理岗位,职业路径主要有两种:

第一,从本国政府部门高级官员到国际组织官员。例如,素帕猜·巴尼巴迪(Supachai Panitchpakdi)在 1974 年进入国家银行工作,1986 年成为泰国财务部的副部长,1996 年当选为泰国总理的经济参议委员会议长,后来进入世界贸易组织(WTO)并担任总干事。[①] 素林·皮素旺(Surin Pitsuwan)在 1996 年任国家参议员,之后任泰国外交部部长,2008 年任东盟秘书长。[②]

---

① Bank of Thailand. Dr. Supachai Panitchakdi：from good governace of BOT to global governance of WTO[EB/OL]. (2012-07-01)[2014-11-16]. https://www.bot.or.th/Thai/Phrasiam/Documents/Phrasiam_3_2555/08.pdf.

② T-NEWS. Dr. Surin Pitsuwan's biography：the best of Thai politician[EB/OL]. (2017-11-30)[2018-02-06]. http://www.tnews.co.th/contents/384765.

第二,从具有国际影响力的非政府组织高级管理岗位,走向政府间国际组织高级管理岗位。例如,萨普拉西特·坤普拉潘(Sapprasit Kumpraphan)在担任联合国儿童权利委员会(The Committee on the Rights of the Child, CRC)副主席(2009—2013 年)之前,曾担任知名非政府组织"国际防止虐待和忽视儿童协会"(International Society for the Prevention of Child Abuse and Neglect, ISPCAN)主席。[①]

二、 泰国国际组织人才培养的典型经验

从十位国际组织官员的职业路径分析来看,泰国政府、非政府组织分别在国际组织人才成长中起到了重要作用。在教育背景方面,尽管泰国这十名国际组织官员中仅一位在泰国国内接受高等教育,九位都在欧美名校取得最终学位,泰国教育对于人才成长的作用仿佛不太明显。但是在进一步资料搜索中发现,十名国际组织官员中,有三位是泰国高校教师出身,早在大学和工作时期,就与国际组织有了实际接触。因此,我们从泰国政府、非政府组织和高等院校三方面分析泰国国际组织人才培养的主要经验。

(一) 泰国政府外交政策有利于国际组织落户

十位国际组织官员所任职的国际组织情况显示,凡是泰国人在其中担任高层职位的区域性/专业性国际组织,如东南亚联盟、亚洲-太平洋邮政联盟、亚太电信组织等,总部均落户在泰国曼谷。经检索资料发现,正是因为国际组织落户泰国,这些官员在进入国际组织工作之前就已经有较多机会与该组织密切接触,开展项目合作。一旦该组织有了职位空缺,即可优先进入。例如,颂猜·雷奥帕尼库(Somchai Reopanichkul)在担任泰国邮政保险信息司司长期间,与万国邮政组织有工作联系,曾担任万国邮政组织项目组主任,之后成功竞选成为亚洲-太平洋邮政联盟总干事。又如,2014 亚太电信组织的副秘书长竞选,来自印度、马尔代夫以及泰国三个国家的候选人激烈角逐,最终泰国人阿丽婉·哈瓦伦斯里(Areewan Hawarungsri)当选,她的上一任克莱松·蓬素西(Kraisorn Pornsuthee)也是

---

① RYT9. Thailand was selected to be the committee on the rights of children[EB/OL]. (2009-12-17) [2014-12-08]. http://www.ryt9.com/s/mfa/491210.

泰国人。当时的泰国外交部报道说,"这是泰国人民在国际舞台上的潜力和能力展现的又一例证"。①此外,泰国人担任中高层职位的全球性国际组织如世界卫生组织,尽管总部未落户在泰国,但其东南亚地区办公室就设在曼谷。萨姆利·皮亚邦昌(Samlee Pianbangchang)在担任世界卫生组织东南亚地区办公室主任之前,曾在泰国卫生部任职,当时就有较多机会与世界卫生组织东南亚地区办公室一起合作项目,后来被泰国政府提名参加世界卫生组织东南亚地区办公室主任的选举,因其一直深度参与世界卫生组织工作,最终在选举中高票通过并连任两届。

泰国在东南亚诸国中,是唯一未受欧洲强权殖民化的国家。政治上的独立保证了主权的行使和环境的宽松。泰国之所以能够成功维护国家主权独立,与改革带来的规范层面的变化以及新的文明国家身份的形成密不可分。从已有史料来看,和东南亚其他国家相比,泰国有着更为熟练的外交经验和更加开放的心态。当时的泰王已经意识到,泰国必须作出调整以面对来自西方的挑战。在泰王的带领下,泰国自上而下的改革彻底展开,向西方学习的步伐由此启动。其间,泰国不仅改变了落后的习俗,如发型、着装等,还对许多长期以来存在的制度进行了重新安排,以便更好地与西方接轨。泰王亲自到国外参观访问,争取同情,主动融入国际社会,博得西方好感。②泰国在与西方国家的外交互动中习得新的规范,通过改革将规范内化,从而形成了新的身份。而这些变化在之后与西方的互动中被感知,促进外交活动的展开,也减少了不必要的摩擦。因此,以往学者认为的"改革在泰国未被殖民过程中发挥了作用"这一判断是正确的。从当时的政治地区局势分析,殖民国家在亚洲和欧洲的矛盾为泰国提供了便利,而泰国也抓住机会成功地展开外交斗争,最终成为当时东南亚唯一未沦为殖民地的国家。

也因此,虽然泰国自1932年实行君主立宪制至今,共发生大小军事政变二十余次,政权的交替频繁,使得很多政策难以持续贯彻实施,但历届政权对待外国机构和国际组织的政策一直宽松友好。③自1949年加入联合国教科文组织以来,泰

① Ministry of Foreign Affairs. Mrs. Areewan Hawarungsri was selected as Asia-Pacific Telecommunity's secretary[EB/OL]. (2014-05-26)[2014-12-10]. http://www.mfa.go.th/main/th/media-center/14/51615.

② 李敏.论19世纪泰国外交成功维护国家主权独立之原因[J].东南亚研究,2012(5):106—112.

③ 林秀梅.泰国社会与文化[M].广州:广东经济出版社,2006:98.

国长期保持与国际组织的良好关系,积极参与国际组织的各项活动。2001 年泰国他信政府上台,强调泰国必须采取积极的进取型外交政策,面向世界,有效地适应国际形势变化,从而支持国内经济建设,维护国家利益。2002 年,泰国首次设立国际组织事务局,专门负责泰国与国际组织合作交流,积极推动国际组织在泰国设立办事处、开展各项国际活动等事务。自此之后,无论泰国哪个政府上台,国际组织事务局一直存在,发挥着与国际组织协调沟通的作用。截至目前,泰国首都曼谷是东南亚地区拥有国际组织最多的城市,有世界银行、世界卫生组织、亚太经济合作组织(APEC)、联合国教科文组织亚太教育办事处(UNESCO Asia and Pacific Regional Bureau for Education)等全球性和区域性国际组织。[①]而众多国际组织落户泰国,使得泰国人有了比其他国家更多的机会接触国际事务,参与国际事务,从而能够更容易把握机会进入国际组织,担任高级职务。

(二) 泰国非政府组织为政府间国际组织人才成长提供了锻炼平台

十位国际组织官员中,萨普拉西特·坤普拉潘(Sapprasit Kumpraphan)的职业路径演绎了"泰国国内非政府组织—国际非政府组织—政府间国际组织"的任职渠道。如前文所述,在他担任联合国儿童权利委员会(CRC)副主席之前,曾为国际知名的非政府组织"国际防止虐待和忽视儿童协会"工作并担任主席职位。进入该国际非政府组织之前,他在泰国国内的非政府组织"儿童权利保护组织"(The Childrens Rights Protection)工作了 15 年。类似这样的案例还有不少。已有研究认为,泰国非政府组织兴起于 20 世纪 60 年代,最早是由泰国上层知识分子发起,逐渐集聚了一批志向远大、愿意奉献的专业人才。随着泰国政府对非政府组织的认同和鼓励,到 20 世纪 80 年代开始蓬勃发展。泰国非政府组织的产生最初是以慈善和福利团体为主,然后发展成关注多领域多议题、推动社会可持续发展、覆盖全社会的网络。20 世纪 80 年代之后,随着非政府组织活动的范围和内容不断拓展延伸,长期从事非政府组织工作的人员中涌现出不少专业精英,他们对发展事业的理解和对公众社会的奉献精神都在不断加强。[②]而随着泰国国内

---

① 郑佳.泰国高校国际学生流动的原因、路径及特点[J].比较教育研究,2014(11):85—90.
② 万悦容.泰国非政府组织[M].北京:知识产权出版社,2013:32,33.

非政府组织与国际非政府组织的联系越来越紧密,越来越多的泰国人从国内非政府组织走进国际非政府组织工作,担任管理职位,有机会进入政府间国际组织工作,担任高层职位。可以说,泰国非政府组织的发展,为国际组织人才成长搭建了良好的锻炼平台,从公益服务理念、奉献精神、活动组织参与等方面对泰国国际组织人才培养起到了重要的推动作用。

(三) 泰国高校与国际组织交流合作丰富务实

十位国际组织官员的履历资料显示,有三位官员曾任泰国高校的教师,素帕猜·巴尼巴迪(Supachai panitchpakdi)曾担任泰国朱拉隆功大学金融与会计学院教师,素林·皮素旺(Surin Pitsuwan)曾担任泰国法政大学政治学院教师,赛苏丽·朱蒂古尔(Saisuree Chutikul),曾先后担任朱拉隆功大学教育学院心理系教师和孔敬大学教育学院院长。通过资料检索发现,素林·皮素旺(Surin Pitsuwan)在大学期间曾接受国际组织资助到美国进修,赛苏丽·朱蒂古尔(Saisuree Chutikul)在从教期间就参与了联合国教科文组织项目研究。[1]

虽然很难找到具体统计数字,今天泰国的大学师资仍以归国留学生为主,名牌大学(特别是私立名校)尤其如此,且多是留学归国博士,使泰国高等教育结构具有浓厚的美国色彩。以朱拉隆功大学高等教育系为例,11 名教师中有 10 位是留美博士。泰国近年来注重高教师资本国化,在过去五年中公派出国研究生不到 2000 名,但泰国留学人员归国率在 90% 以上,在网上随机抽查政法大学民用工程系,17 名教师 14 名为归国留学生。泰国高等院校普遍轻土重洋,这是不可否认的事实。

审视泰国高校与国际组织的合作交流,并不限于一般形式的讲座或者会议,主要有以下三个方面。①合作学术研究,如世界银行与泰国朱拉隆功大学开展知识管理项目(Knowledge Management Project)研究,[2]2014 年至今,联合国儿童基

---

① Human Rights Resource Center. Saisuree Chutikul [EB/OL]. [2014-12-09]. http://hrrca.org/saisuree-chutikul/.

② Office of Academic Resources, Chulalongkorn University. CU-GDLN [EB/OL]. [2016-06-22]. http://omega.car.chula.ac.th/topic/cu-gdln.

金会与泰国孔敬大学药学院合作研发青少年预防艾滋病的药物，①联合国儿童基金会与泰国马希多尔大学合作，针对儿童保护问题进行调研。②②合作技能培训。国际组织与泰国多所大学合作开展知识共享、能力提升等方面的技能培训。2016年，联合国儿童基金会向泰国法政大学社会工作管理学院提供技术培训和财政支持，帮助该学院的教师和学生更好提升作为社会工作者的能力。联合国儿童基金会还派出专家组为该学院的教师进行短期专题培训。③2017年，联合国儿童基金会支持朱拉隆功大学传播艺术学院在新闻报道实习中进行关于侵犯儿童权利问题的社会调查。④③合作人才培养。泰国法政大学早在2011年就与联合国合作，成立了"模拟联合国"大学生组织，通过派出青年代表参加联合国在全球举行的各种会议，来提升青年领导力。⑤2014年，联合国开发计划署（UNDP）与泰国孔敬大学和乌汶府大学合作，支持成立"泰国青年反腐网络组织"，鼓励大学生讨论如何应对泰国社会的腐败现象。⑥

  泰国高校尤其是位于曼谷的高校与国际组织开展的合作交流不仅形式丰富，而且内容比较务实和深入。泰国部分高校教师和学生可以接触到国际组织并有实际参与国际组织项目的机会，在与国际组织合作中表现突出者，可以借此在国际组织中拥有一定知名度，尤其是高校学者，有利于把握机会进入对应专业领域的国际组织工作。

---

①   UNICEF, Thailand. Courage to live[EB/OL]. (2011-02-08)[2017-06-22]. https://www.unicef.org/thailand/reallives_15019.html.

②   UNICEF, Thailand. Comprehensive sexuality education taught in most schools in Thailand, but students still not fully equipped to use what they learn in real life[EB/OL]. (2016-05-11)[2017-06-22]. https://www.unicef.org/thailand/media_25469.html.

③   UNICEF, Thailand. Our Partners[EB/OL]. [2017-03-15]. https://www.unicef.org/thailand/partners_14961.html.

④   Faculty of Communication Arts, Chulalongkorn University. Commarts Newsletters[EB/OL]. (2017-03-02)[2017-08-14]. http://www.commarts.chula.ac.th/sample/node/48.

⑤   TUMUN. Thammasat University Model United Nations[EB/OL]. [2017-03-29]. http://tumun.org/about-us/tumun-history/.

⑥   UNDP, Thailand. UNDP and partners establish "Refuse to be corrupt" café project[EB/OL]. (2014-01-24)[2017-02-11]. http://www.th.undp.org/content/thailand/en/home/presscenter/articles/2014/08/28/undp-and-partners-establish-refuse-to-be-corrupt-caf-project-.html.

三、 泰国国际组织人才培养的主要问题

尽管泰国涌现了一批国际组织人才,但也必须看到,泰国在国际组织人才培养方面存在一系列问题,如果这些问题得不到解决,泰国国际组织人才数量和质量上都很难取得更大发展。

(一) 受西方文化影响较大,国际组织人才来自富有阶层

十位泰国籍国际组织官员家庭背景显示,他们大多来自泰国贵族或富有家庭。如前世界贸易组织总干事素帕猜就来自曼谷富有家族,中学毕业后即到国外深造。十位泰国国际组织官员中,有九位都在欧美国家拿到最终学位。这一现象要追溯到 19 世纪泰国高等教育兴起之初,教育最初的目标主要是为泰国贵族子弟提供教育机会。当时大量的泰国皇室精英被派往西方国家接受教育,在回国后由政府给予其在军事或者政府部门的关键职位。[①]有学者认为,在泰国向西方学习和借鉴的过程中,尽管也有一些泰国人排斥西方价值体系,但更多的泰国人仍然认为西方国家在社会文明、精神文化上都具有自己国家无法比拟的优势,西方文化对他们而言充满了吸引力。虽然泰国政府一直试图在学习西方与泰国本土化之间维持平衡,但西化与反西化的博弈最终在泰国文化中形成了对西方的文化、价值观与生活方式的钦佩、渴望和吸收。[②]在这种社会文化背景下,进入国际组织担任高级职位的泰国人基本具有欧美名校教育背景,熟悉西方国家文化与话语体系,更加容易融入以西方国家为主导的国际组织中,但同时也反映出泰国社会阶层分化严重,从一定程度上助推了泰国国内向往西方的风气,不利于平民阶层出身、没有在西方接受教育的优秀人才把进入国际组织当成职业目标,从而不利于进一步扩大国际组织人才的数量。

(二) 国际组织人才培养缺乏国家层面的相关机制

泰国于 2002 年设立国际组织事务局。该机构规章显示,国际组织事务局的任务是"根据联合国宪章和其他各项条约,与各个国际组织进行合作,帮助泰国在

---

① LAO R. A critical study of Thailand's higher education reforms: the culture of borrowing[M]. London: Routledge Critical Studies in Asian Education, 2015:7.

② PASUK P, BAKER C. Thailand's boom and bust[J]. Journal of Siam Society, 1998(86):241—248.

国际舞台上发挥积极作用,协调泰国与各个国际组织的关系并维护泰国利益"。[①]尽管该机构一直存在,但通过对国际组织事务局的相关文件的详细检索,我们未发现与国际组织人才培养或推送相关的任何战略、政策、规定或协议,泰国至今也未建立包含国际组织职位信息的任何形式的公开服务平台,未建立面向国际组织的就业指导的相关部门或相关机制。此外,泰国非政府组织都归泰国国家文化委员会管理。尽管泰国非政府组织发达,为国际组织储备了一定的领导人才和专业人才,但对于非政府组织和政府间国际组织的有效衔接以及人才输送,均靠组织个体行为和人员个体行为,缺乏国家相关部门的指导和协助。尽管泰国境内有多家国际组织落户或设立办事处,但目前缺乏国家层面的有计划有组织的国际组织人才培养。

(三) 高等教育国际化质量有待提升,国际组织人才数量有限

2009 年,泰国政府宣称泰国要发展成为东南亚的国际教育中心,政府承诺向海外学生提供更多的奖学金,与此同时,设立奖学金支持泰国大学生出国深造,并在高校大力发展国际课程,积极推进教育国际化进程。[②]据统计,截至 2017 年,泰国有 44 所公立大学和 23 所私立大学与国外大学或者国际机构、国际组织开展各种合作项目共计 678 项,开设全英语授课课程 1044 门。泰国高等教育国际化发展迅速而且规模壮大。[③]尽管泰国在发展高等教育国际化方面十分积极,然而大量研究揭示,泰国高校国际项目培养出的国际化人才国际竞争力并不强,国际化教育质量有待提高。[④]通过检索可知,即使是在那些在泰国设立总部或者办事处的国际组织中,泰国专家、泰国专业人员的数量都很有限。一位联合国教科文组

---

① Ministry of Foreign Affairs. Department of International Organisation [EB/OL]. [2015-09-17]. http://www.mfa.go.th/main/th/organize/107/15334-%A1%C3%C1%CD%A7%A4%EC%A1%D2%C3%C3%D0%CB%C7%E8%D2%A7%BB%C3%D0%E0%B7%C8.html.

② Ministry of Education. Thailand with education hub[EB/OL]. (2010-03-08)[2017-06-21]. http://www.moe.go.th/moe/th/news/detail.php?NewsID=16699&Key=news12.

③ Office of the Higher Education Commission. Statistic of program study in higher education of Thailand [EB/OL]. (2017-06-11)[2017-07-12]. http://www.info.mua.go.th/information/show_all_statdata_table.php?data_show=2.

④ LAVANKURA P. Internationalizing higher education in Thailand: government and university responses[J]. Journal of Studies in International Education, 2013:663—673.

织亚太地区相关负责人在访谈中表示,"我们在泰国本地青年大学生招聘时发现,泰国高等教育国际化的发展规模扩大远远领先于教育质量的提升,我们要找到符合要求的人选很难"。

本 章 结 语

法国政府围绕"在国际舞台上拥有更多话语权"的重要战略目标,统筹制定国家优先事项,通过整体协作,协调外交部同级部门、设立专门机构为青年进入国际组织提供丰富的资源信息以及长期有效的服务,建立起了一套完整的国际组织人才培养与选送体系。多元主体目标一致,合作执行相互强化,实现了法国在国际组织任职人员的规模最大化和法国在国际舞台的利益最大化。二战后,泰国为了加快国际化的进程,充分利用其中立国的政治优势和先天的地缘优势,与许多国家和地区的组织合作,积极参与各种国际机构的活动并在其中发挥重要作用。泰国政府在教育改革中也充分利用国际组织落户较多的天时地利,积极利用多方国际资源培养国际组织和国际化人才。值得一提的是,举办国际组织会议也成为泰国培养和选送国际组织人才的一大特色。例如,联合国教科文组织的亚太局设在泰国曼谷,每年会在曼谷举办相关领域的主题峰会或其他大型国际会议,比较知名的如 1990 年与联合国教科文组织、世界银行等四个组织联合主办的"世界全民教育会议",此次会议产生了《世界全民教育宣言》,1996 年联合国教科文组织召开的"为变化而进行继续工程教育,为发展而进行教育改革"会议等。进入 21世纪,泰国曼谷的国际组织举办的国际会议更是数不胜数,不仅能吸引发展中国家,而且能邀请到很多发达国家来泰国参会,双边和多边的教育组织合作对泰国教育事业的发展作出了很大的贡献。

参考文献

中文参考文献

[1] 王树槐.庚子赔款[M].中国台北:近代史研究所,1974.

[2] 王英杰.美国高等教育的发展与改革[M].北京:人民教育出版社.2002.

[3] 李爱萍.美国国际教育:历史、理论与政策[M].昆明:云南大学出版社,
2005.

[4] 胡文涛.美国文化外交及其在中国的运用[M].北京:世界知识出版社,
2008.

[5] 郭强,吴美琴,周颖.全面国家化视阈下香港科技大学国际化发展路径及
其启示[J].内蒙古师范大学学报,2017(8).

[6] 罗伯特·罗兹,梅伟惠.特朗普时代的美国高等教育政策:六大要点[J].
全球教育展望,2017, 46(8).

[7] 蒋玉梅.美国高等教育国际化的发展趋势及中国的应对[J].江苏高教,
2020(3).

[8] 郭婧.英国高校国际组织人才培养与输送研究[J].比较教育研究,2019,
41(2).

[9] 卞飞,刘志文.大学生志愿服务行为影响因素及其相关性研究[J].教育学术月刊,2021(1).

[10] 郑瑞珺.以国际发展研究建构国际组织人才培养课程模式[J].湖北第二师范学院学报,2018,35(11).

[11] 王宇航.高校国际商务专业人才跨文化能力培养探析[J].国际商务(对外经济贸易大学学报),2015(4).

[12] 陈翠荣,杜美玲.英国牛津大学跨学科培养研究生的理念、路径及趋势分析[J].黑龙江高教研究,2021,39(2).

[13] 黄莺,吕宏芬,傅昌銮.高校国际化专业人才培养模式研究综述[J].宁波大学学报(教育科学版),2012,34(2).

[14] 刘海涛.高等学校跨学科专业设置:逻辑、困境与对策[J].江苏高教,2018(2).

[15] 金一平,吴婧姗,陈劲.复合型人才培养模式创新的探索和成功实践——以浙江大学竺可桢学院强化班为例[J].高等工程教育研究,2012(3).

[16] 滕珺,曲梅,朱晓玲,张婷婷.国际组织需要什么样的人?——联合国专门机构专业人才聘用标准研究[J].比较教育研究,2014,36(10).

[17] 王秋彬.新文科建设背景下高校国际组织人才培养的路径探析[J].教育探索,2021(8).

[18] 尹华,谢庆."一带一路"倡议、文化差异与中国装备制造企业对外直接投资模式选择[J].当代财经,2020(11).

[19] 方东.高校复合型人才培养的现实困境及其反思[J].高教探索,2008(4).

[20] 谭秋霜.大学生志愿服务的思想政治教育价值及其提升对策研究[D].长春:东北师范大学,2018.

[21] 周升铭.高等教育国际化对我国高校人才培养模式的影响及对策研究[D].南昌:南昌大学,2008.

[22] 张民选.登高望远　发现问题[J].教育发展研究,2020,40(6).

[23] 李源.西欧小国的"功能型中心"现象研究——以低地国家荷兰、比利时和卢森堡为例[J].欧洲研究,2016,34(3).

[24] 郭红岩.论国际卓越法律人才的培养理念和标准[J].中国法学教育研究,2013(3).

[25] 李青.法学专业国际化人才培养模式的探究与实践[J].人才资源开发,2018(24).

[26] 李文沛,朱亚静.双语教学在国际公法教学中的应用——以实证主义为视角[J].法制博览,2015(5).

[27] 梁会青,李佳丽.荷兰如何培养卓越人才——荷兰高校荣誉教育探究[J].外国教育研究,2021,48(8).

[28] 赵源.国际公务员胜任素质研究——以联合国业务人员和司级人员为例[J].中国行政管理,2018(2).

[29] 王岳,董丽丽.荷兰高等教育国际化战略目标、实施建议及启示[J].世界教育信息,2019,32(7).

[30] 闫温乐,李倩.瑞士的国际组织人才培养和推送:整体性治理视角[J].浙江外国语学院学报,2022(2).

[31] 宋碧珺.法国国际组织职员战略探析及对中国的启示[D].北京:北京外国语大学,2016.

[32] 李云飞.法国的国际组织外交[J].国际观察,2009(6).

[33] 吴志成,温豪.法国的全球治理理念与战略阐析[J].教学与研究,2019(7).

[34] 张皓月,胡天助.法国高等教育卓越计划的实践及启示[J].长春教育学院学报,2020(10).

[35] 阚阅,王瑜婷.以国际组织捍卫法国利益:法国国际组织人才发展支持体系研究[J].清华大学教育研究,2023,44(6).

[36] 金蕾莅,刘士达,施华杰,等.国际组织最高领导人的任职特征及对国际化人才培养的启发[J].清华大学教育研究,2019,40(5).

[37] 赵源,吴皓玥.国际组织领导人履历对其晋升的影响:基于149个国际组织“一把手”的分析[J].中国科技论坛,2022(5).

[38] 郑佳.泰国高校国际学生流动的原因、路径及特点[J].比较教育研究,2014(11).

[39] 李敏.论 19 世纪泰国外交成功维护国家主权独立之原因[J].东南亚研究,2012(5).

[40] 林秀梅.泰国社会与文化[M].广州:广东经济出版社,2006.

[41] 万悦容.泰国非政府组织[M].北京:知识产权出版社,2013.

外文文献

[1] LANGROD G. The international civil service:its origins, its nature, its evolution[M]. New York:Oceana, 1963.

[2] TAYLOR P, GROOM A J R. International Organizations at Work[M]. London:Pinter, 1988.

[3] MANSILLA V, JACKSON A. Educating for global competence:preparing our youth to engage the world[M]. New York:Asia Society, 2012.

[4] HAFNER-BURTON E M, STEIN J, GARTZKE E. International Organizations Count[J]. Journal of Conflict Resolution, 2008, 52(2):175—188.

[5] PORTER R B, Pierre SAUVÉ P, SUBRAMANIAN A, et al. The club model of multilateral cooperation and problems of democratic legitimacy[J]. Efficiency, Equity, and Legitimacy: The Multilateral Trading System at the Millennium, 2004:264—307.

[6] OECD. The performance of financial groups in the recent difficult environment[J]. Financial Market Trends. 2004, 2004(1):64.

[7] WEISS T G. International bureaucracy: the myth and reality of the international civil service[J]. International Affairs, 1982, 58(2):287—306.

[8] OLSON C L, KROEGER K R. Global competency and intercultural sensitivity[J]. Journal of Studies in International Education, 2001(2):116—137.

[9] HUNTER W D. Got global competency?[J]. International Educator, 2004 (13):6—12.

[10] TRONDAL J, MARCUSSEN M, VEGGELAND F. Re-discovering in-

ternational executive institutions[J]. Comparative European Politics, 2005(3):232—258.

[11] TRONDAL J. Governing at the frontier of the European Commission: The case of seconded national officials[J]. West European Politics, 2006, 29(1):147—160.

[12] STONE D. Global public policy, transnational policy communities, and their networks[J]. Policy Studies Journal, 2008, 36(1):19—38.

[13] HAWKINS D, JACOBY W. Agent permeability, principal delegation and the European court of human rights[J]. The Review of International Organizations, 2008(1):11.

[14] LAMBERT R D. Parsing the concept of global competence[R]. New York: Council on International Educational Exchange, 1996.

[15] NAFSA: Association of International Educators. An international educational agenda for the united states: public policy, priorities recommendations[R]. Washington DC: NAFSA, 2003.

[16] US Department of Education. Succeeding globally through international education and engagement[R/OL]. http://www2.ed.gov/about/inits/ed/internationaled/international-strategy-2012-16.pdf. 2019-11-12.

[17] OECD. Handbook-PISA-2018-Global-Competence [R/OL]. http://www.oecd.org/pisa/Handbook-PISA-2018-Global-Competence.pdf. 2019-11-12.

[18] UNESCO. Global citizen education[R/OL]. http://www.unesco.org/new/en/santiago/education/global-citizenship-education/. 2019-11-12.

[19] HUNTER W D. Knowledge, skills, attitudes, and experiences necessary to become globally competent[D]. America: Lehigh University, 2004.

[20] Hans de Wit. Internationalization of Higher Education in the United States of America and Europe[M]. Chestnut Hill, MA: Greenwood Press, 2002.

[21] KNIGHT J. Internationalization remodeled: definition, approaches, and rationales[J]. Journal of Studies in International Education, 2004, 8(1):5—31.

[22] JOJNSON H, THOMAS A. Individual learning and building organizational capacity for development[J]. Public Administration and Development, 2007 (1):27, 39—48.

[23] CLARKE P, OSWALD K. Why Reflect Collectively on Capacities for Change?[J]. IDS Bul-letin, 2010(41):1—12.

[24] Anonymous. Professionals without borders[J]. Foreign Policy, 2009 (173):G5, G7—G8.

[25] Johns Hopkings School of Advanced International Studies International Development[EB/OL]. (2019-08-09)[2024-04-12]. http://www.sais-jhu.edu.

[26] Georgetown University Walsh School of Foreign Service Master of Science in Foreign Service [EB/OL]. (2019-08-25) [2024-04-12]. https://msfs. georgetown.edu.

[27] JANOW M. A message from Dean Merit E. Janow[EB/OL]. (2018-09-20) [2024-04-12]. https://sipa. columbia. edu/faculty-re-search/faculty-directory/merit-janow.

[28] International Labour Organization. Biography of Guy Ryder, 10th ILO Director-General[EB/OL]. [2024-04-12]. https://www.ilo.org/global/about-the-ilo/how-the-ilo-works/ilo-director-general/WCMS_205241/lang--en/index.htm.

[29] University of Liverpool. [EB/OL]. [2024-04-12]. https://www. liverpool.ac.uk.

[30] University of Cambridge[EB/OL]. [2024-04-12]. https://www.undergraduate.study.cam.ac.uk.

[31] University of Liverpool[EB/OL]. [2024-04-12]. https://www.liverpool. ac.uk.

[32] United Nations Economic and Social Council. 2015:H.E. Mr. Oh Joon (Republic of Korea) [EB/OL]. [2024-04-12]. https://www. un. org/ecosoc/en/content/2015-he-mr-oh-joon-republic-korea.

[33] The London School of Economics and Political Science. LSC 2030[EB/OL].

[2024-04-12]. https：//www.LSC.ac.uk/2030.

[34] The London School of Economics and Political Science［EB/OL］. [2024-04-12]. https：//www.LSE.ac.uk.

[35] United Nations Foundation. Elizabeth Cousens［EB/OL］. [2024-04-12]. https：//unfoundation.org/who-we-are/our-people/elizabeth-cousens/.

[36] University of Oxford［EB/OL］. [2024-04-12]. https：//www.ox.ac.uk.

[37] The World Bank. Who We Are? Mahamoud Mohieldin［EB/OL］. [2024-04-12]. https：//www.worldbank.org /en/about/people/m/mahmoud-mohieldin♯a.

[38] University of York［EB/OL］. [2024-04-12]. https：//www.york.ac.uk.

[39] 日本外務省.平成 30 年度:国際機関職員派遣信託基金拠出金(JPO)［EB/OL］. （2018-06-12）[2023-07-05］. https：//www. mofa. go. jp/mofaj/files/100227878.pdf.

[40] 外務省国際機関人事センター「国際機関で働く日本人」［EB/OL］. [2022-07-20]. https：//www.mofa-irc.go.jp/work/japanese.html.

[41] 上智大学国際協力人材育成センター「緊急人道支援講座」［EB/OL］. [2022-07-24]. https：//dept.sophia.ac.jp/is/shric/extension-courses/jindo.

[42] 神戸大学大学院国際協力研究科.教育課程の編成・実施方針(カリキュラム・ポリシー)［EB/OL］. [2022-07-24]. http：//www. gsics. kobe-u. ac. jp/files/Curriculum_Policy.pdf.

[43] 独立行政法人国際協力機構.大学連携ボランティア覚書締結校［EB/OL］.(2017-10-26)[2023-10-26]. https：//www.jica.go.jp/activities/schemes/partner/college/index.html.

[44] The Times Higher Education .World University Rankings 2022［EB/OL］. [2022-02-07]. https：//www. timeshighereducation. com/world-university-rankings/2022/world-ranking♯!/page/0/length/25/sort _ by/rank/sort _ order/asc/cols/stats.

[45] U. S. NEWS. 2022 Best Global Universities Rankings［EB/OL］.

[2022-02-07]. https://www.usnews.com/education/best-global-universities/rankings?int=top_nav_Global_Universities.

[46] The Times Higher Education. World University Rankings 2022 by subject: law[EB/OL]. [2022-02-07]. https://www.timeshighereducation.com/world-university-rankings/2022/subject-ranking/law#!/page/0/length/25/sort_by/rank/sort_order/asc/cols/stats.

[47] LLMGUIDE. Master of Laws Programs Worldwide. Top 10 lists [EB/OL]. [2022-02-08]. https://llm-guide.com/lists.

[48] Leiden University. Leiden Law School[EB/OL]. [2022-02-08]. https://www.universiteitleiden.nl/en/law.

[49] University of Amesterdam. Faculty of Law: Amesterdam Law School [EB/OL]. [2022-02-08]. https://www.uva.nl/en/about-the-uva/organisation/faculties/amsterdam-law-school/amsterdam-law-school.html.

[50] University of Groningen. Top Rated by Keuzegids for its LLM Programmes[EB/OL]. [2022-02-08]. https://wwwhttps//www.rug.nl/rechten/news/archief/2019/the-faculty-of-law-again-top-rated-by-keuzegids-for-its-llm-programmes.

[51] University of Groningen. Faculty of Law [EB/OL]. [2022-02-08]. https://www.rug.nl/rechten/education/international-programmes/.

[52] Government of the Netherlands. International Organisations[EB/OL]. [2022-02-08]. https://www.government.nl/topics/international-organisations/international-legal-organisations.

[53] University of Groningen. English written proficiency support[EB/OL]. [2022-02-08]. https://www.rug.nl/ocasys/rug/vak/show?code=RGDOS500.

[54] University of Amesterdam. Study Programme[EB/OL]. [2022-02-10]. https://www.uva.nl/en/programmes/masters/international-and-european-law-public-international-law/study-programme/study-programme.html?origin=5BOaRAofTjCccATraJp2XA#Experiential-education-theAmsterdam-Law-Practice-6-EC.

[55] University of Groningen. Seminar International Law in Practice[EB/OL].

[2022-02-10]. https://www.rug.nl/ocasys/rug/vak/show?code＝RGMIR51706.

[56] University of Amesterdam. Academic Excellence Track[EB/OL]. [2022-02-10]. https://www.uva.nl/en/programmes/masters/academic-excellence-track/academic-excellence-track.html.

[57] University of Groningen. Honours Master[EB/OL]. [2022-02-10]. https://www.rug.nl/education/honours-college/master-programme/.

[58] Leiden University. International Leiden Leadership Programme[EB/OL]. [2022-02-10]. https://www.universiteitleiden.nl/en/honours-academy/international-leiden-leadership-programme/programme.

[59] University of Amesterdam. Academic Staff[EB/OL]. [2022-02-10]. https://www.uva.nl/en/programmes/masters/international-and-european-law-public-international-law/meet-the-people/meet-the-people.html.

[60] University of Amesterdam. Careers[EB/OL]. [2022-02-11]. https://www.uva.nl/en/programmes/masters/international-and-european-law-public-international-law/career-prospects/testimonials/ellen-gorris.html.

[61] University of Amesterdam. Careers[EB/OL]. [2022-02-11]. https://www.uva.nl/en/programmes/masters/international-and-european-law-public-international-law/career-prospects/testimonials/ruben-brouwer.html.

[62] Leiden University. Strategic Plan[EB/OL]. (2022-02). [2022-02-15]. https://strategischplan.universiteitleiden.nl/documents/strategisch-plan-en.pdf.

[63] Nuffic. Incoming Degree Mobility in Dutch Higher Education(2022-02). [EB/OL]. [2022-02-15]. https://www.nuffic.nl/sites/default/files/2022-02/incoming-degree-mobility-in-dutch-higher-education-2020-2021.pdf.

[64] INSEAD. The Business School for the World. GTCI-2021-Report [EB/OL]. [2022-02-15]. https://www.insead.edu/sites/default/files/assets/dept/fr/gtci/GTCI-2021-Report.pdf.

[65] IMD. World Competitivenss Ranking[EB/OL]. [2022-02-15]. https://www.imd.org/centers/world-competitiveness-center/rankings/world-competitiveness/.

[66] Government of the Netherlands. Protocol Guide for International Organisations(January 2021)[EB/OL]. (2021-01-31)[2022-02-16]. https://www.government. nl/topics/international-organisations/documents/leaflets/2012/12/01/protocol-guide-for-international-organisations.

[67] Government of the Netherlands. The Netherlands as host country for international organisations[EB/OL]. [2022-02-16]. https://www.government. nl/topics/international-organisations/netherlands-as-host-country.

[68] FDFA. Switzerlando's presence in international organisations[EB/OL]. [2022-04-27]. https://www.eda.admin.ch/eda/en/fdfa/foreign-policy/international-organizations/switzerland-in-international-organizations.html.

[69] FDFA. International cooperation[EB/OL]. [2022-04-27]. https://www.eda.admin.ch/eda/fr/dfae/politique-exterieure/cooperation-internationale.html.

[70] FDFA. Young Professionals Programme and Junior Professional Officer Programme[EB/OL]. [2022-04-27]. https://www.eda.admin.ch/eda/en/fdfa/fdfa/working-at-fdfa/berufserfahrene/karriere-in-internationalenorganisationen/young-professionals-programme-und-junior-professional-officer-pr.html.

[71] FDFA. Expert Pool for Civilian Peacebuilding[EB/OL]. [2022-04-29]. https://www.eda.admin.ch/eda/fr/dfae/politique-exterieure/droits-homme-securite-humaine/pool-experts.html.

[72] SDC. Multilateral cooperation[EB/OL]. [2022-05-01]. https://www.eda.admin.ch/deza/en/home/sdc/activities/multilateral-cooperation.html/.

[73] SDC. Engagement with NGOs[EB/OL]. [2022-05-01]. https://www.eda.admin.ch/deza/en/home/partnerships-mandates/partnerships-ngos.html.

[74] SDC. Engagement with NGOs[EB/OL]. [2022-05-01]. https://www.eda.admin.ch/deza/en/home/partnerships-mandates/partnerships-ngos.html.

[75] FDFA. Permanent Mission of Switzerland to the United Nations Office and to the other international organisations in Geneva[EB/OL]. [2022-04-27]. https://www.eda.admin.ch/missions/mission-onu-geneve/fr/home/geneve-interna-

tional/faits-et-chiffres.html.

[76] International Geneva Welcome Centre. Institutional actors [EB/OL]. [2022-05-05]. https://www.cagi.ch/en/international-geneva/.

[77] International Geneva. About us[EB/OL]. [2022-05-05]. https://www.geneve-int.ch/about-us.

[78] Geneva Graduate Institute. After Graduation[EB/OL]. [2022-05-29]. https://www.graduateinstitute.ch/alumni-career/after-graduation.

[79] University of Geneva. Faculty of Law[EB/OL]. [2022-05-23]. https://www.unige.ch/droit/en/international/.

[80] UNDP. Our Leadership[EB/OL]. [2022-05-23]. https://www.undp.org/our-leadership.

[81] Geneva Graduate Institute[EB/OL]. [2022-05-28]. https://www.graduateinstitute.ch.

[82] Eidgenössische Technische Hochschule Zürich. Master of Advanced Studies in Development and Cooperation(MAS ETH D&C)[EB/OL]. [2022-07-18]. http://www.nadel.ethz.ch/education/mas-development-and-cooperation.html.

[83] Eidgenössische Technische Hochschule Zürich. Alumni Interviews [EB/OL]. [2022-07-18]. http://www.nadel.ethz.ch/education/mas-development-and-cooperation/alumni-interviews.html.

[84] MOLNAR D, GÜNTHER I, BATLINER R. Tracer Study MAS 1994—2012[R/OL]. [2022-12-11]. https://www.ethz.ch/content/dam/ethz/special-interest/gess/nadel-dam/documents/mas/MAS_TracerStudy-Report2016.pdf.

[85] NADEL Center for Development and Cooperation. Impact evaluations: call for proposals 2017[EB/OL]. [2017-06-29]. http://www.nadel.ethz.ch/news/2017/06/impact-evaluations-call-for-proposals-2017.html.

[86] France Diplomatie. Les français dans les organisations internationales [EB/OL]. (2021-12-02)[2023-11-28]. https://www.diplomatie.gouv.fr/IMG/pdf/infographie_-_presence_francaise_dans_organisations_internationales_cle096b5d.

pdf.

[87] OECD. 2023 annual diversity and inclusion report[R]. Paris: OECD publishing, 2024:9.

[88] United Nations. Composition of the secretariat: staff demographics: report of the secretary-general[EB/OL]. (2021-11-29)[2024-03-18]. https://documents.un.org/symbol-explorer?s=A/76/570&i=A/76/570_8417104.

[89] United Nations. Composition of the secretariat: staff demographics: report of the secretary-general[EB/OL]. (2022-12-07)[2024-03-18]. https://documents.un.org/symbol-explorer?s=A/77/580&i=A/77/580_4346991.

[90] United Nations. Composition of the secretariat: staff demographics: report of the secretary-general[EB/OL]. (2023-11-10)[2024-03-18]. https://documents.un.org/symbol-explorer?s=A/78/569&i=A/78/569_1708035486280.

[91] European Parliament. MEPs[EB/OL]. [2024-03-20]. https://www.europarl.europa.eu/meps/en/search/advanced?countryCode=FR.

[92] European Commission. European Commission HR Key figures 2023[R]. Brussels: European Commission, 2023:1.

[93] United Nations. Composition of the secretariat: staff demographics: report of the secretary-general[EB/OL]. (2023-11-10)[2024-03-18]. https://documents.un.org/symbol-explorer?s=A/78/569&i=A/78/569_1708035486280.

[94] United Nations. Senior management group[EB/OL]. [2024-03-20]. https://www.un.org/sg/zh/content/senior-management-group.

[95] International Monetary Fund. IMF managing directors[EB/OL]. [2024-03-20]. https://www.imf.org/en/About/senior-officials/managing-directors.

[96] International Monetary Fund. Senior officials of the International Monetary Fund[EB/OL]. [2024-03-20]. https://www.imf.org/en/About/senior-officials.

[97] France Diplomatie. Multilateralism: a principle of action for France [EB/OL]. [2024-03-20]. https://www.diplomatie.gouv.fr/en/french-foreign-policy/france-and-the-united-nations/multilateralism-a-principle-of-action-for-france/.

[98] France Diplomatie. Feuille de route de l'influence de la diplomatie française[EB/OL]. (2021-12-14)[2024-03-18]. https://www.diplomatie.gouv.fr/fr/le-ministere-et-son-reseau/missions-organisation/feuille-de-route-de-l-influence/.

[99] DOBBINS M. Convergent or divergent Europeanization? an analysis of higher education governance reforms in France and Italy[J]. International Review of Administrative Sciences, 2017, 83(1):177—199.

[100] Direction Générale du Trésor[EB/OL]. [2024-03-20]. https://www.tresor.economie.gouv.fr/.

[101] Service National Universel[EB/OL]. [2024-03-20]. https://www.snu.gouv.fr/phase-2-mission-interet-general/.

[102] INSP. Missions[EB/OL]. [2024-03-20]. https://insp.gouv.fr/missions.

[103] ENA. Europe：Préparer efficacement les concours de l'UE[EB/OL]. [2024-03-20]. https://www.ena.fr/Formation/Formation-continue/Europe-Preparer-efficacement-les-concours-de-l-UE.

[104] INSP. Coopération et rayonnement international[EB/OL]. [2024-03-20]. https://insp.gouv.fr/international.

[105] BLANCHARD M, CRESPY C. National position and the internationalization of higher education institutions：the case of France's elite engineering and business schools[J]. High Education, 2023(86):485—505.

[106] TANDILASHVILI N. La transformation de l'université française：la perception des universitaires[J]. Gestion et management public, 2022, 10(N1):55—76.

[107] Légifrance[EB/OL]. [2024-03-20]. https://www.legifrance.gouv.fr/codes/section_lc/LEGITEXT000006071190/LEGISCTA000006151296/♯LEGISCTA000006151296.

[108] BOLLECKER M. La réforme de l'université en France et son impact sur le management des établissements：une transformation en accordéon[J]. Revue Française d'Administration Publique, 2021(179):715—733.

[109] OMNES Education[EB/OL]. [2024-03-20]. https://www.omneseducation.com/le-groupe/.

[110] SciencesPo Paris School of International Affairs. Overview: facts & figures[EB/OL]. [2024-03-20]. https://www.sciencespo.fr/en/about/overview-facts-and-figures/.

[111] SciencesPo Paris school of international affairs. Events guide[EB/OL]. [2024-03-20]. https://www.sciencespo.fr/en/events-guide/.

[112] HEC Paris. About HEC Paris[EB/OL]. [2024-03-20]. https://www.hec.edu/en/overview/international.

[113] SciencesPo Paris school of international affairs. Welcome to Ms. Arancha Gonzalez Laya, new Dean of PSIA[EB/OL]. (2022-02-22)[2024-03-20]. https://www.sciencespo.fr/psia/news/welcome-ms-arancha-gonzalez-laya-new-dean-psia/.

[114] HEC Paris. MBA progams[EB/OL]. [2024-03-20]. https://www.hec.edu/en/mba-programs/mba/learning-experience/double-degrees/yale-exchange.

[115] SciencesPo Paris school of international affairs. Exploring your future[EB/OL]. [2024-03-20]. https://www.calameo.com/sciencespo/read/004160454ce9b1842a4b3.

[116] Bank of Thailand. Dr. Supachai Panitchakdi: from good governace of BOT to global governance of WTO[EB/OL]. (2012-07-01)[2014-11-16]. https://www.bot.or.th/Thai/Phrasiam/Documents/Phrasiam_3_2555/08.pdf.

[117] T-NEWS. Dr. Surin Pitsuwan's biography: the best of Thai politician[EB/OL]. (2017-11-30)[2018-02-06]. http://www.tnews.co.th/contents/384765.

[118] RYT9. Thailand was selected to be the committee on the rights of children[EB/OL]. (2009-12-17)[2014-12-08]. http://www.ryt9.com/s/mfa/491210.

[119] Ministry of Foreign Affairs. Mrs. Areewan Hawarungsri was selected as Asia-Pacific Telecommunity's secretary[EB/OL]. (2014-05-26)[2014-12-10]. http://www.mfa.go.th/main/th/media-center/14/51615.

[120] Human Rights Resource Center. Saisuree Chutikul [EB/OL]. [2014-12-09]. http://hrrca.org/saisuree-chutikul/.

[121] Office of Academic Resources, Chulalongkorn University. CU-GDLN [EB/OL]. [2016-06-22]. http://omega.car.chula.ac.th/topic/cu-gdln.

[122] UNICEF, Thailand. Courage to live[EB/OL]. (2011-02-08)[2017-06-22]. https://www.unicef.org/thailand/reallives_15019.html.

[123] UNICEF, Thailand. Comprehensive sexuality education taught in most schools in Thailand, but students still not fully equipped to use what they learn in real life[EB/OL]. (2016-05-11)[2017-06-22]. https://www.unicef.org/thailand/media_25469.html.

[124] UNICEF, Thailand. Our Partners[EB/OL]. [2017-03-15]. https://www.unicef.org/thailand/partners_14961.html.

[125] Faculty of Communication Arts, Chulalongkorn University. Commarts Newsletters[EB/OL]. (2017-03-02)[2017-08-14]. http://www.commarts.chula.ac.th/sample/node/48.

[126] TUMUN. Thammasat University Model United Nations [EB/OL]. [2017-03-29]. http://tumun.org/about-us/tumun-history/.

[127] UNDP, Thailand. UNDP and partners establish "Refuse to be corrupt" café project[EB/OL]. (2014-01-24)[2017-02-11]. http://www.th.undp.org/content/thailand/en/home/presscenter/articles/2014/08/28/undp-and-partners-establish-refuse-to-be-corrupt-caf-project-.html.

[128] LAO R. A critical study of Thailand's higher education reforms: the culture of borrowing[M]. London: Routledge Critical Studies in Asian Education, 2015:7.

[129] PASUK P, BAKER C. Thailand's boom and bust[J]. Journal of Siam Society, 1998(86):241—248.

[130] Ministry of Foreign Affairs. Department of International Organisation [EB/OL]. [2015-09-17]. http://www.mfa.go.th/main/th/organize/107/15334-%

A1％C3％C1％CD％A7％A4％EC％A1％D2％C3％C3％D0％CB％C7％E8％
D2％A7％BB％C3％D0％E0％B7％C8.html.

[131] Ministry of Education. Thailand with education hub [EB/OL].
(2010-03-08)[2017-06-21]. http://www.moe.go.th/moe/th/news/detail.php?Ne-
wsID＝16699＆Key＝news12.

[132] Office of the Higher Education Commission. Statistic of program study
in higher education of Thailand [EB/OL]. (2017-06-11) [2017-07-12]. http://
www.info.mua.go.th/information/show_all_statdata_table.php?data_show＝2.

[133] LAVANKURA P. Internationalizing higher education in Thailand: gov-
ernment and university responses[J]. Journal of Studies in International Education,
2013:663—673.

后记

随着大国竞争愈演愈烈,各类政府间组织和非政府国际组织日益成为大国彰显国际影响力、抢占全球话语权的战场。长期以来,西方发达国家之所以在全球治理体系中有较大的话语权,一定程度上得益于其致力于培养和选送了大量国际组织人才。国际组织人才绝不仅是保证国际集体利益和公共目标实现的"工具人",而且是代表来源国进行自由裁量和"酌情"执行国际规则的重要角色。

从表面来看,国际组织的人才招聘与一般的跨国企业招聘有很多类似之处,尤其是在基层职位的人才选拔上,语言能力、沟通能力、团队合作精神等都是基本要求。除了上述通用准则之外,专业岗位招聘还会增加对求职者专业造诣和资历的考察,如资格认证、专业培训以及在专业领域是否有过实践经历。此外,对求职者的国际化背景也十分看重,无论是国际化的教育背景还是国际化的实习经历,都有助于呈现出求职者的"国际人"素质。与准备跨国企业的面试类似的是,求职者也同样需要了解不同国际组织的不同特征,如组织宗旨、组织属性、历史传统和文化惯例等,这些因素会直接影响国际组织人才招聘的倾向与侧重。

从实质来看,国际组织对人才的招聘又存在诸多特殊之处。不同的国际组织因其组织成立的背景、组织文化、组织经费来源、组织决策机制等的差异,在人才的招聘方面存在不同的侧重。例如,联合国教科文组织早期受美国操控,随着美国势力的淡出,组织性质和岗位招聘更加单纯,其组织特性是重规则、善倡议,而缺乏制裁手段和约束机制,因此对世界各国尤其是西方霸权国家的吸引力不大,在人员招聘上更注重求职者的个人素质。但联合国教科文组织的人员队伍庞大,采取非集中化管理,除了总部之外,全球还有 50 多个办事处,也不断受到外界关于其作风官僚、效率低下的批评。世界银行则有着非常鲜明的美国色彩,尽管世行一直以来都在极力打造独立客观的全球发展援助机构形象,但其行长一直以来由美国人提名和担任,中高层领导也被指多来自白宫和华尔街,与美国政界、金融界和商界有着千丝万缕的紧密联系。在世行中高层职员的履历中不难发现,教育背景来自美国哈佛、耶鲁和斯坦福等知名高校的比比皆是。同时,世行本着其"为一切发展中国家服务"的组织目标,在人才招聘上会兼顾发展中国家的国籍背景,会考虑到女性职员的性别平衡。如果求职者是发展中国家国籍、女性、在美国知名高校获得学位,并且又具备一定的实践经历,应聘世行会有较大优势。世贸组织(WTO)采取集中化管理,除日内瓦总部之外,不再设立办事处。WTO 内部各部门按照专业领域划分细致,各司其职,但 WTO 的人才招聘与其一直被诟病的决策机制一样不透明,很难找到 WTO 人才招聘的公开信息。有批评者指出,WTO 存在"秘密运作"的可能,不向成员国解释其行动,WTO 的民主机构的特征十分弱化。世贸组织一贯秉持对市场经济的无上信仰,往往向企业利益倾斜,在谈判中采取一切手段占据先机,因此,经济、贸易方面的法律人才和谈判人才在求职时一定会具有较大优势。经济合作与发展组织(OECD)因其不属于联合国系统,没有国别配额的限制,不要求政治平衡,因此在公开的招聘流程中并不看重求职者的国别背景,但 OECD 比其他组织更看重求职者本身在全球的学术影响力,包括学术研究和学术表达能力,因此人员构成仍然以发达国家的专家为主,机构及岗位设置则遵循项目导向,原则上来说,一旦项目结束,团队就解散。

总的来说,国际组织人才招聘,越往高层越是诸多利益的汇聚点,越能体现出其不同于跨国企业/机构的特殊之处。求职者申请基层职位时,需要研究国际组织的属性特征,需要做好个人方面的充分准备,但在申请高层职位尤其是国际组织领导人的位置时,除了应聘人员本身的杰出素质之外,还与其所属国家的政治、经济、文化以及与该国际组织的关系紧密程度,甚至当时的世界局势、西方霸权大国对该国际组织的操纵等因素息息相关。在可以公之于世的人才招聘标准之外,还存在着诸多不能公开或不能透明的各种国与国之间、国家与国际组织之间的利益交换、互惠协议等因素。

可以说,国际组织招聘具有下列特征:国际组织选拔人才,职位越低,个人因素起的作用越大,国家因素起的作用越小;职位越高,个人因素起的作用越小,国家因素起的作用越大。但不代表高层职位就对人才自身因素要求降低,因为国家会面临公关已经做好却推荐不出人才的窘境,也不代表基层职位人才输送就不需要政府行为,因为只有政府主导和支持下的基层人才的大批量培养与输送,如联合国志愿者项目、大学生国际组织实习项目等,才能避免人才断层、青黄不接,才能保证未来国际组织高层职位的选拔后继有人。也因此,国际组织人才培养需要从政府到高校到社会的协同共进,全方位推动。

2021 年,张民选教授在全国教科规划重点项目结题成果的基础上,出版了专著《国际组织人才培养与选送》,该书从国际比较的视角,深入探究了不同国际组织的人才标准和国际公务员的具体内涵,以美国、英国、日本、瑞士开展的国际组织人才培养与输送项目为案例,扎根中国的历史经验与时代需要,从理论探索与具体案例的双重视角,为我国建设具有中国特色的国际组织人才培养与选送体系提供了路径参考,填补了同类研究的空白。近年来,我国高校国际组织人才培养和选送工作开展得如火如荼,越来越多的高校认识到,利用国际组织资源和平台可以打开人才培养思路、创新国际化人才培养路径,越来越多的教育学界学者和年轻学生们开始进入国际组织研究主题。

在张民选教授提供的扎实理论基础和最新的国别政策研究成果的基础上,课题组详细梳理了国内高校国际组织人才培养和选送的需求、存在的困惑和现实问题,对部分高校的国际组织人才培养项目的管理方、授课教师、国际组织项目参与学生等利益相关者进行了走访调研,同时利用到美国世界银行总部短期工作的机会,对在国际货币基金组织、世界银行等部门工作的青年专业人员进行了访谈,确定了本书的研究对象和研究框架,将研究重点放在海外高校案例研究上,主要从高校的专业、课程、师资、实习实践等具体环节如何开展国际组织人才培养进行挖掘和分析。在四年的研究过程中,部分成果已经在期刊发表,部分成果仍有许多待修改完善之处。

感谢在课题研究和本书成稿过程中给予最大支持的张民选教授。张教授既是我的授业恩师，也是我学术生涯和职业发展的引路人。在 2004 年 4 月的一个晚上，我在上海师范大学的一次学术沙龙上，因为提了一个世界贸易组织跨境教育的问题被张民选教授注意到，随后作为硕士生受邀加入张老师的课题组，从此开启了跟随张民选教授从事学术研究和服务国家、服务社会的人生之路。20 年光阴弹指一挥间，跟着张老师研究国际组织、走近国际组织、走进国际组织、成立国际组织，成为国际组织一员。认真算起来，我听张老师在课堂授课的课时节数可能不多，但在张老师身边的所观、所学、所思、所想，让我吸收了无法估计的隐性知识和巨大的能量。

还要感谢在这个过程中给予巨大帮助的师长、合作伙伴、同事和学生们。感谢华东师范大学的赵中建教授，上海师范大学国际与比较教育研究院的胡国勇教授、王洁教授，上海市教育科学研究院原党委书记江彦桥，在我最初启动这个课题研究之际给予悉心指导。感谢中国教育发展战略学会国际胜任力培养专委会的张宁理事长和专委会同仁们在我课题研究进行过程中的大力支持，感谢世界银行首席教育专家梁晓燕博士、上海外国语大学汤蓓教授、对外经贸大学的张蔚磊教授、上海财经大学的管斌教授对我的访谈计划提供联系协调帮助。感谢北京师范大学国际与比较教育研究院的刘宝存教授、滕珺教授、《比较教育研究》编辑部的老师们，在我课题研究成果成文过程中给予的宝贵建议，感谢上海市师资培训中心的郭婧副研究员、上海市教育科学研究院的王中奎副研究员、上海市教育评估院的方乐副研究员、上海师范大学国际与比较教育研究院张华峰副教授，在课题研究进行过程中给予的重要贡献和宝贵智慧，感谢我那些颜值与才华并存的同事们，丁笑炯、宋佳、卞翠、宁波给我的课题研究带来的灵感和启发。感谢《比较教育学报》编辑季丽云老师在本书的成稿过程中投入时间精力进行排版和校对，感谢上海教育出版社一直以来的帮助。最后，郑重感谢与我并肩奋战的研究生们，硕士生周慧敏、陈诗豪、郝丹丹、张思思、李倩、施若蕾、李滢滢、吴梦莹、李珍、高紫璇、陈欢，以及博士生张运吉、宋庆清、陈川、吴美灵（泰国），在搜集资料、分析案例、编码提取、分章节撰写等方面付出了辛勤的努力。而这些同学在付出的同时，也收获了文章发表、国际国内会议交流展示等机会，部分同学已经走上了理想的工作岗位,继续发光发热。最后,还要衷心感谢我的先生、父母、公婆和我的儿子们,一路走来给予我最温暖和有力的支持。

　　回望过去,课题组经历了诸多挑战,一些国外高校的调研计划无法成行,预期的参与观察、行为访谈等研究方法无法实施。如今回头看本书的成稿,还距离当初的期待有不小的差距,但也不得不停笔至此。展望未来,我将继续带着师长、家人、友人、工作伙伴和学生们的信任与支持,继续朝着"做真问题的研究,做正能量的人"这个目标,且行且探索,生命不息,奋斗不止。

闫温乐

2025 年 3 月

图书在版编目（CIP）数据

国际组织人才培养：海外高校案例研究 / 闫温乐等
著. — 上海：上海教育出版社，2024.11. —（国际组织
与教育发展）. — ISBN 978-7-5720-3085-7

Ⅰ. D813；C961

中国国家版本馆CIP数据核字第2024RV1645号

责任编辑　李　玮
封面设计　周　吉

国际组织与教育发展
国际组织人才培养：海外高校案例研究
闫温乐 等 著

出版发行　上海教育出版社有限公司
官　　网　www.seph.com.cn
地　　址　上海市闵行区号景路159弄C座
邮　　编　201101
印　　刷　启东市人民印刷有限公司
开　　本　700 × 1000　1/16　印张 15.5
字　　数　236 千字
版　　次　2025年4月第1版
印　　次　2025年4月第1次印刷
书　　号　ISBN 978-7-5720-3085-7/G·2745
定　　价　69.00 元

如发现质量问题，读者可向本社调换　电话：021-64373213